Arne-Patrik Heinze

Systematisches Fallrepetitorium Europarecht

De Gruyter Studium

Arne-Patrik Heinze

Systematisches Fallrepetitorium Europarecht

2., überarbeitete Auflage

DE GRUYTER

Dr. iur. *Arne-Patrik Heinze*, LL.M., Rechtsanwalt, Hamburg

Weitere Inhalte auf der Website des Autors:
www.heinze-pruefungsanfechtung.de

Karteikartensammlung
Öffentliches Recht

ISBN 978-3-11-061380-3
e-ISBN (PDF) 978-3-11-062412-0
e-ISBN (EPUB) 978-3-11-062734-3

Library of Congress Control Number: 2020940749

Bibliografische Information der Deutschen Nationalbibliothek
Die Deutsche Nationalbibliothek verzeichnet diese Publikation in der Deutschen
Nationalbibliografie; detaillierte bibliografische Daten sind im Internet über
http://dnb.dnb.de abrufbar.

© 2020 Walter de Gruyter GmbH, Berlin/Boston
Einbandabbildung: Delpixart / iStock / Getty Images Plus
Schemata im Inhalt: RA Dr. iur. Arne-Patrik Heinze, LL.M.
Druck und Bindung: CPI books GmbH, Leck

www.degruyter.com

Vorwort zur 2. Auflage

Diese Lehrbuchreihe ist aus tausenden Unterrichtsstunden heraus entwickelt und somit als Lehrmaterial erprobt worden. Sie ist in besonderem Maße zur eigenständigen Examensvorbereitung sowie als Unterrichtsgrundlage für Dozenten geeignet, die auf die erste juristische Prüfung vorbereiten möchten. Der Anlass für die Kreation der Lehrbuchreihe war, dass es für notwendig erachtet wurde, eine Fallsammlung zu verfassen, in der nicht einzelne Fälle oder ehemalige Originalexamensfälle von unterschiedlichen Autoren zusammenhanglos aneinandergereiht werden. Es sollte eine systematische Lernfallsammlung entstehen, die auch als Nachschlagewerk zu einzelnen Themen geeignet ist. Ziel der Sammlung ist es, das für die erste juristische Prüfung examensrelevante öffentliche Recht systematisch auf wissenschaftlicher Basis abzudecken. Die Fälle sind derart konzipiert, dass durch Vernetzungen in allen Bänden eine einheitliche Struktur geschaffen wird. Dies wird anders als bei anderen Fallsammlungen dadurch gewährleistet, dass die Fälle von einem Autor stammen, so dass die systematischen Strukturen gebietsübergreifend wiederkennbar sind. Die Fallkonstellationen basieren zum Teil auf geeigneten Gerichtsentscheidungen mit typischen immer wiederkehrenden Examenskonstellationen (Passagen aus den gemeinfreien Urteilen sind in die Fälle eingearbeitet, zum Teil umformuliert und kursiv in Anführungszeichen gesetzt, um die Lesbarkeit der Fälle nicht zu beeinträchtigen) und sind im Übrigen erfunden. Die Bände sind so konzipiert, dass eine darüber hinausgehende Literatur zur Examensvorbereitung im öffentlichen Recht allenfalls punktuell erforderlich ist. Für die 2. Auflage wurden die ursprünglichen Bände vollständig überarbeitet. Es ist zunächst eine 2. Auflage aus vier Bänden entstanden (Staatsorganisationsrecht und Grundrechte, Europarecht, Verwaltungsprozessrecht, Verwaltungsverfahrensrecht), die insbesondere durch die Einführung der Lernboxen, eines Stichwortverzeichnisses, der Zuordnung der in den Fällen behandelten juristischen Probleme im Inhaltsverzeichnis sowie durch Onlinekarteikarten und Schwerpunktkennzeichnung lern- und leserfreundlicher wurde.

 Die Konstruktion der Fälle ist derart erfolgt, dass problematische Aspekte beim maßgeblichen Prüfungspunkt im Fallaufbau mit den notwendigen abstrakten Hintergründen der Materie gutachtlich in die Falllösung eingearbeitet worden sind. So sollte eine perfekte Examensklausur verfasst sein, da zumindest bei guten Prüfern mit hohem Anspruch die Erläuterung des Lösungsweges mit guten Noten belohnt wird – nicht hingegen die Reproduktion auswendig gelernter Schlagworte. Aus seiner anwaltlichen Praxis heraus ist dem Autor jedoch bekannt, dass einige Prüfer bestimmte Formulierungen dennoch lesen möchten.

Deshalb sind derartige Schlagworte in die Lösungen implementiert worden. Anfängerhafte Darstellungen in Form der Verwendung so genannter „Theorien" sind bewusst vermieden worden. Es geht nicht darum, auswendig Gelerntes – womöglich noch im falschen Zusammenhang – zu reproduzieren. Es geht vielmehr darum, in einem juristischen Denksystem – Jura ist schließlich eine Art Mathematik in Worten – eine plausible Lösung am Gesetzestext mittels der juristischen Methodik zu entwickeln. Streitstände und vertretbare Lösungen sind in dieser Fallsammlung in die methodische Argumentation aufgenommen worden.

Zudem wurden sprachliche Formulierungen vermieden, die einerseits von guten Prüfern zumindest unterbewusst oder bewusst als negativ erachtet werden, andererseits in juristischen Texten grundsätzlich ausgespart werden sollten. So gehören zum Beispiel Formulierungen wie „laut Sachverhalt" oder „vorliegend", „Zu prüfen ist ..." regelmäßig nicht in gutachtliche Lösungen. Zudem wurde insoweit auf passive Formulierungen geachtet, als aktive Formulierungen fehlerhaft sind. So heißt es zum Beispiel nicht „Das Gesetz sagt ...", sondern „Im Gesetz steht ...". Ständige Wiederholungseffekte sind in die Sammlung absichtlich eingearbeitet worden, um durch die Zuordnung eines Problems an verschiedenen Stellen die Gesamtstruktur zu verdeutlichen. Auch Formulierungen sind bei ständig wiederkehrenden Prüfungsfolgen bewusst gleich formuliert, um die Leserinnen und Leser für bestimmte Ausdrucksweisen zu sensibilisieren.

Letztlich wird durch diese Fallsammlung eine Examensvorbereitung auf höchstem Niveau geboten, mittels derer strukturiertes Denken im öffentlichen Recht trainiert werden kann. Gleichzeitig kann sie aber als Nachschlagewerk herangezogen werden, weil die Fälle themenbezogen sind und es durch die dazugehörigen Fallgliederungen ermöglicht wird, einzelne Themengebiete gezielt zu suchen.

Für den verwaltungsrechtlichen Aufbau der Prozessstation wurde ein Aufsatz des Autors Heinze in der JURA 2012, 175 ff. zugrundegelegt, der von den Lesern zum Verständnis grundlegender prozessualer Zusammenhänge einmal intensiv gelesen werden sollte. Um es den Lesern zu ersparen, in der ohnehin begrenzten Examensvorbereitungszeit sämtliche Entscheidungen nachzulesen, sind wichtige Urteilspassagen mit dem Hinweis „zum Ganzen" und der entsprechenden abgeänderten Urteilspassage in die Falllösungen eingearbeitet worden.

Für sachdienliche Hinweise und Verbesserungsvorschläge ist der Autor stets dankbar und wünscht Ihnen einen erheblichen Lernerfolg beim Lesen der Bücher.

Hamburg, Juni 2020   Arne-Patrik Heinze

Der Autor

Dr. Arne-Patrik Heinze ist seit dem Jahr 2004 bundesweit als Dozent im Öffentlichen Recht unter anderem im Bereich der Vorbereitung auf die juristischen Examina tätig. Zudem arbeitet er seit 2008 als Rechtsanwalt und ist geschäftsführender Gründungsgesellschafter der Kanzleien Rechtsanwälte Dr. Heinze & Partner Deutschland und Rechtsanwälte Dr. Heinze & Partner Schweiz. Heinze ist als Fachanwalt für Verwaltungsrecht bundesweit auf Prüfungsanfechtungen (Staatsexamina Jura, Notarielle Fachprüfungen, Steuerberaterprüfungen, universitäre Prüfungen usw.), Studienplatzklagen und Verfassungsbeschwerden sowie Verfahren beim EGMR spezialisiert. Zudem betreut er Mandate im Allgemeinen Verwaltungsrecht und im Öffentlichen Baurecht.

Richterinnen und Richter, Professorinnen und Professoren, Rechtsanwältinnen und Rechtsanwälte uns sonstige Juristinnen und Juristen haben bei Heinze Öffentliches Recht und das System der juristischen Dogmatik erlernt. Er war bis zum Jahr 2013 geschäftsführender Gesellschafter der BeckAkademie (Verlag C.H. Beck), die er als Gründungsgesellschafter mit Kollegen bundesweit etabliert hat. In den Jahren 2013 – 2015 war er verbeamteter Professor für Öffentliches Recht an einer Polizeiakademie. Die Professur gab er zugunsten der Anwaltstätigkeit auf, da es in Deutschland nach dem anwaltlichen Berufsrecht neben der Anwaltstätigkeit zwar zulässig ist, „unechte" Professuren wie eine Honorarprofessur oder eine Professur an Privatinstitutionen innezuhaben – nicht jedoch dauerhaft eine „echte" Professur im Beamtenverhältnis. Dennoch ist Heinze der Wissenschaft und der Lehre aus Leidenschaft zur juristischen Dogmatik treu geblieben, kombiniert diese mit seiner Anwaltstätigkeit, publiziert regelmäßig und wird vor allem als Experte im Prüfungsrecht sowie im Bereich der Studienplatzklagen immer wieder von diversen renommierten Medien aus dem Fernseh-, Radio-, Online- und Printbereich angefragt.

Dr. Arne-Patrik Heinze, LL.M.
Rechtsanwälte Dr. Heinze & Partner Partnerschaftsgesellschaft mbB
info@heinze-rechtsanwaelte.de
www.heinze-rechtsanwaelte.de

Inhalt

Europarecht

Fall 1:
„Im schönen Portugal"

Schwerpunkte: Vertrag von Lissabon, Übertragung der Hoheitsgewalt auf die Europäische Union, Verfassungsbeschwerde, Integrationsverantwortung, Prinzip der begrenzten Einzelermächtigung, Überprüfbarkeit der Urteile des EuGH durch das BVerfG

Die Staats- und Regierungschefs der Mitgliedstaaten der EU einigten sich im Oktober 2007 in Lissabon auf einen neuen Rahmenvertrag für die EU. Dieser wird unterteilt in einen Vertrag über die Europäische Union (EUV) und einen Vertrag über die Arbeitsweise der Europäischen Union (AEUV). Durch Ratifizierung des Vertragswerks in allen seinerzeit 27 Mitgliedstaaten sollte die Integration in der EU weiter gestärkt werden.

Im Vertrag von Lissabon sind unter anderem enthalten:

- zahlreiche Kompetenzerweiterungen für die EU gegenüber den Mitgliedstaaten
- die Auflösung des Säulenmodells mit der Folge der (begrenzten) Supranationalisierung der polizeilichen und justiziellen Zusammenarbeit
- ein vereinfachtes Vertragsänderungsverfahren gemäß Art. 48 EUV
- ein dezidierter Kompetenzkatalog (Artt. 3 – 6 AEUV)
- in Art. 6 EUV Regelungen bezüglich der Grundrechte der Europäischen Union
- in Art. 5 EUV die Prinzipien der Subsidiarität und der begrenzten Einzelermächtigung

Diesbezüglich wird ein Zustimmungsgesetz von der Bundesregierung in den Bundestag eingebracht. Die Beteiligung des Bundestages wird zudem durch ein Begleitgesetz zum Zustimmungsgesetz gesichert. In diesem Begleitgesetz sind zahlreiche Informationspflichten der Bundesregierung und Vetorechte für den Bundestag geregelt. In der Bundesrepublik Deutschland werden das Zustimmungsgesetz und das Begleitgesetz zum Vertrag von Lissabon mit einer Mehrheit von zwei Dritteln im Bundestag und im Bundesrat verabschiedet.

G als wahlberechtigter deutscher Staatsbürger ist über die bevorstehende Ratifizierung des Vertrags von Lissabon empört und wendet sich direkt an das Bundesverfassungsgericht. Er ist der Meinung, dass seine Stimme als Stimme eines demokratisch orientierten Bürgers in einem demokratisch ausdifferenzierten Deutschland stetig weniger wert werde und er zugleich weniger Einfluss auf die ständigen schlechten Nachrichten „aus Brüssel" nehmen könne. Zwar mag das Grundgesetz europarechtsfreundlich ausgestaltet sein, jedoch sieht G sich als Konservativer i.S.d. Grundgesetzes und meint, die Verfassungsidentität innerhalb

https://doi.org/10.1515/9783110624120-001

deutscher Souveränität würde schwinden. Deshalb sei das Zustimmungsgesetz verfassungswidrig.

Außerdem sei das Begleitgesetz hinsichtlich der Befugnisse des nationalen Parlaments nicht hinreichend weit ausgestaltet. Bei dem Vertragsänderungsverfahren i.S.d. Art. 48 EUV müsse der Bundestag umfangreicher beteiligt werden. Die bisherige Regelung, nach der nach Zustimmung zum Vertrag von Lissabon ein Schweigen des Bundestages und des Bundesrates genüge, reiche nicht aus. Es sei zumindest eine aktive Mitwirkung des Bundestages erforderlich. Deshalb sei auch das Begleitgesetz verfassungswidrig.

1. Komplex: Ausgangskonstellation
Wird G mit seiner Verfassungsbeschwerde Erfolg haben?

2. Komplex: Zusatzfrage
G ist der Meinung, ein neues Urteil des EuGH sei von den Kompetenzen der EU nicht mehr gedeckt. Unter welchen Voraussetzungen kann G vor dem Bundesverfassungsgericht ein Handeln der EU außerhalb ihrer Kompetenzen rügen?

3. Bearbeitungsvermerk
Im 2. Komplex sind verfassungsprozessuale Aspekte nicht zu prüfen. Die Kompetenzergänzungsklausel i.S.d. Art. 352 AEUV ist im Rahmen einer etwaigen Kompetenz-Kompetenz nicht zu berücksichtigen.

4. Vertiefung
BVerfGE 35, 1; 4, 157; BVerfGE 123, 267; vgl. BVerfGE 47, 253, 269; 89, 155, 171; BVerfGE 112, 50/60; BVerfGE 114, 258, 279; vgl. BVerfGE 102, 147: Bananenmarkt nach Solange II; BVerfG, Beschluss vom 6.7.2010 – 2 BvR 2661/06; Honeywell; vgl. EuGH, Gutachten 1/91, EWR-Abkommen, Slg. 1991, S. I-6079 Rn 51.

Gliederung

Lösungsvorschlag

Die folgende Lösung ist als Lösungsvorschlag zu verstehen und ausführlicher, als es in der Klausurbearbeitung verlangt werden kann. Aufgrund der wissenschaftlichen Freiheit können andere Lösungswege vertreten werden, soweit sie dogmatisch begründbar sind. Die Nachweise aus Rechtsprechung und Literatur sowie die das Verständnis fördernden Randbemerkungen sind in der Examensklausur auszusparen. Die Abkürzung „Alt." steht für Alternativfall, nicht für Alternative.

1. Komplex: Ausgangskonstellation

Die Verfassungsbeschwerde des G hat Erfolg, soweit sie zulässig und begründet ist.

Anders als im Verwaltungsrecht muss nicht der Terminus Sachurteils- bzw. Sachentscheidungsvoraussetzungen verwendet werden, weil das BVerfG nur bei enumerativ zugewiesenen Verfahren zuständig und weder eine § 65 Abs. 2 VwGO noch eine § 17a Abs. 2 GVG vergleichbare Norm ersichtlich ist. § 17a Abs. 2 GVG ist in verfassungsrechtlichen Verfahren nicht anwendbar.

A. Zulässigkeit

Die Verfassungsbeschwerde kann zulässig sein.

I. Zuständigkeit des Bundesverfassungsgerichts

Das Bundesverfassungsgericht muss für die Verfassungsbeschwerde zuständig sein. Das Bundesverfassungsgericht ist für ein Verfahren zuständig, wenn eine ausdrückliche Zuweisung besteht. Verfassungsbeschwerden sind dem Bundesverfassungsgericht gemäß Art. 93 Abs. 1 Nr. 4a GG i.V.m. § 13 Nr. 8a BVerfGG zugewiesen. Das Bundesverfassungsgericht ist für die Verfassungsbeschwerde des G zuständig.

II. Verfahrensabhängige Zulässigkeitsvoraussetzungen

Es ist sinnvoll, auf der ersten Gliederungsebene eine Überschrift „Verfahrensabhängige Zulässigkeitsvoraussetzungen" zu bilden, um herauszustellen, dass jedes dem BVerfG enumerativ
zugewiesene Verfahren von eigenständigen Voraussetzungen abhängig ist. Zudem erfolgt eine
Angleichung an verwaltungsrechtliche Verfahren, in denen auch besondere Sachurteils- oder
Sachentscheidungsvoraussetzungen zu

Die verfahrensabhängigen Voraussetzungen i.S.d. §§ 90 ff. BVerfGG i.V.m. Art. 94
Abs. 2 GG der dem Bundesverfassungsgericht enumerativ zugewiesenen Verfassungsbeschwerde müssen erfüllt sein.

Ungeschickt wäre es, die Überschrift „Parteifähigkeit" anstelle der „Beschwerdefähigkeit" zu
wählen, weil der Begriff Partei häufig mit einem Zwei-Parteien-Prozess assoziiert wird. Die Verfassungsbeschwerde ist jedoch kein kontradiktorisches Verfahren.

1. Beschwerdefähigkeit

G kann beschwerdefähig sein. Beschwerdefähig ist, wer geeignet ist, an dem
Verfahren der Verfassungsbeschwerde beteiligt zu sein – gemäß § 90 Abs. 1
BVerfGG ist dies „Jedermann". Jedermann ist jeder, der Träger von Grundrechten
ist, also auch G als natürliche Person, der Träger von Rechten – unter anderem der
Freiheitsgrundrechte und des Wahlrechts – sein kann.

2. Beschwerdegegenstand

Beschwerdegegenstand i.S.d. § 90 Abs. 1 BVerfGG kann jede Maßnahme der öffentlichen Gewalt sein. Dass alle Maßnahmen der öffentlichen Gewalt erfasst
sind, ergibt sich unter anderem aus den §§ 93, 95 Abs. 1 S. 2 BVerfGG. Gegenstände
der Verfassungsbeschwerde des G können das Zustimmungsgesetz und das Begleitgesetz zum Vertrag von Lissabon als Akte der Legislative sein. Dazu müssten
sie Gegenstand einer Verfassungsbeschwerde sein können.

Problematisch ist, dass für eine Verfassungsbeschwerde ein Akt erforderlich
ist, welcher bereits abgeschlossen ist, weil anderenfalls seitens des Bundesverfassungsgerichts ungerechtfertigt in die Kompetenzen anderer Gewalten eingegriffen werden könnte. Gemäß Art. 82 Abs. 1 S. 1 GG ist ein Gesetz erst wirksam,
wenn es vom Bundespräsidenten ausgefertigt, vom Bundeskanzler gemäß Art. 58
S. 1 GG gegengezeichnet und im Bundesgesetzblatt verkündet ist. Insoweit könnte
davon ausgegangen werden, dass das Bundesverfassungsgericht nicht vor der
Ratifizierung über die Verfassungsgemäßheit eines Gesetzes entscheiden darf.

Allerdings ist einerseits ein effektives Mitwirken der Bundesrepublik Deutschland im besonderen Völkerrecht gemäß Art. 32 GG unter Mitwirkung der Organe im Innenverhältnis i.S.d. Art. 59 GG erforderlich, andererseits eine effektive Mitwirkung an der Europäischen Union. Eine solche Mitwirkung einerseits als Bundesstaat i.S.d. Art. 20 Abs. 1 GG im Außenverhältnis, andererseits der Organe im Binnenrecht ist nur möglich, wenn das Bundesverfassungsgericht als Judikative und Hüter der Verfassung im Binnenrecht vor der Ratifizierung mit der Folge einer möglichen Bindung auch im Außenverhältnis vor dem Eintritt der Bindungswirkung über die Verfassungsmäßigkeit von Gesetzen entscheiden kann.

Zudem gehört die Ratifizierung zwar zum Gesetzgebungsverfahren, jedoch erfolgt diese bei „nach den Vorschriften dieses Grundgesetzes zustande gekommenen Gesetzen", sodass auch ein nicht ratifiziertes Gesetz zumindest eine Vollendungsvorstufe erreicht hat. In praktischer Konkordanz zu dem sich unter anderem aus Art. 20 Abs. 3 GG ergebenden Rechtsstaatsprinzip ist § 90 Abs. 1 BVerfGG verfassungskonform auszulegen und Art. 93 Abs. 1 Nr. 4a GG derart zu beachten, dass eine Verfassungsbeschwerde vor der Ratifizierung möglich ist, wenn es um Zustimmungen auf völkerrechtlicher Ebene geht, damit eine verfassungswidrige völkerrechtliche Bindung durch das Bundesverfassungsgericht verhindert werden kann (BVerfGE 35, 1; 4, 157).

Somit sind das Zustimmungs- und das Begleitgesetz zum Vertrag von Lissabon Beschwerdegegenstände.

3. Beschwerdebefugnis

G muss gemäß § 90 Abs. 1 BVerfGG beschwerdebefugt sein. Beschwerdebefugt i.S.d. § 90 Abs. 1 BVerfGG i.V.m. Art. 93 Abs. 1 Nr. 4a GG ist, wer behaupten kann, in seinen Grundrechten oder in einem seiner Rechte aus den Artt. 20 Abs. 4, 33, 38, 101, 103, 104 GG verletzt zu sein.

Da das Bundesverfassungsgericht jedoch in einem Kooperationsverhältnis zu den Fachgerichten steht, nur Verfassungsrecht als Prüfungsmaßstab hat und im rechtsstaatlichen Gefüge nicht unnötig mit Verfahren behelligt werden darf, genügt die Behauptung der Grundrechtsverletzung nicht. Vielmehr muss der Beschwerdeführer hinreichend substantiiert die Möglichkeit darlegen, selbst, gegenwärtig und unmittelbar in Grundrechten oder sonstigen Rechten betroffen zu sein.

Das Merkmal der unmittelbaren Betroffenheit ist vom BVerfG für die Rechtssatzverfassungsbeschwerde entwickelt worden, da dieses Merkmal bei abstrakt-generellen Regelungen anders als bei Urteilen problematisch sein kann. Dennoch sollte die – bei Urteilen selbstverständlich gegebene – Unmittelbarkeit auch bei Urteilsverfassungsbeschwerden in einem Nebensatz kurz angesprochen werden, da dies in einigen amtlichen Lösungsskizzen – wenngleich in der Sache überflüssig – vorgesehen ist. Problematisch wird die „Möglichkeit der spezifischen Grundrechtsverletzung" (BVerfG keine Superrevisionsinstanz) nur bei Verfassungsbeschwerden gegen Gerichtsentscheidungen oder bei Rechtssatzverfassungsbeschwerden gegen abstrakt-generelle Regelungen unterhalb des Gesetzesranges sowie vorkonstitutionellen Gesetzen.

Die spezifische Grundrechtsverletzung ist zudem für die Urteilsverfassungsbeschwerde entwickelt und diesbezüglich gesetzlich abgeleitet worden und muss ggf. als Prüfungsmaßstab des BVerfG eingangs der Begründetheit erörtert werden. Da die spezifische Grundrechtsverletzung in den amtlichen Lösungsskizzen z. T. aber in der Zulässigkeit angesprochen wird, ist klarstellend die Darstellung der Möglichkeit einer spezifischen Grundrechtsverletzung zusätzlich zur Erörterung in der Begründetheit empfehlenswert, soweit es auf eine spezifische Grundrechtsverletzung überhaupt ankommt.

---

a) Verfassungsrechtliches Recht des G

Zunächst bedarf es eines verfassungsrechtlich verankerten Rechts des G. G macht geltend, in seinem sich aus Art. 38 Abs. 1 GG ergebenden Recht, sich demokratisch an Wahlen zu beteiligen und durch seine Stimme die Demokratie mitzugestalten, verletzt zu sein. Ein derart weitgehendes subjektives Recht als Beschwerdebefugnis für die Verfassungsbeschwerde zu benennen würde dazu führen, dass jeder Bürger entgegen des rechtsstaatlichen Gebotes, Popularverfahren zu vermeiden, die Möglichkeit hätte, mittels einer Verfassungsbeschwerde Rechte als Teil der Bevölkerung geltend machen zu können. Allerdings darf Art. 38 Abs. 1 GG als dem Bürger verfassungsrechtlich gewährtes Recht auch nicht entkernt werden. Aus Art. 38 Abs. 1 GG kann sich allerdings insoweit ein verfassungsrechtliches Recht des G ergeben, als die Gefahr der Aushöhlung der mittelbar durch die Bevölkerung verfassten Gesetze bzw. die Gefahr einer nicht hinreichenden personellen Legitimationskette bei der Ausübung der Hoheitsgewalt des Staates besteht (zum Ganzen: BVerfGE 123, 267).

aa) Gefahr der Aushöhlung der Parlamentskompetenz

„Durch Art. 38 Abs. 1, 2 GG wird das subjektive Recht der Bürger gewährleistet, an der Wahl der Abgeordneten des Deutschen Bundestages teilzunehmen (vgl. BVerfGE 47, 253, 269; 89, 155, 171). Durch diesen individualisierten Gewährleistungsinhalt wird demokratisch sichergestellt, dass dem Bürger das Wahlrecht zum Deutschen Bundestag zusteht und bei der Wahl die verfassungsrechtlichen Wahlrechtsgrundsätze eingehalten werden. Von der Sicherung des subjektiven Rechts ist auch der grundlegende demokratische Gehalt dieses Rechts erfasst. Mit der Wahl wird die Staatsgewalt auf Bundesebene nicht nur nach Art. 20 Abs. 1, 2 GG legitimiert, sondern auch dirigierender Einfluss auf deren Ausübung genommen (vgl. BVerfGE

89, 155, 172). Die Wahlberechtigten können nämlich zwischen konkurrierenden Kandidaten und Parteien auswählen, die sich mit unterschiedlichen politischen Vorschlägen und Konzepten zur Wahl stellen.

Der Wahlakt verlöre seinen Sinn, wenn das gewählte Staatsorgan nicht über ein hinreichendes Maß an Aufgaben und Befugnissen verfügen würde, in denen die legitimierte Handlungsmacht wirken kann. Dem Parlament steht somit nicht nur eine abstrakte „Gewährleistungsverantwortung" für das hoheitliche Handeln anderer Herrschaftsverbände, sondern die konkrete Verantwortung für das Handeln des Staatsverbandes zu. Im Grundgesetz ist dieser Legitimationszusammenhang zwischen dem Wahlberechtigten und der Staatsgewalt durch Art. 23 Abs. 1 S. 3 GG i.V.m. Art. 79 Abs. 3 GG und Art. 20 Abs. 1, 2 GG für unantastbar erklärt worden. In praktischer Konkordanz des Art. 38 Abs. 1 S. 1 GG zu Art. 23 GG ist es ausgeschlossen, die durch die Wahl bewirkte Legitimation der Staatsgewalt und die Einflussnahme auf deren Ausübung durch die Verlagerung der Aufgaben und Befugnisse des Bundestages auf die europäische Ebene derart zu entleeren, dass das Demokratieprinzip verletzt wird. Letztlich besteht die Gefahr der Aushöhlung der Parlamentskompetenz. (zum Ganzen aus BVerfGE 89, 155 ff.)"

bb) Personelle Legitimation

Aus Art. 38 Abs. 1 S. 1 GG i.V.m. Art. 20 Abs. 2 S. 1 GG ergibt sich das demokratische Gebot der personellen Legitimation, sodass vom Volk zum jeweils handelnden Organ des Staates bzw. zur Behörde eine hinreichende personelle Legitimationskette bestehen muss – auch bei der Übertragung von Hoheitsgewalt auf die Europäische Union.

„Die Wahlberechtigten können verfassungsrechtlich relevante Defizite der demokratischen Legitimation der Europäischen Union somit aus demselben Recht rügen wie Defizite der durch die europäische Integration im Kompetenzumfang betroffenen innerstaatlichen Demokratie. Die ursprünglich nur innerstaatlich bedeutsame Wechselbezüglichkeit zwischen Art. 38 Abs. 1 S. 1 GG und Art. 20 Abs. 1, 2 GG wird durch die fortschreitende europäische Integration erweitert. (BVerfGE 89, 155 ff.)" „Infolge der Übertragung von Hoheitsrechten i.S.d. Art. 23 Abs. 1 S. 2 GG werden Entscheidungen, die den Bürger unmittelbar betreffen, auf die europäische Ebene verlagert. Wegen des über Art. 38 Abs. 1 S. 1 GG als subjektives öffentliches Recht rügefähig gemachten Demokratieprinzips ist es auch bei der Übertragung von Hoheitsrechten auf die Europäische Union bedeutsam, ob die auf europäischer Ebene ausgeübte Hoheitsgewalt auch demokratisch legitimiert ist. Da die Bundesrepublik Deutschland nach Art. 23 Abs. 1 S. 1 GG nur an einer Europäischen Union mitwirken darf, die demokratischen Grundsätzen verpflichtet ist, besteht ein legitimierender Zusammenhang zwischen den Wahlberechtigten und der europäischen

Hoheitsgewalt, der nach der ursprünglichen und fortwirkenden verfassungsrechtlichen Konzeption in Art. 38 Abs. 1 S. 1 GG in Verbindung mit Art. 20 Abs. 1, 2 GG zugunsten des Bürgers subjektiviert ist. (Urteil BVerfG vom 30.06.2009 – 2 BvE 2/08; 2 BvE 5/08; 2 BvR 1010/08; 2 BvR 1022/08; 2 BvR 1259/08; 2 BvR 182/09 – 1).

b) Selbstbetroffenheit und gegenwärtige Betroffenheit

Der Beschwerdeführer muss in eigenen Grundrechten betroffen sein. G ist Staatsbürger der Bundesrepublik Deutschland, sodass er in seinem Recht aus Art. 38 Abs. 1 S. 1 GG durch das Zustimmungsgesetz und das Begleitgesetz verletzt sein kann, nicht aber Rechte anderer geltend macht. Allerdings fehlt es an der gegenwärtigen Betroffenheit, weil die Gesetze noch nicht ratifiziert sind. Da es aber darum geht, verfassungsrechtlich gewährte Rechte effektiv geltend zu machen und mit der Ratifizierung die Gefahr einer völkerrechtlichen Bindung im Außenverhältnis verwirklicht werden könnte, ist aufgrund des sich unter anderem aus Art. 20 Abs. 3 GG ergebenden Rechtsstaatsprinzips und der damit zusammenhängenden Funktion des Bundesverfassungsgerichts als Hüter der Verfassung ausnahmsweise keine gegenwärtige Betroffenheit erforderlich.

c) Unmittelbare Betroffenheit

Letztlich ist Voraussetzung der Beschwerdebefugnis die unmittelbare Betroffenheit. Bei Gesetzen ist eine unmittelbare Betroffenheit anzunehmen, wenn es keines Vollzugsaktes der Behörde z. B. in Form eines Verwaltungsaktes bedarf, um für die Betroffenen spürbare Rechtsfolgen zu entfalten. Zwar sind das Zustimmungsgesetz und das Begleitgesetz nicht im engen Sinne an die Bürger gerichtet, weil sie die Grundlage für die endgültige Bindung im Außenverhältnis darstellen sollen. Jedoch bedarf es nach der Ratifizierung des Zustimmungs- und des Begleitgesetzes wegen der Supranationalität der Europäischen Union keiner Transformation mehr, sodass der Vertrag über die Europäische Union und der Vertrag über die Arbeitsweise der Europäischen Union sowie die Protokolle und Anhänge – diese sind Inhalt des Zustimmungs- und Begleitgesetzes – gegenüber G unmittelbar gelten würden. Da die Unmittelbarkeit ohnehin nicht als Tatbestandsmerkmal in § 90 Abs. 1 BVerfGG enthalten ist, kann es jedenfalls bei verfassungskonformer Betrachtung i.S.d. Artt. 23, 20 GG restriktiv angewendet werden. Sollten das Zustimmungsgesetz und das Begleitgesetz ratifiziert werden, wäre G ohne weitere Vollzugsakte unmittelbar in seinem Recht auf Mitwirkung im demokratischen Staat unmittelbar betroffen, sodass er zumindest als unmittelbar betroffen im verfassungsprozessualen Sinne zu behandeln ist.

4. Besonderes Rechtsschutzbedürfnis

G muss besonders rechtsschutzbedürftig sein.

a) Rechtswegerschöpfung

G muss den Rechtsweg i.S.d. § 90 Abs. 2 S. 1 BVerfGG erschöpft haben. Der Rechtsweg ist erschöpft, wenn es für den Beschwerdeführer keine Möglichkeit gibt, gegen den Beschwerdegegenstand unmittelbar rechtlich vorzugehen. Beschwerdegegenstand sind das Zustimmungsgesetz und das Begleitgesetz zum Vertrag von Lissabon. Gegen ein formelles nachkonstitutionelles Gesetz ist ein Rechtsweg gemäß § 93 Abs. 3 BVerfGG nicht eröffnet, denn sogar die Möglichkeit eines Verfahrens beim Landesverfassungsgericht, welches nur bei Landesgesetzen denkbar wäre, würde – das ergibt sich aus § 90 Abs. 3 BVerfGG – keinen Rechtsweg darstellen. Formelle Gesetze sind auch nicht Verfahrensgegenstand einer prinzipalen Normenkontrolle i.S.d. § 47 VwGO. Der Rechtswegerschöpfung ist erschöpft.

b) Keine Subsidiarität

Die Verfassungsbeschwerde darf nicht subsidiär sein. Zwar ist das Merkmal der Subsidiarität nicht ausdrücklich geregelt, jedoch ist § 90 Abs. 2 S. 1 BVerfGG verfassungskonform i.S.d. sich unter anderem aus Art. 20 Abs. 3 GG ergebenden Rechtsstaatsprinzips dahingehend auszulegen, dass das Bundesverfassungsgericht als Hüter der Verfassung nur angerufen werden soll, wenn es auch über die Rechtswegerschöpfung hinaus nicht möglich ist, das Beschwerdeziel mittels indirekten Rechtsschutzes zum Gegenstand eines Verfahrens zu machen und gegebenenfalls zumindest mit Wirkung zwischen zwei Parteien verwerfen zu lassen, vorausgesetzt, die Betreibung indirekten Rechtsschutzes ist dem Beschwerdeführer rechtsstaatlich zumutbar. Der Beschwerdeführer muss zunächst alle nach Lage der Sache zur Verfügung stehenden prozessualen Möglichkeiten ergreifen, um die geltend gemachte Grundrechtsverletzung in dem unmittelbar mit ihr zusammenhängenden sachnächsten Verfahren zu verhindern oder zu beseitigen (BVerfGE 112, 50/60; BVerfGE 114, 258, 279). Der Grundsatz der Subsidiarität gilt grundsätzlich auch, wenn zwar ein Rechtsweg prinzipiell nicht eingeräumt ist, wie bei formellen Gesetzen, wenn aber Rechtsschutz auf andere Weise erreicht werden kann, insbesondere durch zulässige inzidente Normenkontrolle in einem fachgerichtlichen Verfahren (BVerfGE 72, 39, 44; 75, 246, 263 f.; 102, 26, 32) oder durch eine Feststellungsklage (BVerfGE 115, 81/92 ff.). Indirekter Rechtsschutz bei Gesetzen wäre möglich, wenn es denkbar wäre, einen auf dem Gesetz beruhenden Vollzugsakt – z.B. einen Verwaltungsakt oder eine Verordnung – abzuwarten, um gegen den Vollzugsakt z. B. mittels einer Anfechtungsklage gemäß § 42 Abs. 1 Alt. 1 VwGO oder einer prinzipalen Normenkontrolle gemäß § 47 Abs. 1 Nr. 2 VwGO i.V.m. einem Ausführungsgesetz vorzugehen. Vollzugsakte sind bezüglich des Zustimmungs- und des Begleitgesetzes aber nicht ersichtlich und auch nicht erforderlich.

Ein indirekter Rechtsschutz des G wäre allenfalls insoweit möglich, als nach der Ratifizierung eine allgemeine Feststellungsklage nach § 43 Abs. 1 VwGO mit dem Antrag erhoben werden könnte, dass sich für G aus dem Zustimmungsgesetz und dem Begleitgesetz kein konkretes Rechtsverhältnis dahingehend ergibt, wobei das konkrete Rechtsverhältnis wiederum von der Verfassungsmäßigkeit des Zustimmungsgesetzes und des Begleitgesetzes abhängig ist. Da das Verwaltungsgericht bezüglich eines nachkonstitutionellen Gesetzes – also auch des Zustimmungsgesetzes und des Begleitgesetzes – jedoch lediglich die Prüfungs-, nicht aber die Verwerfungskompetenz hat, muss das Verwaltungsgericht, soweit es bei der Prüfung eines Gesetzes dieses für verfassungswidrig hält und das Gesetz entscheidungserheblich ist, das Gesetz dem Bundesverfassungsgericht gemäß Art. 100 GG im Wege der konkreten Normenkontrolle vorlegen. Insoweit müsste das Bundesverfassungsgericht das Gesetz ohnehin prüfen und Ressourcen aufwenden, sodass es Beschwerdeführern unzumutbar ist, zunächst den Verwaltungsrechtsweg zu beschreiten. Dem könnte entgegenstehen, dass z. B. ein Verwaltungsgericht zu dem Ergebnis gelangen kann, dass das Gesetz nach erfolgter Prüfung des Verwaltungsgerichts offensichtlich rechtmäßig zu sein scheint mit der Folge, dass beim Bundesverfassungsgericht letztlich doch Ressourcen eingespart würden, weil nach dem Prüfungsergebnis des Instanzgerichtes nicht vorgelegt werden müsste. Letztlich ist eine offensichtliche Rechtmäßigkeit des Gesetzes jedoch nicht ersichtlich. Deshalb bleibt es bei der Möglichkeit der Vorlage des Gesetzes nach Art. 100 GG, sodass es prozessunökonomisch und für G unzumutbar wäre, die Verfassungsbeschwerde wegen der Subsidiarität nicht zuzulassen. Selbst wenn also verwaltungsprozessual zwei auf das Zustimmungs- und das Begleitgesetz als noch nicht ratifizierte Rechtssetzungsakte gestützte vorbeugende Feststellungsklagen möglich wären, würde durch sie nicht die Subsidiarität der Verfassungsbeschwerde begründet werden können. Nach alledem ist es G nicht zumutbar, gemäß § 43 Abs. 1 VwGO zunächst eine allgemeine Feststellungsklage beim Verwaltungsgericht zu erheben.

Im Hinblick auf die Subsidiarität der Verfassungsbeschwerde wegen der Möglichkeit der allgemeinen Feststellungsklage gemäß § 43 Abs. 1 VwGO ist es entsprechend der Praxis des BVerfG vertretbar, die Unzulässigkeit der Verfassungsbeschwerde anzunehmen. Klausurtaktisch ist dies im 1. Examen weder zu empfehlen noch üblich.

Die Verfassungsbeschwerde des G ist nicht subsidiär.

Anders ist die Subsidiarität zu beurteilen, wenn es nicht um Gesetze, sondern z.B. um Verordnungen geht. Bei Verordnungen hat das Verwaltungsgericht innerhalb einer allge-meinen Feststellungsklage i.S.d. § 43 Abs. 1 VwGO (Nichtbestehen eines konkreten Rechtsverhältnisses) die Prüfungskompetenz und die Verwerfungskompetenz inter partes. Auch im Rahmen einer prinzipalen Normenkontrolle i.S.d. § 47 VwGO hat das Oberverwal-tungsgericht die Prüfungskompetenz sowie gemäß § 47 Abs. 5 S. 2 VwGO die Verwerfungs-kompetenz inter omnes. In beiden Konstellationen bedarf es anders als bei einem Gesetz keiner Vorlage i.S.d. Art. 100 GG mit der Folge, dass die Verfassungsbeschwerde insoweit subsidiär ist.

5. Form, Antrag und Frist

Die Verfassungsbeschwerde des G ist i.S.d. § 92 BVerfGG begründet worden. Ein schriftlicher Antrag i.S.d. § 23 BVerfGG wurde gestellt.

Die Jahresfrist von einem Jahr seit Inkrafttreten der Gesetze gemäß § 93 Abs. 3 BVerfGG ist nicht verstrichen, weil das Zustimmungs- und das Begleitgesetz noch nicht ratifiziert worden sind.

Zwar ist der Antrag i.S.d. § 23 BVerfGG eine allgemeine, also keine verfahrensabhängige Voraussetzung, jedoch ist sie mit der Begründung als besonderer Voraussetzung so eng verbunden, dass beide als Einheit unter den verfahrensabhängigen Voraussetzungen geprüft werden dürfen.

III. Zwischenergebnis

Die Verfassungsbeschwerde des G ist zulässig.

B. Begründetheit

Der Aufbau der Rechtssatzverfassungsbeschwerde ist umstritten. In Anlehnung an die Nichtigkeit des Gesetzes i.S.d. § 95 Abs. 3 S. 1 BVerfGG ist ein objektiver Prüfungsmaßstab trotz des Erfordernisses der Beschwerdebefugnis in der Zulässigkeit (subjektives Beanstandungsverfahren) vertretbar. Nach h.M. ist die gesamte Verfassungsbeschwerde subjektiv ausgestaltet mit der Folge, dass es auch in der Begründetheit zunächst eines subjektiven Einstieges bedarf. Lediglich das Gesetz muss im Rahmen der Rechtfertigung ggf. objektiv geprüft werden, weil ein objektiv rechtswidriges und damit nichtiges Gesetz keinen Grundrechtseingriff rechtfertigen kann. Daran ändert auch die Praxis des BVerfG nichts, nach der dem Gesetzgeber anstelle der Nichtigkeitsfeststellung bzgl. eines Gesetzes i.d.R. Fristen zur Änderung des Gesetzes vorgegeben werden.

Die Verfassungsbeschwerde des G ist begründet, soweit der Beschwerdeführer gemäß § 90 Abs. 1 BVerfGG ungerechtfertigt in seinen Grundrechten verletzt ist. Da das Bundesverfassungsgericht, das keine Superrevisionsinstanz, sondern Hüter der Verfassung ist, bei Verfassungsbeschwerden gegen nachkonstitutionelle Gesetze wie dem Zustimmungs- und dem Begleitgesetz zum Vertrag von Lissabon nur spezifische Grundrechtsverletzungen feststellen kann, wird es gemäß § 95 Abs. 3 S. 1 BVerfGG gegebenenfalls feststellen, dass die Beschwerdegegenstände nichtig sind bzw. eine Übergangsfrist zur Nachbesserung bestimmen.

Die Problematik der spezifischen Grundrechtsverletzung ist eigentlich nicht bei Rechts-satzverfassungsbeschwerden zu erörtern. Allerdings wäre es auch bei nicht formellen oder vorkonstitutionellen Gesetzen denkbar, die abstrakt generelle Regelung anhand einfachen Rechts zu prüfen. Auch insoweit gilt, dass das Bundesverfassungsgericht keine Superrevisionsinstanz ist.

Eine solche Entscheidung des Bundesverfassungsgerichts hätte gemäß § 31 Abs. 2 S. 2 BVerfGG i.V.m. Art. 94 Abs. 2 S. 1 GG Gesetzeskraft.

I. Schutzbereichseingriff

Da Bürger in der repräsentativen Demokratie durch die auch den Einzelnen betreffenden in Art. 38 Abs. 1 S. 1 GG geregelten Bürgerrechte dahingehend geschützt werden, umfangreich in der Bundesrepublik Deutschland politisch mitzuwirken, ist in diese Rechte des G als wahlberechtigter und somit vom persönlichen und sachlich geschützten Schutzbereich des Art. 38 Abs. 1 S. 1 GG erfasster Staatsbürger eingegriffen worden. Durch das Zustimmungsgesetz in Verbindung mit dem Begleitgesetz wird nämlich Hoheitsgewalt an die supranationale Einrichtung Europäische Union übertragen und die Kompetenzen des Bundestages, an welchem wahlberechtigte Bürger durch ihre Legitimationsmöglichkeiten i.S.d. Art. 20 Abs. 2 S. 1 GG mitwirken können, werden verkürzt.

II. Rechtfertigung

Eingriffe in verfassungsrechtlich wesentliche Rechte wie das Recht der Bürger zur demokratischen Gestaltung i.S.d. Art. 38 Abs. 1 S. 1 GG können allenfalls durch ein Gesetz gerechtfertigt werden. Da ein Gesetz durch das eine Norm des Grundgesetzes verletzt wird, nichtig ist, muss das zur Rechtfertigung eines Eingriffes maßgebliche Gesetz objektiv verfassungsgemäß sein. Das Zustimmungsgesetz und das Begleitgesetz zum Lissabonvertrag müssen zur Rechtfertigung des Eingriffes objektiv verfassungsgemäß sein.

Nochmals: Das Gesetz muss objektiv verfassungsgemäß sein, nicht nur subjektiv bezogen auf die Grundrechte des Beschwerdeführers, weil nur ein objektiv verfassungsmäßiges Gesetz wirksam ist und einen Grundrechtseingriff rechtfertigen kann. Das bedeutet, dass im Rahmen der Verfassungsmäßigkeit im Übrigen Grundrechte Dritter, Rückwirkungsverbote etc. zu prüfen sind.

---

1. Zustimmungsgesetz zum Vertrag von Lissabon

Das Zustimmungsgesetz zum Vertrag von Lissabon muss verfassungsgemäß sein.

a) Formelle Verfassungsmäßigkeit

Das Zustimmungsgesetz muss formell verfassungsgemäß sein, sodass Zuständigkeits-, Verfahrens- und Formvorschriften nicht verletzt sein dürfen.

aa) Zuständigkeit

Die Zuständigkeit für den Erlass eines Bundesgesetzes wie dem Zustimmungsgesetz ergibt sich bezüglich der Verbandskompetenz grundsätzlich aus Art. 70 GG als gegenüber Art. 30 GG speziellerer Regelung, wobei in den Artt. 71, 72 GG besondere Regelungen enthalten sind. Die Artt. 70 ff. GG können allerdings durch speziellere Vorschriften verdrängt sein.

(1) Völkerrechtlicher Vertrag

Beim Abschluss von Staatsverträgen ergibt sich die Zuständigkeit bezüglich der Verbandskompetenz aus Art. 32 Abs. 1, 3 GG wobei das Verhältnis zu Art. 59 GG als Regelung über die Organkompetenz ebenso problematisch ist wie die Zuständigkeit des Bundes im Außenverhältnis für Gesetzgebungs- und Verwaltungskompetenzen, die innerstaatlich den Ländern zugewiesen sind.

Dies ist bezüglich des Zustimmungs- und des Begleitgesetzes zum Vertrag von Lissabon letztlich irrelevant, da es nicht um den Abschlussakt im Außenverhältnis geht. Wenngleich auch die Zuständigkeit für Zustimmungsgesetze zu völkerrechtlichen Verträgen problematisch ist, besteht für die Übertragung von Hoheitsgewalt auf die Europäische Union in Art. 23 Abs. 1 S. 2 GG eine Spezialregelung.

Zur Wiederholung des (an die **Nochmals:** Das Gesetz muss objektiv verfassungsgemäß sein, nicht nur subjektiv bezogen auf die Grundrechte des Beschwerdeführers, weil nur ein objektiv verfassungsmäßiges Gesetz wirksam ist und einen Grundrechtseingriff rechtfertigen kann. Das bedeutet, dass im Rahmen der Verfassungsmäßigkeit im Übrigen Grundrechte Dritter, Rückwirkungsverbote etc. zu prüfen sind.ser Stelle irrelevanten) Verhältnisses zwischen Art. 32 GG und Art. 59 GG ist auf Fall 1 in diesem Buch verwiesen.

---

(2) Unionsrecht

Gemäß Art. 23 Abs. 1 S. 1 GG ist die Bundesrepublik Deutschland gehalten, zur Verwirklichung eines vereinten Europas bei der Entwicklung der Europäischen Union mitzuwirken. Als Verband ist gemäß Art. 23 Abs. 1 S. 2 GG der Bund zuständig. Das gilt auch, wenn bei der Übertragung der Hoheitsgewalt Landesmaterien betroffen sind, wobei dann z. B. gemäß Art. 23 Abs. 4, 5 GG eine erhebliche Beteiligung des Bundesrates als Bundesorgan, über das die Bundesländer Einfluss nehmen können, erforderlich ist. Insoweit enthält Art. 23 GG spezielle Ausgestaltungen des sich allgemein aus Art. 20 Abs. 1 GG ergebenden Bundesstaatsprinzips, wonach ein einheitliches Auftreten der Bundesrepublik Deutschland als zweigliedrigem Bundesstaat nach außen – unter Einbeziehung des Zustimmungsgesetzes zum Abschluss des vertraglichen Außenaktes – bei föderalen Strukturen nach innen erforderlich ist. Für den Erlass des Zustimmungsgesetzes ist gemäß Art. 23 Abs. 1 S. 2 GG der Bund zuständig.

bb) Verfahren

Die für Gesetze bestehenden verfahrensrechtlichen Vorgaben müssen bezüglich des Zustimmungsgesetzes eingehalten worden sein. Anhaltspunkte für verfahrensrechtliche Aspekte bestehen nur bezüglich der Gesetzgebungsmehrheiten. Gemäß Art. 23 Abs. 1 S. 3 GG gilt Art. 79 Abs. 2, 3 GG für die Begründung der Europäischen Union sowie für Veränderungen ihrer Grundlagen und vergleichbare Regelungen, durch die das Grundgesetz seinem Inhalt nach verändert oder ergänzt wird oder solche Änderungen oder Ergänzungen ermöglicht werden.

Die Regelung könnte i.S.d. sich unter anderem aus Art. 20 Abs. 2 S. 1 GG ergebenden Demokratieprinzips weit auszulegen sein. Dann wäre Art. 23 Abs. 1 S. 2 GG stets durch Art. 23 Abs. 1 S. 3 GG zu ergänzen und Art. 23 Abs. 1 S. 2 GG hätte keinen eigenständigen Anwendungsbereich mehr, weil jede Übertragung von Hoheitsgewalt auf die Europäische Union eine Beeinträchtigung der Kompetenzordnung des Grundgesetzes enthält.

Daher ist Art. 23 Abs. 1 S. 3 GG teleologisch und in praktischer Konkordanz des Art. 20 Abs. 2 S. 1 GG im Sinne einer europarechtsfreundlichen Demokratie eng dahingehend auszulegen, dass Art. 79 Abs. 2, 3 GG i.V.m. Art. 23 Abs. 1 S. 3 GG nur maßgeblich ist, soweit die enge unionsrechtliche Grundlage oder nationale Verfassungsebene betroffen ist. Das ist bei der Ablösung des europäischen Primärrechts bzw. einer grundlegenden Revidierung desselben oder der Ablösung der gouvernementalen Strukturen durch demokratische Strukturen jedenfalls anzunehmen. Bei weiter Auslegung des Art. 23 Abs. 1 S. 3 GG wäre eine effektive Mitwirkung an der Entwicklung der Europäischen Union nicht möglich, weil die i.S.d. Art. 79 Abs. 2 GG erforderlichen Mehrheiten von zwei Dritteln im Bundestag und Bundesrat für die jeweiligen Zustimmungsgesetze schwer erreichbar wären. Bezüglich des Zustimmungsgesetzes, welches auf grundlegende Änderungen des europäischen Primärrechts bezogen ist, sind die Mehrheiten von zwei Dritteln im Bundestag und im Bundesrat gegeben. Ein Verfahrensfehler besteht nicht.

cc) Form

Da Art. 79 Abs. 1 S. 1 GG weder direkt noch über Art. 23 Abs. 1 S. 3 GG anwendbar ist und somit keine genaue Benennung irgendwelcher geänderter Vorschriften des Grundgesetzes erforderlich war und weitere Anhaltspunkte fehlen, ist das Zustimmungsgesetz formgerecht zustande gekommen.

dd) Zwischenergebnis

Das Zustimmungsgesetz ist formell verfassungsgemäß.

b) Materielle Verfassungsmäßigkeit

Der subjektive Einstieg in der Begründetheit führt zu Komplikationen im Aufbau.

Entweder erfolgt zunächst eine Verhältnismäßigkeitsprüfung nur bezüglich des die Begründetheit eröffnenden Grundrechtes – wegen des nunmehr objektiven Prüfungsmaßstabes allerdings bezogen auf alle Adressaten – oder es wird im Anschluss an den Wesentlich-keitsgrundsatz zunächst die Verfassungsmäßigkeit des Gesetzes im Übrigen geprüft (einschließlich der Schutzbereichseingriffe und Rechtfertigungsebenen bzgl. der Grundrechte Dritter), um anschließend eine Verhältnismäßigkeitsprüfung bzgl. aller betroffenen Rechte vorzunehmen.

Das Zustimmungsgesetz zum Vertrag von Lissabon muss auch materiell objektiv verfassungsgemäß sein, sodass nicht nur die Rechte des Beschwerdeführers G maßgeblich sind. In Betracht kommt eine Unvereinbarkeit des Gesetzes mit dem zumindest bezüglich des G betroffenen Art. 38 Abs. 1 S. 1 GG und eine Unvereinbarkeit mit Art. 23 GG.

aa) Strukturvorgaben i.S.d. Art. 23 GG

Da auch Art. 38 Abs. 1 GG bezüglich der Übertragung der Hoheitsgewalt auf die Europäische Union ausgelegt werden muss, sind zunächst die in Art. 23 Abs. 1 GG enthaltenen Strukturvorgaben maßgeblich.

Normenhierarchie (UnionsR/dt. Recht)

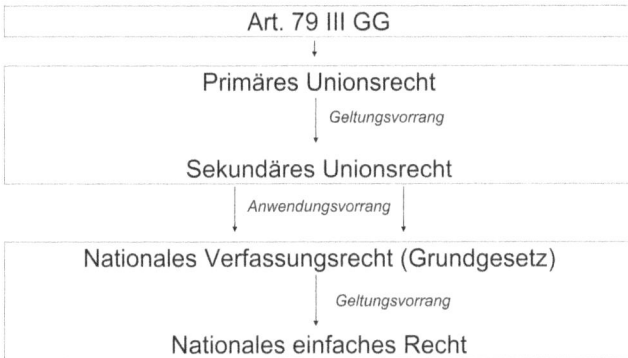

Art. 79 III GG
↓
Primäres Unionsrecht
Geltungsvorrang
Sekundäres Unionsrecht
Anwendungsvorrang
Nationales Verfassungsrecht (Grundgesetz)
Geltungsvorrang
Nationales einfaches Recht

Schema 1

In Art. 23 Abs. 1 S. 1 GG ist eine Verwirklichung der Europäischen Union, die demokratischen, rechtsstaatlichen, sozialen und föderativen Grundsätzen und dem Grundsatz der Subsidiarität verpflichtet ist, vorgegeben. Auch ein diesem Grundgesetz im Wesentlichen vergleichbarer Grundrechtsschutz ist auf Unionsebene gemäß Art. 23 Abs. 1 S. 1 GG zu gewährleisten. Zur Stärkung des Demokratieprinzips auf der Unionsebene ist die Erweiterung der Befugnisse des Europäischen Parlaments als Zielvorgabe zu berücksichtigen.

Dabei dürfen die Besonderheiten der Europäischen Union jedoch berücksichtigt werden wie z. B. die Problematik der degressiven Proportionalität bei der Wahl des Parlaments, wonach der Erfolgswert der Stimmen bezüglich der Direktwahl des Europäischen Parlamentes vom Zählwert der Stimmen divergiert. Diese Modifizierung des Demokratieprinzips kann durch die föderalen Besonderheiten, Bevölkerungsarmut in einigen Mitgliedstaaten und der damit verbundenen anderenfalls faktischen Handlungsunfähigkeit der Organe der Europäischen Union bei der Repräsentation der Bevölkerungen der Mitgliedstaaten gerechtfertigt werden.

Zwar muss die Demokratie auf europäischer Ebene nicht staatsanalog ausgestaltet sein, jedoch bedarf es eines Rechtsstaatsprinzips, einer Gewaltenteilung und eines institutionellen Gleichgewichts. Diese Grundvoraussetzungen werden durch die Unionsorgane in Gestalt der Kommission, des Rates, des Parlaments und des Gerichtshofes hinreichend rechtsstaatlich gewährleistet. Allerdings bedarf es gemäß Art. 23 Abs. 1 S. 1 GG aufgrund des deutschen und europäischen Föderalismus einer klaren Abgrenzung und hinreichenden Zuordnung der Kompetenzen der Europäischen Union zu denen der Mitgliedstaaten, wobei in dem mit dem Zustimmungsgesetz unter anderem zur Entstehung zu bringenden Vertrag über die Arbeitsweise der Europäischen Union in den Artt. 3–6 AEUV nur ein deklaratorischer Kompetenzkatalog enthalten ist, der durch Regelungen in den übrigen Artikeln des Vertrages ergänzt wird.

Der Rat (Art. 16 EUV: jeweilige Ressortminister zur Gesetzgebung) wird auch als Ministerrat oder Rat der Europäischen Union bezeichnet und ist vom europäischen Rat (Art. 15 EUV: Regierungschefs zur Bestimmung der Leitlinien) und vom Europarat (unionsunabhängiges völkerrechtliches Konstrukt) abzugrenzen.

Der Grundsatz der Subsidiarität, wonach die Europäische Union durch ihre Organe nur agieren darf, soweit die Ziele auf nationaler Ebene nicht hinreichend verwirklicht werden können, ist in Art. 5 Abs. 1 S. 2 EUV und Art. 5 Abs. 3 UAbs. 1 EUV ausgestaltet worden.

„Letztlich gehört zu einer hinreichend demokratisch legitimiert ausgestalteten Europäischen Union nach den in Art. 23 Abs. 1 S. 1 GG enthaltenen Vorgaben auch ein dem Grundgesetz vergleichbarer Grundrechtsschutz. Ein solcher Grundrechtsschutz ist im Vertrag von Lissabon in Art. 6 Abs. 1 EUV festgelegt, wonach die Charta der Grundrechte der Europäischen Union anerkannt und aufgrund des Verweises als mit den Verträgen gleichrangig als primäres Unionsrecht eingestuft wird. In der Charta der Grundrechte der Europäischen Union ist grundsätzlich ein den nationalen Grundrechten vergleichbarer Schutz gewährleistet (vgl. BVerfGE 102, 147: Bananenmarkt nach Solange II)."

Ergänzt wird der in der Charta der Grundrechte der Europäischen Union gewährleistete Schutz durch den geplanten Beitritt der Europäischen Union zur Europäischen Menschenrechtskonvention i.S.d. Art. 6 Abs. 2 EUV und deren Anerkennung sowie die Anerkennung der Verfassungsüberlieferungen der Mitgliedstaaten i.S.d. Art. 6 Abs. 3 EUV als allgemeine Grundsätze.

Auch rechtsstaatliche Strukturen werden gewahrt. Zwar sind die Gewalten auf Unionsebene anders verteilt, weil der Rat gemäß Art. 16 EUV zentrales Gesetzgebungsorgan ist und aus den jeweiligen Fachministern, die zur Exekutive gehören, besteht, jedoch gibt es eine Mitwirkung an der Gesetzgebung auch durch das unmittelbar durch die Bürger der Mitgliedstaaten zu wählende Parlament i.S.d. Art. 14 EUV sowie eine Kontrolle durch dieses Parlament und die Mitwirkung der Kommission i.S.d. Art. 17 EUV.

„In Art. 23 Abs. 1 GG sind in Verbindung mit dem Rechtsstaats- und Demokratieprinzip somit diverse Vorgaben für die Übertragung von Hoheitsgewalt auf Europa enthalten, die im Vertrag über die Europäische Union und im Vertrag über die Arbeitsweise der Europäischen Union grundsätzlich berücksichtigt worden sind. Für diese Verträge stellt das Zustimmungsgesetz zum Vertrag von Lissabon die Grundlage dar. Die in Art. 23 Abs. 1 S. 1 GG enthaltenen Strukturvorgaben sind hinreichend beachtet worden.

Allerdings kann die Verfassungsidentität i.S.d. Art. 79 Abs. 3 GG nicht hinreichend berücksichtigt worden sein, nach welchem die in den Artt. 1, 20 GG enthaltenen Grundsätze unangetastet bleiben müssen (BVerfGE 123, 267).“

bb) Verfassungsidentität gemäß Art. 79 Abs. 3 GG

Der Prüfungsmaßstab für das Zustimmungsgesetz zum Vertrag von Lissabon ist unter anderem durch das Wahlrecht als grundrechtsgleiches Recht i.S.d. Art. 38 Abs. 1 S. 1 GG bestimmt. *„Es wird ein Anspruch auf demokratische Selbstbestimmung, auf freie und gleiche Teilhabe an der in Deutschland ausgeübten Staatsgewalt sowie auf die Einhaltung des Demokratiegebots einschließlich der Achtung der verfassungsgebenden Gewalt des Volkes begründet. Vom Schutz vor Eingriffen in das Wahlrecht ist auch der in Art. 79 Abs. 3 GG enthaltene Grundsatz der Verfassungsidentität erfasst (vgl. BVerfGE 37, 271, 279; 73, 339, 375),“* welcher durch das Zustimmungsgesetz verletzt worden sein kann.

(1) Demokratieprinzip i.S.d. Art. 79 Abs. 3 GG i.V.m. Art. 20 Abs. 2 S. 1 GG

„Das demokratische Prinzip ist nicht abwägungsfähig und es ist unantastbar (Zum Ganzen: BVerfGE 123, 267; vgl. BVerfGE 89, 155, 182). Durch die verfassungsgebende Gewalt der Deutschen, die sich das Grundgesetz gaben, sollte jeder künftigen politischen Entwicklung eine unübersteigbare Grenze gesetzt werden. Eine Änderung des Grundgesetzes, durch welche die in Art. 1 GG und Art. 20 GG niedergelegten Grundsätze berührt werden, ist gemäß Art. 79 Abs. 3 GG unzulässig. Mit dieser Ewigkeitsgarantie ist die Verfügung über die Identität der freiheitlichen Verfassungsordnung sogar dem verfassungsändernden Gesetzgeber entzogen worden, wenngleich gemäß Art. 146 GG eine neue Verfassung gestaltet werden kann. Durch das Grundgesetz wird damit die souveräne Staatlichkeit Deutschlands nicht nur vorausgesetzt, sondern auch garantiert.“

(a) Europarechtsfreundlichkeit des Grundgesetzes
In praktischer Konkordanz zu den traditionellen demokratischen Grundsätzen ist jedoch die Europarechtsfreundlichkeit des Grundgesetzes zu beachten (zum Ganzen BVerfGE 123, 267).

„In der Präambel des Grundgesetzes wurde nach den Erfahrungen verheerender Kriege, gerade auch unter den europäischen Völkern, nicht nur die sittliche Grundlage verantworteter Selbstbestimmung, sondern auch der Wille, als gleichberechtigtes Glied in einem vereinten Europa dem Frieden der Welt zu dienen, betont. Dies wird durch die Ermächtigungen zur Integration in die Europäische Union in Art. 23 Abs. 1 GG, zur Beteiligung an zwischenstaatlichen Einrichtungen i.S.d. Art. 24 Abs. 1 GG und zur Einfügung in Systeme gegenseitiger kollektiver Sicherheit i.S.d. Art. 24 Abs. 2 GG sowie durch das Verbot von Angriffskriegen i.S.d. Art. 26 GG konkretisiert. Durch das Grundgesetz sollen die Mitwirkung Deutschlands an internationalen Organisationen, eine zwischen den Staaten hergestellte Ordnung des wechselseitigen friedlichen Interessenausgleichs und ein organisiertes Miteinander in Europa gewährleistet werden.

Das dem deutschen Volk in der Präambel und in Art. 23 Abs. 1 GG vorgegebene Integrationsziel enthält keine Vorgabe über den endgültigen Charakter der politischen Verfasstheit Europas. Durch das Grundgesetz ist in Art. 23 GG eine Ermächtigung zur Beteiligung an einer friedensförderlichen supranationalen Kooperationsordnung erfolgt. Eine Verpflichtung, die demokratische Selbstbestimmung auf der supranationalen Ebene uneingeschränkt in den Formen zu verwirklichen, die im Grundgesetz innerstaatlich für den Bund und über Art. 28 Abs. 1 S. 1 GG auch für die Länder vorgeschrieben sind, ist nicht eingeschlossen. Vielmehr sind Abweichungen von den Organisationsprinzipien innerstaatlicher Demokratie, die durch die Erfordernisse einer auf dem Prinzip der Staatengleichheit gründenden und völkervertraglich ausgehandelten Europäischen Union bedingt sind, erlaubt. Das Grundgesetz ist europarechtsfreundlich ausgestaltet."

(b) Begrenzte Einzelermächtigung
Die Übertragung der Hoheitsgewalt auf die Europäische Union kann begrenzt sein. *„Durch das Grundgesetz sind die deutschen Staatsorgane nicht ermächtigt worden, Hoheitsrechte derart zu übertragen, dass aus ihrer Ausübung heraus eigenständig weitere Zuständigkeiten für die Europäische Union begründet werden können. Die Übertragung dieser Kompetenz-Kompetenz wäre mit dem Demokratieprinzip i.S.d. Art. 20 Abs. 2 S. 1 GG und des Art. 79 Abs. 3 GG unvereinbar und verfassungswidrig (zum Ganzen BVerfGE 89, 155, 187 ff.; 192, 199; 58, 1, 37; 104, 151, 210). Auch eine weitgehende Verselbständigung politischer Herrschaft für die Europäische Union durch die Einräumung stetig vermehrter Zuständigkeiten und eine*

allmähliche Überwindung noch bestehender Einstimmigkeitserfordernisse oder bislang prägender Regularien der Staatengleichheit kann im Einklang mit dem deutschen Verfassungsrecht allein aus der Handlungsfreiheit des selbstbestimmten Volkes heraus erfolgen. Solche Integrationsschritte sind verfassungsrechtlich durch den Übertragungsakt sachlich begrenzt und sie müssen prinzipiell widerruflich sein. Daher darf – ungeachtet einer vertraglich unbefristeten Bindung – der Austritt aus dem europäischen Integrationsverband nicht von anderen Mitgliedstaaten oder der autonomen Unionsgewalt unterbunden werden. Es handelt sich nicht um eine völkerrechtlich bedenkliche Sezession aus einem Staatsverband (Tomuschat, Secession and Self-Determination, in: Kohen, Secession – International Law Perspectives, 2006, S. 23 ff.), sondern lediglich um den Austritt aus einem auf dem Prinzip der umkehrbaren Selbstbindung beruhenden Staatenverbund."

Das Demokratieprinzip wäre verletzt, wenn durch das Zustimmungsgesetz eine Blankoermächtigung für die Europäische Union sowie eine Kompetenz-Kompetenz folgen würden und dadurch der Mitgliedstaat entstaatlicht würde. Zulässig ist nur die Übertragung von Hoheitsgewalt auf den eigenständigen Rechtskreis der Europäischen Union in Form der Auslagerung einzelner Aufgabenbereiche im demokratischen Prozess durch eine begrenzte Einzelermächtigung i.S.d. Art. 23 Abs. 1 GG mittels des jeweils hinreichend bestimmten Zustimmungsgesetzes – vergleichbar einer Verordnungsermächtigung auf nationaler Ebene, die mit Art. 80 GG bzw. einer vergleichbaren Regelung in der Landesverfassung vereinbar sein muss.

Aus der Vorgabe der begrenzten Einzelermächtigung, welche auch in den Verträgen der Europäischen Union in Art. 5 Abs. 1 S. 1 EUV i.V.m. Art. 5 Abs. 2 EUV verankert ist, ergibt sich auch, dass die Europäische Union keinen europäischen Bundesstaat darstellt. Der Austritt aus der Europäischen Union ist hingegen in Art. 50 Abs. 1 EUV kodifiziert.

Allerdings könnte durch die im Zustimmungsgesetz enthaltene Zustimmung zum vereinfachten Änderungsverfahren i.S.d. Art. 48 Abs. 6 EUV die begrenzte Einzelermächtigung überschritten worden sein, weil eine Eigeninitiative auf Unionsebene ermöglicht wird. Dieses Initiativrecht ist jedoch auf den dritten Teil des Vertrages über die Arbeitsweise der Europäischen Union beschränkt. Mit dieser Beschränkung wird der Europäischen Union einerseits keine vollständige Entscheidungsmöglichkeit eingeräumt, andererseits wird sie der auf der Eigenständigkeit der Europäischen Union beruhenden Dynamik der Materien gerecht. Entscheidend ist diesbezüglich, dass an die Mitwirkung der Mitgliedsstaaten in Art. 48 Abs. 6 UAbs. 2 S. 3 EUV gleiche Anforderungen gestellt werden wie an ein ordentliches Änderungsverfahren i.S.d. Art. 48 Abs. 4 UAbs. 2 EUV, welches eine nationale Ratifizierung voraussetzt. Außerdem bedarf es bei Änderungen, die im vereinfachten Verfahren nach Art. 48 Abs. 6 UAbs. 2 S. 3 EUV erfolgen, jedenfalls eines Zustimmungsgesetzes i.S.d. Art. 23 Abs. 1 S. 2 GG, für welches bei bestimmten Änderungen Art. 79 Abs. 2, 3 GG gelten. Aus der Zustimmung zum vereinfachten Änderungsverfahren i.S.d. Art. 48 Abs. 6 EUV ergibt sich kein Verstoß gegen die begrenzte Einzelermächtigung.

(c) Anspruch des Bürgers auf Teilhabe an der öffentlichen Gewalt

Die Europäische Union ist hinsichtlich ihrer Rechtssetzung einerseits auch insoweit hinreichend demokratisch legitimiert, als die nationale Regierung, welche auf das Volk des Mitgliedstaates rückführbar ist, über den Rat i.S.d. Art. 16 EUV mitwirken kann, andererseits durch die Direktwahl des Europäischen Parlamentes i.S.d. Art. 14 EUV. Die Kumulation beider Legitimationsstränge ist für eine demokratische Legitimation hinreichend.

Die theoretische Herleitung der demokratischen Legitimation der EU ist eine umstrittene Thematik, deren Darlegung in der Klausur in der Regel nicht ausführlicher erfolgen sollte.

(d) Grenze in der Übertragung

Neben der begrenzten Einzelermächtigung besteht hinsichtlich der Verfassungsidentität eine inhaltliche Grenze für die Übertragung von Hoheitsgewalt auf die Europäische Union (zum Ganzen BVerfGE 123, 267).

„Die europäische Vereinigung auf der Grundlage einer Vertragsunion souveräner Staaten darf nämlich nicht derart verwirklicht werden, dass in den Mitgliedstaaten kein ausreichender Raum zur politischen Gestaltung der wirtschaftlichen, kulturellen und sozialen Lebensverhältnisse mehr verbleibt. Dies gilt insbesondere für Sachbereiche, durch welche die Lebensumstände der Bürger, vor allem ihr von den Grundrechten geschützter privater Raum der Eigenverantwortung und der persönlichen und sozialen Sicherheit geprägt wird, sowie für solche politischen Entscheidungen, bei denen es in besonderer Weise auf kulturelle, historische und sprachliche Vorverständnisse ankommt, und die im parteipolitisch und parlamentarisch organisierten Raum einer politischen Öffentlichkeit diskursiv entfaltet werden.

Zu diesen wesentlichen Bereichen demokratischer Gestaltung gehören unter anderem die Staatsbürgerschaft, das zivile und militärische Gewaltmonopol, Einnahmen und Ausgaben einschließlich der Kreditaufnahme sowie die für die Grundrechtsverwirklichung maßgeblichen Eingriffstatbestände, vor allem bei intensiven Grundrechtseingriffen wie dem Freiheitsentzug in der Strafrechtspflege oder bei Unterbringungsmaßnahmen. Zu diesen bedeutsamen Sachbereichen ge-

hören auch kulturelle Fragen wie die Verfügung über die Sprache, die Gestaltung der Familien- und Bildungsverhältnisse, die Ordnung der Meinungs-, Presse- und Versammlungsfreiheit oder der Umgang mit dem religiösen oder weltanschaulichen Bekenntnis."

Aus der Verfassungsidentität i.S.d. Art. 79 Abs. 3 GG ergibt sich, dass die Strafrechtspflege, das Gewaltmonopol, finanzielle Grundentscheidungen sowie kulturelle und sozialstaatliche Entscheidungen beim Nationalstaat als Souverän verbleiben müssen.

Diese Grundsätze werden vom BVerfG direkt aus Art. 79 Abs. 3 GG abgeleitet, wobei es Gegenstimmen bezüglich der Inhalte in der Literatur gibt. In der Klausur besteht Argu-mentationsspielraum.

Eine Überschreitung dieser Grenzen durch das Zustimmungsgesetz ist nicht ersichtlich.

(e) Zwischenergebnis

Das Demokratieprinzip wird durch das Zustimmungsgesetz nicht verletzt.

(2) Rechtsstaatsprinzip

Auch das sich unter anderem aus Art. 20 Abs. 3 GG ergebende Rechtsstaatsprinzip ist bei der Übertragung von Hoheitsgewalt auf Europa gemäß Art. 79 Abs. 3 GG i.V.m. Art. 23 Abs. 1 S. 3 GG zu berücksichtigen. Die im Rechtsstaatsprinzip enthaltene Gewaltenteilung bleibt nur gewahrt, wenn in Verknüpfung mit der begrenzten Einzelermächtigung Bereiche für die nationalen Gewalten verbleiben. Durch das Grundgesetz wird der *„nationale Gesetzgeber zwar zu einer weitreichenden Übertragung von Hoheitsrechten auf die Europäische Union ermächtigt. Die Ermächtigung steht aber unter der Bedingung, dass dabei die souveräne Verfassungsstaatlichkeit auf der Grundlage eines Integrationsprogramms nach dem Prinzip der begrenzten Einzelermächtigung und unter Achtung der verfassungsrechtlichen Identität als Mitgliedstaaten gewahrt bleibt und zugleich die Mitgliedstaaten ihre Fähigkeit zu selbstverantwortlicher politischer und sozialer Gestaltung der Lebensverhältnisse in Form der nationalen Gewalten nicht verlieren* (zum Ganzen BVerfGE 123, 267)."

Trotz der Übertragung von Hoheitsgewalt auf die Europäische Union mit der Reichweite des Vertrages von Lissabon verbleibt hinreichende Hoheitsgewalt beim nationalen Gesetzgeber. Zwar sind die Gewalten auf Unionsebene anders verteilt, weil der Rat gemäß Art. 16 EUV zentrales Gesetzgebungsorgan ist und aus den jeweiligen Fachministern, die zur Exekutive gehören, besteht, jedoch gibt es eine Mitwirkung an der Gesetzgebung auch durch das unmittelbar durch die Bürger der Mitgliedstaaten zu wählende Parlament i.S.d. Art. 14 EUV sowie eine Kontrolle durch dieses Parlament und die Mitwirkung der Kommission i.S.d. Art. 17 EUV. Rechtsstaatliche Strukturen sind gewahrt. Das Zustimmungsgesetz ist mit dem Rechtsstaatsprinzip vereinbar.

c) Zwischenergebnis
Das Zustimmungsgesetz ist verfassungsgemäß.

2. Begleitgesetz zum Vertrag von Lissabon
Das mit dem Zustimmungsgesetz unmittelbar verknüpfte und zur Sicherung der Rechte der Bundesrepublik Deutschland verfasste Begleitgesetz kann verfassungswidrig sein (BVerfGE 123, 267).

a) Formelle Verfassungsmäßigkeit
Formell ist das Begleitgesetz ebenso verfassungsgemäß zustande gekommen wie das Zustimmungsgesetz.

b) Materielle Verfassungsmäßigkeit
Materiell gelten für das Begleitgesetz die gleichen demokratischen und rechtsstaatlichen Anforderungen wie für das Zustimmungsgesetz, sodass die Artt. 23 GG, 79 Abs. 2, 3 GG, 20 GG maßgeblich sind (zum Ganzen BVerfGE 123, 267).

„Gestalten die Mitgliedstaaten auf der Grundlage des Prinzips der begrenzten Einzelermächtigung das europäische Vertragsrecht in einer Art und Weise aus, dass eine Veränderung des Vertragsrechts bereits ohne Ratifizierungsverfahren allein oder maßgeblich durch die Organe der Europäischen Union – wenngleich unter dem Einstimmigkeitserfordernis im Rat – herbeigeführt werden kann, obliegt den nationalen Verfassungsorganen eine besondere Verantwortung im Rahmen der Mitwirkung. Diese Integrationsverantwortung muss in der Bundesrepublik Deutschland entsprechend den innerstaatlichen verfassungsrechtlichen Anforderungen insbesondere des Art. 23 Abs. 1 GG gerecht werden. Das Begleitgesetz ist bezüglich dieser Anforderungen nicht hinreichend ausgestaltet, soweit dem Deutschen Bundestag und dem Bundesrat im Rahmen von Vertragsänderungs- und Rechtssetzungsverfahren keine hinreichenden Beteiligungsrechte eingeräumt wurden.

Im Anwendungsbereich des allgemeinen Brückenverfahrens nach Art. 48 Abs. 7 EUV und der speziellen Brückenklauseln darf der Gesetzgeber durch das Ausweitungsgesetz seine notwendige und konstitutive Zustimmung zu einer Initiative des Europäischen Rates oder des Rates zum Übergang von der Einstimmigkeit zur qualifizierten Mehrheit für die Beschlussfassung im Rat und zum Übergang von einem besonderen Gesetzgebungsverfahren zu dem ordentlichen Gesetzgebungsverfahren weder aufgeben noch in abstrakter Vorwegnahme auf Vorrat erteilen. Mit der Zustimmung zu einer primärrechtlichen Änderung der Verträge im Anwendungsbereich der allgemeinen Brückenklausel und der speziellen Brückenklauseln bestimmen Bundestag und Bundesrat den Umfang der auf einem völkerrechtlichen Vertrag beruhenden Bindungen und tragen dafür die politische Verantwortung gegenüber dem Bürger (vgl. BVerfGE 104, 151, 209; 118, 244, 260; 121, 135, 157). Die rechtliche und politische Verantwortung des Parlaments erschöpft sich – auch bezüglich der europäischen Integration – insoweit nicht in einem einmaligen Zustimmungsakt, sondern ist auch auf den weiteren Vertragsvollzug erstreckt. Ein Schweigen des Bundestages und Bundesrates reicht daher nicht aus, diese Verantwortung wahrzunehmen."

Da bei Ermöglichung eines vereinfachten Ratifizierungsverfahrens i.S.d. Art. 48 EUV die Gefahr fehlender Beteiligung des Parlaments besteht und im Hinblick auf das Erfordernis der begrenzten Einzelermächtigung ohnehin nicht unproblematisch ist, bedarf es im Rahmen der Integrationsverantwortung einer verstärkten Mitwirkung des Bundestages. Das Begleitgesetz ist mit dem aus den Artt. 23 Abs. 1 S. 3 GG, 79 Abs. 3 GG folgenden demokratischen Erfordernis der Verfassungsidentität nicht vereinbar. Es ist verfassungswidrig.

Aufgrund der Verfassungswidrigkeit des Begleitgesetzes ist das Integrationsverantwortungsgesetz geschaffen worden.

C. Annahme

Das Bundesverfassungsgericht nimmt die Verfassungsbeschwerde des G i.S.d. § 93a BVerfGG an.

D. Ergebnis

Die Verfassungsbeschwerde des G ist zulässig und hinsichtlich des Begleitgesetzes begründet. Die Verfassungsbeschwerde bezüglich des Zustimmungsgesetzes ist unbegründet. Das Bundesverfassungsgericht wird die Nichtigkeit des Begleitgesetzes feststellen oder eine Frist zur Nachbesserung setzen.

2. Komplex: Zusatzfrage

Sollte die EU mittels ihrer Organe außerhalb ihrer Kompetenzen agieren, wäre dies nicht mehr vom Rechtsanwendungsbefehl des Zustimmungsgesetzes zur Übertragung der Hoheitsgewalt auf die Union gedeckt, weil die Grenzen des europäischen Primärrechts überschritten würden. Ein solcher Rechtsakt würde aufgrund des Verstoßes gegen Art. 23 Abs. 1 GG entsprechend dem rechtsstaatlichen Ultra-vires-Grundsatz, welcher beinhaltet, dass Befugnisse nicht ungerechtfertigt überschritten werden dürfen – keine Rechtswirkung entfalten.

Die Gefahr einer derartigen Kollision von Verfassungsrecht und Europarecht bestand einst aufgrund des geringen Grundrechtsschutzes auf Unionsebene (vgl. BVerfG Solange I, II).

Merke: Das BVerfG überprüft Entscheidungen europäischer Gerichte nur, wenn
1) Das GR-Niveau auf Dauer und insgesamt unterschritten ist;
2) Ultra-vires;
3) Ewigkeitsklausel

Die maßgebliche Grenze ist das Prinzip der begrenzten Einzelermächtigung i.S.d. Art. 5 Abs. 1 S. 2, Abs. 2 S. 1 EUV. Da es sich bei Art. 23 Abs. 1 GG um spezifisches Verfassungsrecht handelt, kann die Überschreitung der verfassungsrechtlichen Grenzen nur vom Bundesverfassungsgericht festgestellt werden. Eine derartige Entscheidung würde jedoch eine Krise für die Rechtsgemeinschaft der Europäischen Union bedeuten. Deshalb übt das Bundesverfassungsgericht die Ultra-vires-Kontrolle europarechtsfreundlich und zurückhaltend aus.

Voraussetzung für eine Feststellung der Verletzung des Art. 23 Abs. 1 GG ist, dass der Kompetenzverstoß hinreichend qualifiziert und das kompetenzwidrige Handeln offensichtlich ist und eine strukturelle bedeutsame Verschiebung im Kompetenzgefüge erfolgt. Zugunsten des Gerichtshofes der Europäischen Union besteht eine Fehlertoleranz. Außerdem ist dem Gerichtshof der Europäischen Union mittels eines Vorlageverfahrens i.S.d. Art. 267 AEUV vorab die Gelegenheit zur Korrektur zu geben (BVerfG, Beschluss vom 6.7.2010 – 2 BvR 2661/06; Honeywell; BVerfG Urteil vom 05.05.2020 – 2BrR 859/15-, juris).

Im Hinblick auf eine derartige Feststellung des Bundesverfassungsgerichts ist stets die wesentliche Grenze richterlicher Rechtsfortbildung auf Unionsebene in

Begrenzung durch das in Art. 5 Abs. 1 S. 1, Abs. 2 EUV enthaltene Prinzip der begrenzten Einzelermächtigung zu berücksichtigen. *„Dessen Bedeutung wird vor dem Hintergrund der stark föderalisierten und kooperativen Organisationsstruktur der Europäischen Union gestärkt, die in vielen Bereichen sowohl im Umfang der Kompetenzen als auch in der Organisationsstruktur und den Verfahren zwar staatsanalog, aber nicht bundesstaatlich geprägt ist. Die Mitgliedstaaten haben nur jeweils begrenzte Hoheitsrechte übertragen. Generalermächtigungen und die Kompetenz, sich weitere Kompetenzen zu verschaffen, sind mit diesem Prinzip unvereinbar und würden der verfassungsrechtlichen Integrationsverantwortung zuwiderlaufen.*

Die verfassungsrechtliche Integrationsverantwortung der Mitgliedstaaten würde unbeachtet bleiben. Das gilt nicht nur, wenn eigenmächtige Kompetenzerweiterungen auf Sachbereiche erstreckt sind, die zur verfassungsrechtlichen Identität der Mitgliedstaaten gehören oder besonders vom demokratisch diskursiven Prozess in den Mitgliedstaaten abhängig sind (vgl. BVerfGE 123, 267, 357 ff.) – allerdings sind Kompetenzüberschreitungen insoweit als besonders schwerwiegend einzustufen.

Soll das supranationale Integrationsprinzip beachtet werden, muss die Ultra-vires-Kontrolle durch das Bundesverfassungsgericht zurückhaltend ausgeübt werden. Da es in jedem Fall bei einer Ultra-vires-Rüge auch über eine Rechtsauffassung des Gerichtshofs zu befinden hat, sind Aufgabe und Stellung der unabhängigen überstaatlichen Rechtsprechung zu wahren. Dies bedeutet einerseits, dass die unionseigenen Methoden der Rechtsfindung, an die der Europäische Gerichtshof gebunden ist und die der Eigenart der Verträge und den ihnen eigenen Zielen gerecht werden (vgl. EuGH, Gutachten 1/91, EWR-Abkommen, Slg. 1991, S. I-6079 Rn 51), zu respektieren sind. Andererseits hat der Europäische Gerichtshof Anspruch auf Fehlertoleranz. Daher ist es nicht Aufgabe des Bundesverfassungsgerichts, bei Auslegungsfragen des Unionsrechts, die bei methodischer Gesetzesauslegung im üblichen rechtswissenschaftlichen Diskussionsrahmen zu verschiedenen Ergebnissen führen können, seine Auslegung an die Stelle derjenigen des Europäischen Gerichtshofs zu setzen. Hinzunehmen sind auch Interpretationen der vertraglichen Grundlagen, die sich ohne gewichtige Verschiebung im Kompetenzgefüge auf Einzelfälle beschränken und belastende Wirkungen auf Grundrechte entweder nicht entstehen lassen oder einem innerstaatlichen Ausgleich solcher Belastungen nicht entgegenstehen.“ (zum Ganzen BVerfGE 123, 267)

Fall 2:
„Der vermeintliche Terrorist"

Schwerpunkte: Individualnichtigkeitsverfahren, Rechtsakte mit Verordnungscharakter, Unmittelbare und individuell betreffende Handlungen, Kompetenzergänzungsklausel (Art. 352 AEUV), Eilrechtschutz auf Unionsebene

Vermehrt kommt es in der Welt – insbesondere in Afrika – zu Revolutionen, mit denen Bevölkerungen ihre Diktatoren stürzen wollen. Insoweit wird seitens der Vereinten Nationen, denen alle Mitgliedstaaten der Europäischen Union angehören, die seitens der Revolutionäre erbetene Hilfe unter anderem insoweit gewährt, als Resolutionen erlassen werden sollen, zu deren Umsetzung alle Mitglieder der Vereinten Nationen verpflichtet sind. Allerdings besteht die Gefahr, dass einige der als Diktaturen strukturierten und von den Revolutionen betroffenen Staaten schon im Vorfeld der Revolutionen von gefährlichen Terroristen unterwandert worden sind bzw. werden. Die Terroristen wollen die Wandlungen der Regime nutzen, um zukünftig durch die Ausübung von Staatsgewalt politischen Einfluss zu nehmen. Eindeutig ist, dass international Konten zur Finanzierung des Terrorismus genutzt werden. Zudem gibt es verdichtete Indizien dafür, dass Terroristen auf Ranchen international Pferde züchten und diese dann für terroristische Aktionen verwenden bzw. an andere Terroristen ohne Zweckangabe verschenken oder verkaufen, um mit dem Erlös terroristische Aktionen zu finanzieren.

Um diese Gefahr zumindest teilweise einzudämmen, beschließt der UN-Sicherheitsrat mit dem Ziel einer effektiveren Bekämpfung des Terrorismus einstimmig folgende Resolution:

„Mit dieser Resolution wird eine Personenliste veröffentlicht. Die Mitglieder der Vereinten Nationen verpflichten sich, geeignete Maßnahmen zu ergreifen, um jeglichen Zugriff auf die Bankkonten der genannten Personen zu unterbinden. Darüber hinaus soll bei diesen Personen auch jegliche Möglichkeit des Zugriffes auf die von ihnen gezüchteten Pferde mittels geeigneter Maßnahmen der Mitgliedstaaten genommen werden."

Die Namensliste besteht aus bekannten und gefährlichen Terroristen. Ein Rechtsschutz auf völkerrechtlicher Ebene ist nicht möglich, da Individuen vor dem Internationalen Gerichtshof (IGH) nicht klagebefugt sind und auch der UN-Sicherheitsrat keine Kontrollinstanz geschaffen hat. Aus Sicherheitsgründen bleibt das Verfahren über die Gewinnung der Namen der Terroristen geheim, beruht aber auf abstrakt-generellen Kriterien.

https://doi.org/10.1515/9783110624120-002

Aufgrund eines gemeinsamen Standpunktes des Rates i.S.d. Art. 29 EUV legt die Europäische Kommission einen Gesetzesentwurf zur Umsetzung der Resolution vor. Auf der Grundlage dieser Vorlage beschließt der Rat nach Zustimmung des Europäischen Parlaments einstimmig eine Verordnung zur Umsetzung der Resolution. Kompetenzgrundlage für die Verordnung ist Art. 352 AEUV i.V.m. den Artt. 75, 215 AEUV. In der Verordnung ist verbindlich geregelt, dass die Konten aller in der Resolution benannten Personen eingefroren werden. Die erforderlichen Bestimmungen über den Rechtsschutz sind in der Verordnung vorgesehen, wobei sie auf einen Rechtsschutz bezogen sind, der nicht passend und somit nicht effektiv ist.

T, dessen Name aus Versehen auf der Terrorliste steht, kann mittlerweile nicht mehr auf seine Konten sowie die von ihm gezüchteten Pferde zugreifen und meint, er sei massiv in seinen Grundrechten verletzt, weil – das trifft zu – eine Verwechslung erfolgte. Er habe auch keine Möglichkeit gehabt, zuvor Informationen bezüglich seiner Benennung einzuholen oder sich der Verordnung effektiv im Vorfeld zu verwehren. Außerdem sei die Verordnung verfahrensrechtlich fehlerhaft, da im Rat ein Bundesminister die Bundesrepublik Deutschland vertreten hat. T ist der Auffassung, dass ein vom Bundesrat benannter Vertreter der Länder die Bundesrepublik Deutschland hätte vertreten müssen, da für die Terrorismusbekämpfung in Deutschland die Länder zuständig seien. Er möchte direkt gegen die Verordnung vorgehen. Die Kommission schafft hingegen keine Abhilfe. Die Europäische Union sei durch die Resolution völkerrechtlich zu deren strikter Umsetzung verpflichtet, sodass sie auch für negative praktische Konsequenzen nicht verantwortlich sei.

Zudem hätte es fatale Auswirkungen auf die Glaubwürdigkeit und die seitens der Europäischen Union angestrebte Vorbildfunktion derselben in der internationalen Gemeinschaft, wenn ein europäisches Gericht eine Sicherheitsratsresolution in Frage stellen würde.

1. Komplex

Hat die seitens des T gegen die Verordnung innerhalb von zwei Monaten seit Bekanntgabe derselben erhobenen Klage bei einem Gericht der Europäischen Union Erfolg?

2. Komplex

Unter welchen Voraussetzungen kann auf Unionsebene Eilrechtsschutz gewährt werden?

3. Komplex

Einige Parlamentarier des Bundestages sind der Auffassung, ihr Vertreter im Rat habe sie beim Beschluss der Verordnung umgangen, weil der Bundestag nicht beteiligt wurde. Hätte der Bundestag beteiligt werden müssen?

4. Bearbeitungsvermerk

Gehen Sie davon aus, dass andere als die von T genannten Verfahrensfehler nicht bestehen. Unterstellen Sie, dass die Verordnung jedenfalls mit qualifizierter Mehrheit beschlossen wurde. Grundfreiheiten sind nicht zu prüfen.

5. Art. 103 UN-Charta

Widersprechen sich die Verpflichtungen von Mitgliedern der Vereinten Nationen aus dieser Charta und ihre Verpflichtungen aus anderen internationalen Übereinkünften, so haben die Verpflichtungen aus dieser Charta Vorrang.

6. Vertiefung

EuGH, Urteil vom 3.10.2013 – C-5811 P [Inuit Tapiriit Kanatami u.a. ./. Parlament und Rat]; EuG, Urteil vom 21.9.2005 – T-315/05, Slg. 2005 II-3649; T-316/01, Slg. 2005 II-3533; EuGH, Urteil vom 3.9.2008 – C-412/05 und C-415/05 [Kadi ./. Rat und Kommission; Yusuf und Al Barakaat International Foundation ./. Rat und Kommission]; Anmerkung/Besprechung: Streinz in JuS 2009, 360 und Sauer in NJW 2008, 3685; EuGH Rs. C-617/10 [Äckberg Fransson] vom 26.2.2013.

Gliederung

Nichtigkeitsverfahren (Art. 263 AEUV)

A: Zulässigkeit
I. Zuständigkeit EUGH (enumerativ; 263 AEUV)
II. Verfahrensabhängige Voraussetzungen
1. Antragsteller
>u. a. Art. 263 genannte Organe, Einrichtungen, MS
2. Antragsgegenstand
>Handlung als Oberbegriff für die in Art. 288 AEUV genannten Handlungsformen der EU
>nach Art. 263 I AEUV aber nur verbindliche Handlungen
3. Antragsbefugnis
>für privilegierte Kläger nicht erforderlich
>für minderprivilegierte Kläger Möglichkeit der Rechtsverletzung
>für nichtprivilegierte Kläger (Private)
>*unmittelbar* (z.B. bei Beschlüssen; i.Ü., wenn keine weitere Umsetzung durch MS erforderlich oder kein Umsetzungsspielraum) und *individuell*
4. Antragsgrund (Art. 263 II AEUV)
5. Frist
>Art. 263 VI AEUV: 2 Monate ab Bekanntgabe der Rechtshandlung bzw. Kenntnisnahme
III. Allgemeines Rechtsschutzbedürfnis
B: Begründetheit (soweit Antragsgrund gegeben: ex tunc und erga omnes)

Schema 2

Anders als im Verwaltungsrecht muss nicht der Terminus Sachurteils- bzw. Sachentscheidungsvoraussetzungen verwendet werden, weil das BVerfG und die europäischen Gerichte nur bei enumerativ zugewiesenen Verfahren zuständig sind und weder eine § 65 Abs. 2 VwGO noch eine § 17a Abs. 2 GVG vergleichbare Norm ersichtlich ist. § 17a Abs. 2 GVG ist in verfassungsrechtlichen Verfahren nicht anwendbar.

Lösungsvorschlag

Die folgende Lösung ist als Lösungsvorschlag zu verstehen und ausführlicher, als es in der Klausurbearbeitung verlangt werden kann. Aufgrund der wissenschaftlichen Freiheit können andere Lösungswege vertreten werden, soweit sie dogmatisch begründbar sind. Die Nachweise aus Rechtsprechung und Literatur sowie die das Verständnis fördernden Randbemerkungen sind in der Examensklausur auszusparen. Die Abkürzung „Alt." steht für Alternativfall, nicht für Alternative.

1. Komplex: Ausgangskonstellation

Der Antrag des T hat Erfolg, soweit er zulässig und begründet ist.

A. Zulässigkeit

Der Antrag des T beim Gerichtshof der Europäischen Union kann zulässig sein.

I. Zuständigkeit des Gerichtshofes der Europäischen Union

Zunächst muss der Gerichtshof der Europäischen Union i.S.d. Art. 19 Abs. 1 S. 1, Abs. 3 EUV i.V.m. Art. 251 AEUV zuständig sein. Der Gerichtshof der Europäischen Union ist nur zuständig, wenn ihm ein Verfahren ausdrücklich zugewiesen ist, da auf der Ebene der Europäischen Union schon aufgrund der begrenzten Übertragung der Hoheitsgewalt keine Generalklausel für die gerichtliche Zuständigkeit geregelt worden ist. Als dem Gerichtshof der Europäischen Union zugewiesene Verfahren kommen das Vertragsverletzungsverfahren i.S.d. Artt. 258 ff. AEUV, die Nichtigkeitsverfahren i.S.d. Art. 263 AEUV sowie ein Vorlageverfahren i.S.d. Art. 267 AEUV in Betracht.

1. Nichtigkeitsverfahren

Da das Vertragsverletzungsverfahren i.S.d. Artt. 258 ff. AEUV nur bei Vertragsverletzungen durch die Mitgliedstaaten und das Vorlageverfahren i.S.d. Art. 267 AEUV bei Vorlagen durch ein Gericht anwendbar ist, kommt das Nichtigkeitsverfahren i.S.d. Art. 263 AEUV in Betracht. (siehe Schema 3)

Streitgegenstände bei Nichtigkeitsverfahren sind sämtliche Handlungen der Organe der Europäischen Union i.S.d. Art. 288 AEUV, insbesondere Rechtsakte in Form der verbindlichen Verordnungen i.S.d. Art. 288 Abs. 1 S. 1, Abs. 2 AEUV,

Richtlinien i.S.d. Art. 288 Abs. 1 S. 1, Abs. 3 AEUV und Beschlüsse i.S.d. Art. 288 Abs. 1 S. 1, Abs. 4 AEUV. Diesbezüglich erfolgt seitens des Gerichtshofes der Europäischen Union gemäß Art. 263 Abs. 1, 2 AEUV eine Rechtmäßigkeitskontrolle dieser Sekundärakte anhand der Verträge, Protokolle und Anhänge, welche europäisches Primärrecht darstellen.

Gegenstand des Antrages des T ist eine europäische Verordnung, welche als Sekundärrecht in den Mitgliedstaaten gemäß Art. 288 Abs. 2 S. 2 AEUV unmittelbar gilt und bei Begründetheit eines Nichtigkeitsverfahrens gemäß Art. 264 Abs. 1 AEUV für nichtig erklärt wird.

Handlungsformen der EU
(Art. 288 AEUV)

1. VO: abstrakt-generell (≈ Gesetz)
>keine Umsetzung; gilt unmittelbar *in* MS

2. RL: Grund-/Rahmenregel (≈ RahmenG);
gilt unmittelbar grds. nur *für* die MS
>Umsetzung (Freiheit Form/Mittel) erforderlich
(aber: verbindliche Zielvorgabe)

[*Exkurs*: unmittelbare Geltung RL *in* MS zu
Lasten des Staates bei
>unterbliebener/fehlerhafter/verspäteter
Umsetzung
>Voraussetzung: RL unbedingt und hinreichend
bestimmt]

3. Beschluss: konkret-individuelle Regelung
(≈ VA), gegenüber Staaten/Personen

4. Empfehlung, **Stellungnahmen**: unverbindlich

5. *Sonstige Handlungsformen* (über 288 AEUV
hinaus): Aktionen, Programme etc.; keine einheitliche Systematik

Schema 3

2. Individualnichtigkeitsverfahren

Statthafte Unterart der Nichtigkeitsverfahren ist das von T beantragte Individualnichtigkeitsverfahren gemäß Art. 263 Abs. 4 AEUV, welches unter besonderen verfahrensabhängigen Voraussetzungen zulässig ist.

Rechtsschutz vor europäischen Gerichten (EuG/EuGH)

Vertragsverletzungsverf. (Art. 258 ff. AEUV)	Nichtigkeitsklage (Art. 263 AEUV)	Vorabentscheidung (Art. 267 AEUV)
Gegenstand: Maßnahmen von **Mitgliedstaaten**, die uU gegen Unionsrecht verstoßen	Gegenstand: Maßnahmen der **EU**, die uU gegen höherrangiges Unionsrecht verstoßen	Gegenstand: Auslegung von Primärrecht, Gültigkeit und Auslegung von Sekundärrecht
Kläger: Kommission (258 AEUV) oder Mitgliedstaat (259 AEUV)	Kläger: MS, EP, Rat, Kommission (privilegiert); EZB, Rechnungshof (bei eigenen Rechten); natürl./jur. Pers. (Beschluss/(Schein)VO)	vorlageberechtigt: nationale Gerichte bei Entscheidungserheblichkeit
Tenor: Feststellung der Vertragsverletzung (260 AEUV)	Tenor: Nichtigerklärung (264 AEUV) >263 II: privilegierter Kläger >263 III: minderprivilegierter Kläger >263 IV: nichtprivilegierter Kläger Unterfall:Untätigkeitsklage (265 AEU)	vorlageverpflichtet: letztinstanzliche Gerichte Tenor: Beantwortung der Fragen

Schema 4

3. Ausschluss

Die Zuständigkeit des Gerichtshofes kann ausgeschlossen sein. Als Ausprägung des früheren Säulenmodells ist der Gerichtshof der Europäischen Union für Bestimmungen der gemeinsamen Außen- und Sicherheitspolitik gemäß Art. 275 Abs. 1 AEUV nicht zuständig, es sei denn, es geht um ein Individualverfahren hinsichtlich eines Beschlusses i.S.d. Art. 275 Abs. 2 AEUV. Insoweit ist die Zuständigkeit der Europäischen Union auch i.S.d. Art. 24 Abs. 1 UAbs. 2 S. 5, 6 EUV i.V.m. Art. 40 EUV begrenzt, sodass derartige Handlungen mangels Supranationalität i.S.d. Fünften Titels des Vertrages über die Europäische Union nicht justiziabel sind.

Da es sich bei der Verfolgung von Terroristen, der Einfrierung der Bankkonten derselbigen sowie dem Zugriff auf gezüchtete Pferde um sicherheitsrechtliche Fragen handelt, könnte es sich dabei um gemeinsame Außen- und Sicherheitspolitik handeln. Damit hätte die Europäische Union bei Erlass der Verordnung außerhalb ihres Kompetenzbereiches gehandelt, sodass die streitgegenständliche Verordnung nicht vom Gerichtshof der Europäischen Union justiziert werden könnte. Dann hätten alle Mitgliedstaaten der Europäischen Union, die gleichzeitig den Vereinten Nationen angehören, völkerrechtlich unabhängig von der Europäischen Union tätig werden und die Resolution der Vereinten Nationen umsetzen müssen.

Allerdings ist dies gemäß Art. 352 Abs. 1 S. 1 AEUV auch auf unionsrechtlicher Ebene mittels einer Verordnung möglich, wenn es sich um eine der Europäischen Union zugewiesene Politik handelt.

Die tatsächliche Reichweite des Art. 352 Abs. 1 AEUV ist in der Begründetheit zu erörtern.

Zudem gibt es ausdrücklich geregelte Kompetenzen. Gemäß den Artt. 75, 215 AEUV ist Terrorismusbekämpfung auf unionsrechtlicher Ebene möglich und somit vom Kompetenzbereich der Europäischen Union umfasst. In der streitgegenständlichen Verordnung sind somit keine Aspekte der Außen- und Sicherheitspolitik geregelt, durch die nicht der Kompetenzbereich der Europäischen Union zumindest tangiert wird, sodass die Zuständigkeit des Gerichtshofes der Europäischen Union nicht ausgeschlossen ist, wenngleich die materielle Reichweite der Artt. 75, 352 Abs. 1 AEUV problematisch ist. Zudem ist die Europäische Union nicht Mitglied der Vereinten Nationen, sodass die eigentliche sicherheitsrechtliche völkerrechtliche Bindung die Mitgliedstaaten betrifft, während die Verordnung nur als Mittel für die eigentliche Bindung der Mitgliedstaaten genutzt wird. In der Verordnung ist über die bestehenden Kompetenzen hinaus keine Außen- und Sicherheitspolitik geregelt. Art. 275 Abs. 1 AEUV ist somit nicht anwendbar.

4. Instanzielle Zuständigkeit
Instanziell ist das Gericht des ersten Rechtszuges gemäß Art. 256 Abs. 1 UAbs. 1 S. 1 AEUV zuständig, während der Europäische Gerichtshof insoweit gemäß Art. 256 Abs. 1 UAbs. 2 AEUV lediglich Rechtsmittelinstanz ist. Originär ist der Europäische Gerichtshof gemäß Art. 256 Abs. 1 UAbs. 1 S. 2 AEUV in der Regel nur zuständig, soweit es in der Satzung geregelt ist. Gemäß Art. 51 der Satzung (Protokoll Nr. 3) besteht eine Zuständigkeit nur bei ausdrücklicher Zuweisung, welche nicht ersichtlich ist.

5. Zwischenergebnis
Das Europäische Gericht erster Instanz als Teil des Gerichtshofes der Europäischen Union ist zuständig.

II. Verfahrensabhängige Zulässigkeitsvoraussetzungen

Es ist sinnvoll, auf der ersten Gliederungsebene eine Überschrift „Verfahrensabhängige Zulässigkeitsvoraussetzungen" zu bilden, um herauszustellen, dass jedes dem EuGH enumerativ zugewiesene Verfahren von eigenständigen Voraussetzungen abhängig ist. Zudem erfolgt eine Angleichung an verwaltungsrechtliche Verfahren, in denen auch besondere Sachurteils- oder Sachentscheidungsvoraussetzungen zu prüfen sind.

Die verfahrensabhängigen Zulässigkeitsvoraussetzungen i.S.d. Art. 263 AEUV müssen erfüllt sein.

1. Antragsteller

Als Antragsteller können gemäß Art. 263 Abs. 4 AEUV auch natürliche Personen beteiligungsfähig sein, sodass T als Antragsteller maßgeblich ist.

2. Antragsgegenstand

Antragsgegenstand können bei dem Nichtigkeitsverfahren i.S.d. Art. 263 Abs. 4 i.V.m. Abs. 1 und 2 EUV verbindliche Rechtsakte der Europäischen Union sein. Ein Rechtsakt im Sinne des Art. 263 AEUV ist i.w.S. jede Handlung einer Unionseinrichtung mit Außenverbindlichkeit (Dörr, in: Das Recht der Europäischen Union, 68. EL Oktober 2019, Art. 263 Rn. 82). Zu diesen Rechtsakten gehört gemäß Art. 288 Abs. 2 S. 1, 2 AEUV auch eine Verordnung der Europäischen Union, welche – soweit sie in einem Gesetzgebungsverfahren erlassen worden ist – einen Gesetzgebungsakt i.S.d. Art. 289 Abs. 3 AEUV darstellt.

Verordnungen, Richtlinien und Beschlüsse sind Gesetzgebungsakte, soweit sie in einem Verfahren i.S.d. Art. 289 Abs. 3 AEUV erlassen worden sind. Ob es sich bei sekundärem Unionsrecht um einen Gesetzgebungsakt handelt, ist also nicht von der Art des Rechtssetzungsaktes abhängig, sondern von dem für ihn durchgeführten Verfahren.

Streitgegenstand ist somit die unter Mitwirkung des Europäischen Parlaments durch den Rat erlassene Verordnung zur Umsetzung der Resolution der Vereinten Nationen.

3. Antragsbefugnis

Das Nichtigkeitsverfahren ist ein kontradiktorisches Verfahren, bei dem als Antragsgegner das Organ der EU zu nennen ist, welches gehandelt hat. Bei den Räten sind zu unterscheiden: der europäische Rat (Art. 15 EUV; bestehend aus den Staats- und Regierungsvorsitzenden), der Rat (Art. 16 EUV; auch Ministerrat oder Rat der Europäischen Union genannt, der aus den jeweiligen Fachministern der Mitgliedstaaten besteht) und der Europarat (völkerrechtliches Konstrukt; unabhängig von der EU).

T muss gemäß Art. 263 AEUV antragsbefugt sein. Natürliche und juristische Personen des Privatrechts sind als gemäß Art. 263 Abs. 4 AEUV nicht privilegierte Antragsteller – anders als i.S.d. Art. 263 Abs. 2 AEUV privilegierte Antragsteller und i.S.d. Art. 263 Abs. 3 AEUV minder privilegierte Antragsteller – nur eingeschränkt befugt, unmittelbar vor den europäischen Gerichten einen Antrag zu stellen. Sie sind antragsbefugt, soweit sie sich gemäß Art. 263 Abs. 4 Var. 1–3 AEUV gegen sie gerichtete (Var. 1) oder sie unmittelbar und individuell betreffende Handlungen (Var. 2) bzw. Rechtsakte mit Verordnungscharakter, die sie unmittelbar betreffen und keine Durchführungsmaßnahmen nach sich ziehen (Var. 3), wenden. Da T nicht Adressat ist, kommt eine Antragsbefugnis lediglich nach Art. 263 Abs. 4 Var. 2 oder 3 AEUV in Betracht, wobei maßgeblich ist, ob eine „Handlung" oder ein „Rechtsakt (...) mit Verordnungscharakter" vorliegt. Für die Betroffenheit i.S.d. Alt. 2, 3 genügt auch bei enger Auslegung der Norm ein tatsächliches Interesse einer Person, die nicht Adressat der Handlung ist, sodass lediglich Personen ausgeschlossen sind, für welche die Handlung neutral ist. Eine Unmittelbarkeit ist in beiden Varianten gegeben, soweit es keines Umsetzungsaktes mehr bedarf.

Unterscheide:
- **Art. 263 Abs. 4 Alt. 1 AEUV:** „gegen die an sie **gerichteten** (...) **Handlungen**" -> Adressat der Handlung
- **Art. 263 Abs. 4 Alt. 2 AEUV:** „sie **unmittelbar und individuell** betreffenden **Handlungen**" -> Nicht-Adressat der Handlung (bei adressatenlosen Handlungen oder anderem Adressat); individuelle und unmittelbare Betroffenheit zu prüfen
- **Art. 263 Abs. 4 Alt. 3 AEUV:** „gegen **Rechtsakte mit Verordnungscharakter**, die sie **unmittelbar** betreffen und keine Durchführungsmaßnahmen nach sich ziehen" -> (nur) unmittelbare Betroffenheit und negatives Tatbestandsmerkmal (keine Durchführungsmaßnahmen) zu prüfen

---

a) Verordnung als „Handlung" oder „Rechtsakt mit Verordnungscharakter"

Die Verordnung könnte als „Handlung" i.S.d. Art. 263 Abs. 4 Var. 2 AEUV oder als „Rechtsakt mit Verordnungscharakter" i.S.d. Art. 263 Abs. 4 Var. 3 AEUV einzustufen sein.

Die Auslegung der Regelung des Art. 264 Abs. 4 Alt. 3 AEUV war lange Zeit strittig, bis der EuGH den Begriff des „Rechtsakts mit Verordnungscharakter" in seinem Urteil vom 3.10.2013 – C-5811 P [Inuit Tapiriit Kanatami u.a. ./. Parlament und Rat] näher definiert hat.

Um effektiven Rechtsschutz i.S.d. Art. 47 EU-GR-Charta i.V.m. Art. 6 Abs. 1 EUV zu gewähren, könnten auch Verordnungen von Art. 263 Abs. 4 Alt. 3 AEUV erfasst sein.

Zusatzhinweis: Partiell werden Verordnungen, die inhaltlich einen Beschluss darstellen, jedoch formal als Verordnung erlassen worden sind (falsche Handlungsform), als Hybridakte bezeichnet. Für die Einordnung als „Rechtsakt mit Verordnungscharakter" (Art. 263 Abs. 4 Alt. 3 AEUV) ist allein maßgeblich, dass sie kein förmliches Gesetzgebungsverfahren durchlaufen haben.

Auch wenn der Begriff des „Verordnungscharakters" darauf hinzudeuten scheint, dass Verordnungen von Var. 3 erfasst werden, ist der Begriff des Rechtsakts mit Verordnungscharakter in den Verträgen nicht definiert.

Eine derart weite Auslegung des Art. 263 Abs. 4 Var. 3 AEUV ist indes systemwidrig, wenn die Verordnung bereits von den Art. 263 Abs. 4 Var. 1, 2 AEUV umfasst wäre, sodass das weitere Erfordernis der Gerichtetheit oder der individuellen und unmittelbaren Betroffenheit durch die Subsumtion unter Var. 3 umgangen werden würde. Da diese einschränkenden Kriterien für Art. 263 Abs. 4 Var. 3 AEUV ausweislich des Wortlauts nicht vorausgesetzt sind, darf Var. 3 in systematischer Hinsicht nicht als allgemeine Auffangnorm verstanden werden, da sonst die bewusst getroffene Unterscheidung der beiden Handlungsformen hinfällig würde (EuGH Urteil vom 3.10.2013 – C-5811 P [Inuit Tapiriit Kanatami u.a. ./. Parlament und Rat], Rn. 58).

Aus der Historie ergibt sich, dass mit dem Tatbestand des „Rechtsakts mit Verordnungscharakter" zwar Rechtsschutzlücken für abstrakt-generelle Normen geschlossen werden sollten. Systematisch zeigt die Unterscheidung zwischen dem weiten Begriff der „Handlung" und dem des „Rechtsakts mit Verordnungscharakter", für den keine weiteren Einschränkungen auferlegt werden, jedoch auf, dass letzterer enger zu interpretieren ist. Die Genese deutet insofern darauf hin, dass der Gesetzgeber zwischen Handlungen mit Gesetzescharakter einerseits und mit Verordnungscharakter andererseits unterschied. Der „Rechtsakt mit Verordnungscharakter" i.S.d. Var. 3 wird daher in negativer Abgrenzung zu der „Handlung" i.S.d. Var. 1 und 2 als eine solche verbindliche Unionshandlung definiert, die nicht in einem förmlichen Gesetzgebungsverfahren i.S.d. Art. 289 AEUV erlassen wurde (EuGH, Urteil vom 3.10.2013 – C-5811 P [Inuit Tapiriit Kanatami u.a. ./. Parlament und Rat], Rn. 61. Zu der Auslegung auch Dörr, in: Das Recht der Europäischen Union, 68. EL Oktober 2019, Art. 263 Rn. 81 f.).

Typische „Rechtsakte mit Verordnungscharakter" i.S.d. Art. 263 Abs. 4 Alt. 3 AEUV sind:
– Tertiäre Rechtssetzungsakte (delegierte Rechtssetzung i.S.d. Art. 290 AEUV und die in Art. 291 Abs. 2 AEUV vorgesehene Durchführungsrechtssetzung)
– Verordnungen, Richtlinien und Beschlüsse aus dem nicht-förmlichen Gesetzgebungsverfahren (ohne Gesetzescharakter, Art. 289 AEUV)

Achtung:
Verordnungen können sowohl im nicht-förmlichen Verfahren (klassisch, dann „Verordnungscharakter"), als auch im förmlichen Gesetzgebungsverfahren (dann „Verordnung mit Gesetzescharakter") erlassen werden. Letztere sind von Alt. 3 nicht erfasst, sondern stellen Handlungen i.S.d. Alt. 1 und 2 dar, sodass für die Antragsbefugnis die Einschränkungen zu berücksichtigen sind!

Somit ist für die Einordnung der Verordnung entscheidend, ob diese einen Verordnungs- oder Gesetzescharakter aufweist. Das ordentliche Gesetzgebungsverfahren i.S.d. Art. 289 Abs. 1 AEUV wurde durchlaufen, sodass sie Gesetzescharakter hat und somit eine „Handlung" darstellt, für die nur eine Antragsbefugnis i.S.d. Art. 263 Abs. 3 Var. 2 AEUV in Betracht kommt.

b) Unmittelbarkeit

Die Verordnung, in der T genannt ist, ist eine abstrakt-generelle und gemäß Art. 288 Abs. 2 S. 2 AEUV unmittelbar verbindliche Regelung. Unmittelbar verbindliche Regelungen müssen nicht umgesetzt werden. T ist namentlich erwähnt und somit hervorgehoben und individuell betroffen. Unabhängig davon, dass sich aus der Verwechslung keine geringere Intensität der Betroffenheit ergibt – sogar die Konten des T sind bereits gesperrt und er ist wie jeder andere Terrorist benannt – ist die lediglich versehentliche Nennung des T irrelevant. T beruft sich auf sein Recht auf rechtliches Gehör i.S.d. Art. 47 EU-GR-Charta i.V.m. den Artt. 51 EU-GR-Charta, 6 Abs. 1 EUV sowie auf sein Eigentum i.S.d. Art. 17 EU-GR-Charta i.V.m. den Artt. 51 Abs. 1 S. 1 EU-GR-Charta, 6 Abs. 1 EUV. In beiden Rechtspositionen ist T möglicherweise verletzt. T ist gemäß Art. 263 Abs. 4 Alt. 1 AEUV antragsbefugt.

Merke: Eine individuelle Betroffenheit liegt vor, wenn die Kläger wegen besonderer persönlicher Eigenschaften oder besonderer, sie aus dem Kreis aller übrigen Personen heraushebender Umstände berührt sind und sie daher in ähnlicher Weise durch die Verordnung individualisiert werden wie Adressaten (sog. Plaumann-Formel).

---

c) Individuelle Betroffenheit

Bei eingeschränkter Auslegung des Art. 263 Abs. 4 Alt. 2 AEUV sind natürliche und juristische Personen durch einen Rechtsakt mit Verordnungscharakter nur individuell betroffen, wenn sie durch diese wegen bestimmter persönlicher Eigenschaften oder besonderer, sie aus dem Kreis aller übrigen Personen heraushebender Umstände berührt werden und sie daher in ähnlicher Weise durch die Verordnung individualisiert werden wie Adressaten (EuGH Slg. 1963, 199 – Plaumann). Die Intensität der individualisierten Betroffenheit ist hingegen sogar bei enger Auslegung des Art. 263 Abs. 4 Alt. 2 AEUV irrelevant.

Diese enge Auslegung der Norm und die damit verbundene Einschränkung der Antragsbefugnis ergeben sich historisch aus dem französischen Recht, in welchem die Anforderungen an eine Individualantragsbefugnis ebenfalls sehr hoch sind. Durch die hohen Anforderungen an die Individualantragsbefugnis i.S.d. Art. 263 Abs. 4 AEUV soll eine Entlastung der europäischen Gerichte im Sinne eines gemäß Art. 2 EUV auch auf Unionsebene geltenden Rechtsstaatsprinzips erreicht werden, um ein effektives Handeln der Gewalten zu gewährleisten. Somit sollen zunächst nationale Rechtssetzungsakte Gegenstand eines Verfahrens sein, um bei Entscheidungserheblichkeit im Rahmen eines Vorlageverfahrens gemäß Art. 267 AEUV dem Europäischen Gerichtshof mittels einer Auslegungs- oder Gültigkeitsvorlage vorzulegen. Der Europäische Gerichtshof ist dann insoweit entlastet, als es lediglich um europarechtliche Rechtsfragen geht und eine Beweiserhebung nicht erforderlich ist.

Rechtsstaatlich ist insoweit zwar einerseits ein effektives Handeln der Gerichte gewährleistet, andererseits ist ein effektiver Rechtsschutz begrenzt gewährleistet, weil entweder gegen eine Verordnung verstoßen werden müsste, um einen Vollzugsakt anzugreifen oder bei einer Feststellungsklage nur ein nicht vollstreckbarer Feststellungstenor erwirkt werden kann. Dennoch sind dem Europäischen Gerichtshof letztlich Verfahren zugewiesen, welche von anderen Unionsorganen betrieben werden können.

Die Europäische Union ist eine Rechtsgemeinschaft, in der weder ihren Mitgliedstaaten noch ihren Organen die Kontrolle daraufhin, ob ihre Handlungen mit der Verfassungsurkunde der Union, den Verträgen, im Einklang stehen, entzogen ist, wenngleich mit den in den Verträgen enthaltenen Regelungen ein umfassendes System von Rechtsbehelfen und Verfahren geschaffen worden ist, in welchem dem Gerichtshof die Überprüfung der Rechtmäßigkeit der Handlungen der Organe zugewiesen ist (Urteil vom 23.4.1986, Les Verts/Parlament, 294/83, Slg. 1986, 1339 Rn 23).

Aufgrund der auch bestehenden rechtsstaatlichen Bedenken bezüglich der engen Auslegung der Antragsbefugnis bei natürlichen und juristischen Personen ist der Wortlaut des Vertrages über die Arbeitsweise der Europäischen Union in Art. 263 Abs. 4 AEUV anders formuliert worden als die vergleichbare Regelung im EG-Vertrag. Für Rechtsakte mit Verordnungscharakter wird somit keine individuelle Betroffenheit mehr vorausgesetzt, sodass die historisch gewachsene enge Auslegung nunmehr durch eine erweiterte Auslegung ersetzt werden muss, weil letztlich die Mitgliedstaaten durch ihre unmittelbar vom Volk der Mitgliedstaaten legitimierten Gesetzgebungsorgane das europäische Primärrecht in Form des Art. 263 Abs. 4 AEUV geändert haben (vgl. Thiele EuR 2010, 30 m.w.N.), obwohl die Problematik bekannt war. Es sollte also zur Bekämpfung des Missbrauches der Wahl der Handlungsformen eine Antragsmöglichkeit gewährt werden, die es bei Beschlüssen und Verordnungen nicht gibt. Die bisherige sehr enge Auslegung ist mit dem Wortlaut unvereinbar und zumindest in begrenztem Umfang zu erweitern.

4. Antragsgrund

Als Antragsgründe kommen gemäß Art. 263 Abs. 2 AEUV Verletzungen der Zuständigkeiten, der Form oder inhaltlicher Vorgaben wie die der Verträge als primäres Unionsrecht in Betracht. T rügt die Verletzung der Artt. 17, 47 EU-GR-Charta, die als primäres Unionsrecht i.S.d. Art. 6 Abs. 1 EUV einen beachtlichen Antragsgrund darstellen. Ein Antragsgrund besteht.

5. Frist

Die Antragsfrist muss eingehalten worden sein. Der Antrag ist gemäß Art. 263 Abs. 6 AEUV binnen zwei Monaten zu erheben – je nach Sachlage beginnend von der Bekanntgabe der betreffenden Handlung, ihrer Mitteilung an den Antragsteller oder in Ermangelung dessen von dem Zeitpunkt an, zu dem der Antragsteller von dieser Handlung Kenntnis erlangt. T hat innerhalb von zwei Monaten seit Bekanntgabe der Verordnung geklagt und die Antragsfrist somit eingehalten.

III. Allgemeines Rechtsschutzbedürfnis
Anhaltspunkte für ein fehlendes Rechtsschutzbedürfnis bestehen nicht.

IV. Zwischenergebnis
Der Antrag des T ist zulässig.

B. Begründetheit

Der Antrag ist begründet, soweit die Verordnung objektiv rechtswidrig ist. Der Europäische Gerichtshof wird die Verordnung gemäß Art. 264 Abs. 1 AEUV insoweit für nichtig erklären und gegebenenfalls einzelne Wirkungen gemäß Art. 264 Abs. 2 AEUV als fortgeltend bezeichnen. Maßgeblich ist gemäß Art. 263 Abs. 2, 4 AEUV, ob die Verordnung einen Verstoß gegen Zuständigkeits- oder wesentliche Formvorschriften bzw. inhaltliche Vorgaben darstellt.

Die Prozessstation ist versubjektiviert, während die Begründetheit objektiv zu prüfen ist. Nur durch einen objektiv rechtmäßigen Gesetzgebungsakt kann ein Eingriff in die Rechte aus der EU-GR-Charta gerechtfertigt werden.

I. Zuständigkeit
Die Zuständigkeiten können bei der Gesetzgebung gewahrt worden sein. Dazu muss von der Verordnung einerseits ein Bereich betroffen sein, welcher der Europäischen Union als Politik im Rahmen der ihr als begrenzte Einzelermächtigung übertragenen Hoheitsgewalt zugewiesen ist, in welchem also eine Verbandskompetenz der Europäischen Union besteht, andererseits das zuständige Organ gehandelt hat.

1. Politik
Die durch die Verordnung geregelte Politik muss der Europäischen Union als supranationale Einrichtung im Rahmen einer Verbandskompetenz zugewiesen sein. Insoweit ist die Zuständigkeit nur gegeben, soweit es zugunsten der Europäischen Union eine Übertragung der Hoheitsgewalt im Rahmen der begrenzten Einzelermächtigung i.S.d. Artt. 4 Abs. 1, 5 Abs. 1 EUV gegeben hat. Es ist also maßgeblich, ob eine Politikzuweisung mit der die Terroristenliste umfassenden

Reichweite besteht, wobei gegebenenfalls die Kompetenzergänzungsklausel des Art. 352 Abs. 1 AEUV zu beachten ist.

a) Ausdrückliche Zuweisung

Die Politik kann ausdrücklich zugewiesen sein. Sofern dies notwendig ist, um die Ziele des Art. 67 AEUV in Bezug auf die Verhütung und Bekämpfung von Terrorismus und damit verbundener Aktivitäten zu verwirklichen, schaffen das Europäische Parlament und der Rat gemäß Art. 75 AEUV gemäß dem ordentlichen Gesetzgebungsverfahren durch Verordnungen einen Rahmen für Verwaltungsmaßnahmen in Bezug auf Kapitalbewegungen und Zahlungen, wozu das Einfrieren von Geldern, finanziellen Vermögenswerten oder wirtschaftlichen Erträgen gehören kann, deren Eigentümer oder Besitzer natürliche oder juristische Personen, Gruppierungen oder nichtstaatliche Einheiten sind. Das Einfrieren von Geldern und Konten ist somit zur Sicherung der Europäischen Union als Raum der Freiheit, der Sicherheit und des Rechts i.S.d. Art. 67 Abs. 1 AEUV, in dem die Grundrechte und die verschiedenen Rechtsordnungen und -traditionen der Mitgliedstaaten geachtet werden, ausdrücklich von der Politik i.S.d. Art. 75 AEUV erfasst, sodass die streitgegenständliche Verordnung diesbezüglich geregelt ist.

Bezüglich des Zugriffes auf die Pferde ist die Anwendbarkeit des Art. 75 AEUV problematisch. Es dürfen gemäß Art. 75 AEUV lediglich Verordnungen als Rahmen für Verwaltungsmaßnahmen in Bezug auf Kapitalbewegungen und Zahlungen erlassen werden, wozu das Einfrieren von Geldern, finanziellen Vermögenswerten oder wirtschaftlichen Erträgen gehören kann, deren Eigentümer oder Besitzer natürliche oder juristische Personen, Gruppierungen oder nichtstaatliche Einheiten sind. Die Pferde stellen kein Kapital im Telos der Norm dar, zumal der direkte Bezug zu Kapitalbewegungen und Zahlungen fehlt und die Tiere nicht lediglich verkauft und zur Finanzierung genutzt, sondern auch eigengenutzt und verschenkt werden. Die Verhinderung des Zugriffes auf die Pferde ist nicht explizit in den Verträgen benannt.

Auch aus Art. 84 AEUV, wonach das Europäische Parlament und der Rat gemäß dem ordentlichen Gesetzgebungsverfahren unter Ausschluss jeglicher Harmonisierung der Rechtsvorschriften der Mitgliedstaaten Maßnahmen festlegen kann, um das Vorgehen der Mitgliedstaaten im Bereich der Kriminalprävention zu fördern und zu unterstützen, ergibt sich keine ausdrückliche Zuweisung, weil durch die Norm zwar eine Koordination der Behörden gefördert wird, jedoch keine Harmonisierung im Sinne einer rechtsverbindlichen Vereinheitlichung – wie bei der Umsetzung der Resolution – erfolgen kann.

b) Kompetenzergänzungsklausel

Gemäß Art. 352 Abs. 1 S. 1 AEUV kann der Rat jedoch einstimmig auf Vorschlag der Kommission und nach Zustimmung des Europäischen Parlamentes die zur Verwirklichung der Ziele der Verträge geeigneten Vorschriften erlassen, auch wenn die hierfür erforderlichen Befugnisse nicht vorgesehen sind, soweit es um die in den Verträgen enthaltenen Politikbereiche geht. Zwar ist der Wortlaut des Art. 352 Abs. 1 S. 1 AEUV weit formuliert und möglicherweise diskussionswürdig, jedoch stellt die Norm zunächst geltendes Recht dar, zumal aufgrund der Einstimmigkeit jeder Mitgliedstaat zustimmen muss und die Anforderungen an Rechtssetzungsakte insoweit hoch sind.

Der Anwendungsbereich des Art. 352 Abs. 1 AEUV ist problematisch, da es auf Unionsebene keine Kompetenz-Kompetenz gibt und letztlich eine begrenzte Einzelermächtigung zur Ausübung der Hoheitsgewalt bestehen muss. Eine weite Auslegung der Norm ist daher bedenklich. Allerdings sind auch insoweit fundamentale rechtsstaatliche Grundsätze – z.B. i.S.d. Art. 2 EUV – zu beachten, zu denen auch der Schutz der Unionsbürger und auch auf Unionsebene in einem begrenzten Maß die effektive Gefahrenabwehr gehören. In der Literatur ist die seitens des EuGH praktizierte weite Auslegung kaum kritisiert worden.

Maßgeblich ist, dass die Rechtssetzung nach Art. 352 Abs. 1 AEUV auf Bereiche bezogen ist, die der Europäischen Union als supranationale Einrichtung zumindest im weitesten Sinne zugewiesen sind, weil die Europäische Union nicht die Rechtsqualität eines Bundesstaates hat und somit keine Kompetenz-Kompetenz besteht. Als zugewiesene Politikbereiche kommen bezüglich des Terrorismus Art. 75 AEUV – Maßnahmen gegen Terrorismusfinanzierung – und Art. 215 AEUV – Maßnahmen bezüglich der auswärtigen Wirtschafts- und Finanzbeziehungen – in Betracht. Daran ist der Inhalt der streitgegenständlichen Verordnung auch bezüglich der Pferde zumindest angelehnt.

„Durch Art. 352 Abs. 1 AEUV soll ein Ausgleich in Konstellationen geschaffen werden, in denen den Unionsorganen durch spezifische Bestimmungen des Vertrages ausdrücklich oder implizit verliehene Befugnisse fehlen, die gleichwohl erforderlich erscheinen, damit die Union ihre Aufgaben im Hinblick auf die Erreichung eines der vom Vertrag festgelegten Ziele wahrnehmen kann.

Soweit mit der Verordnung über die Anwendung bestimmter spezifischer restriktiver Maßnahmen gegen bestimmte Personen und Organisationen, die mit Terroristennetzwerken in Verbindung stehen, wirtschaftliche und finanzielle Restriktionen verhängt werden, ist sie vom Anwendungsbereich des Artt. 75 AEUV umfasst. Da in diesem Artikel jedoch keine ausdrücklichen oder impliziten Befugnisse zur Verhängung von Maßnahmen der gewählten Art bezüglich des Zugriffes auf die Pferde gegen Adressaten vorgesehen sind, kann das auf die Begrenzung des persönlichen Anwendungsbereichs der betreffenden Vorschriften zurückzuführende Fehlen einer Befugnis durch den Rückgriff auf Art. 352 Abs. 1 AEUV als zusätzlicher Rechtsgrundlage zu den beiden zuerst genannten Artikeln, auf denen die Verordnung in sachlicher Hinsicht beruht, ausgeglichen werden, sofern die weiteren Voraussetzungen für die Anwendbarkeit des Art. 352 Abs. 1 AEUV erfüllt sind.

Da das Ziel des Verordnungsgebers darin besteht, die mit Terrornetzwerken verbündeten Personen am Zugriff auf alle finanziellen und wirtschaftlichen Ressourcen zu hindern, damit der Finanzierung terroristischer Tätigkeiten Einhalt geboten wird, lässt sich auch die Zucht der Pferde als mit den Artt. 75, 215 AEUV sachlich im weitesten Sinne im Zusammenhang stehend einem der Ziele der Union i.S.d. Art. 352 Abs. 1 AEUV zuordnen. Weil in den Artt. 75, 215 AEUV eine Unionsbefugnis zur Verhängung wirtschaftlicher Restriktionen vorgesehen ist, die der Umsetzung im Rahmen der gemeinsamen Außen- und Sicherheitspolitik beschlossener Handlungen gewidmet ist, sind die Normen Ausdruck eines ihnen zugrunde liegenden impliziten Ziels, nämlich, den Erlass solcher Maßnahmen durch die wirksame Nutzung eines unionsrechtlichen Instruments umfassend auch für damit im sachlichen Zusammenhang stehende Tätigkeiten von Terroristen zu ermöglichen. Dieses Ziel ist als ein Ziel der Union i.S.d. Art. 352 Abs. 1 AEUV zu betrachten.

Durch die Durchführung derartiger Maßnahmen mithilfe eines unionsrechtlichen Instruments wird nicht der allgemeine Rahmen überschritten, der sich aus der Gesamtheit der Vertragsbestimmungen ergibt, da sie ihrer Natur nach auch einen Bezug zum Funktionieren des Gemeinsamen Markts aufweisen, sodass auch diese Voraussetzung des Art. 352 Abs. 1 AEUV erfüllt ist. Der Kompetenzrahmen der Europäischen Union wird insoweit nicht überschritten, weil es sich bei dem Zugriff auf die Pferde nicht um klassisches Gefahrenabwehrrecht i.S.d. innerstaatlichen Landesrechts oder um klassisches Strafrecht handelt, welches nicht der Europäischen Union im Rahmen der begrenzten Einzelermächtigung übertragen worden ist, sodass die Verordnung nicht auf nicht zugewiesene Gemeinsame Außen- und Sicherheitspolitik (GASP) i.S.d. Art. 275 Abs. 1 AEUV bezogen ist." (zum Ganzen EuGH Verbundene Rechtssachen C 402/05 P und C-415/05 P sowie Gemeinsamer Standpunkt 2002 402/GASP und VO EG Nr. 881/2002).

Die Bestimmung der Grenzen des Art. 75 AEUV ist schwierig. Der Zugriff auf die Pferde dürfte aber kaum darunter subsumierbar sein. Anderenfalls würde die Problematik des Art. 352 AEUV entfallen – in der Konsequenz würde dies auch für die Probleme beim organinternen Verfahren (s. u.) gelten. Eine derartige Lösung ist nicht nur juristisch, sondern auch wegen der im Sachverhalt angelegten Probleme klausurtaktisch nicht empfehlenswert. Die Annahme einer Sperrwirkung durch Art. 75 AEUV erscheint hinsichtlich der GASP vertretbar, ist jedoch aufgrund der Rechtsprechung des EuGH und klausurtaktisch nicht sinnvoll.

c) Subsidiarität und Verhältnismäßigkeit

Im Bereich der Politik wirken die Grundsätze der Subsidiarität und der Verhältnismäßigkeit gemäß Art. 5 Abs. 1 S. 2 EUV zuständigkeitsbegrenzend.

Seitens der Europäischen Union – also auch seitens der Gerichte – können ihr zugewiesene Kompetenzen nur wahrgenommen werden, wenn das Ziel nicht durch die Mitgliedstaaten auf nationaler oder regionaler Ebene verwirklicht werden kann und die Inanspruchnahme von Unionskompetenzen notwendig ist. Das Subsidiaritätsprinzip ist i.S.d. Art. 352 Abs. 2 AEUV i.V.m. Art. 5 Abs. 3 EUV auch im Rahmen des Art. 352 Abs. 1 AEUV zu berücksichtigen. Zwar wäre es möglich gewesen, dass die Mitgliedstaaten jeweils einzelne Regelungen erlassen, jedoch wäre eine Vielzahl nationaler Akte im Hinblick auf eine grenzüberschreitende Terrorismusbekämpfung ineffektiv. Eine Terrorliste auf der Ebene der Europäischen Union ist effektiver, insbesondere aufgrund des freien Personenverkehrs und Zahlungsverkehrs sowie sonstiger Grundfreiheiten i.S.d. Artt. 28 ff. AEUV innerhalb der Europäischen Union. Die Verordnung ist auch insoweit notwendig, als erst durch die Verordnung die Verbindlichkeit im Außenverhältnis zum Bürger entsteht, während die Resolution nur die völkerrechtliche Bindung zwischen den Staaten der Vereinten Nationen betrifft.

Würden wirtschaftliche und finanzielle Maßnahmen, wie sie mit der betreffenden Verordnung angeordnet werden, von jedem Mitgliedstaat einseitig verhängt, könnte durch eine Vielzahl nationaler Maßnahmen das Funktionieren des gemeinsamen Markts beeinträchtigt werden (C-402/05 P und C-415/05 P, vgl. Rn 211, 213, 216, 222, 225 – 227, 229 – 230).

Nach alledem ergibt sich die Zuständigkeit für die Politik der Europäischen Union aus den Artt. 352 Abs. 1, 75, 215 AEUV.

2. Organkompetenz

Als Organe waren gemäß den Artt. 75, 352 Abs. 1 AEUV der Rat und das Europäische Parlament zuständig, welche gehandelt haben.

II. Form

Von der Form sind auf Unionsebene Verfahrens- und Formvorschriften im engen Sinne erfasst. Beim Verfahren sind insofern organinterne Aspekte wie Abstimmungsmehrheiten sowie organexterne Aspekte wie die Beteiligung anderer Organe maßgeblich.

1. Organintern

Organintern bedarf es bei einem Handeln des Rates gemäß Art. 16 Abs. 3 EUV einer qualifizierten Mehrheit, soweit in den Verträgen nichts anderes geregelt ist. Spezifizierungen sind z. B. in Art. 238 Abs. 1, 2, 4 AEUV enthalten. Bezüglich des auf Art. 75 AEUV gestützten Teils der Verordnung ist im ordentlichen Gesetzgebungsverfahren jedenfalls ordnungsgemäß mit qualifizierter Mehrheit beschlossen worden. Bezüglich des auf die Pferde bezogenen Teils der streitgegenständlichen Verordnung hat der Rat einstimmig i.S.d. Art. 352 Abs. 1 S. 2 AEUV beschlossen.

Allerdings könnte der handelnde Bundesminister ein unzuständiger Vertreter gewesen sein. Das wäre anzunehmen, soweit ein vom Bundesrat benannter Vertreter der Länder hätte handeln müssen. Gemäß Art. 23 Abs. 6 S. 1 GG ist die Handlung eines vom Bundesrat benannten Vertreters der Länder vorgesehen, wenn im Schwerpunkt innerstaatlich ausschließliche Gesetzgebungsbefugnisse der Länder auf den Gebieten der schulischen Bildung, der Kultur oder des Rundfunks betroffen sind. Im Übrigen sind gemäß Art. 23 GG Bundesorgane im Außenverhältnis zuständig, weil im Bundesstaat ein einheitliches Handeln nach außen bei föderalistischen Strukturen im Innenverhältnis vorgesehen ist.

Unabhängig davon, dass schon die Voraussetzungen des Art. 23 Abs. 6 S. 1 GG bei der Terrorismusbekämpfung – diese ist nicht Bildung, Kultur oder Rundfunk – nicht erfüllt sind, ist Art. 23 GG im Außenverhältnis nicht anwendbar. Maßstab für die Verordnung auf Unionsebene ist für den Europäischen Gerichtshof nicht das Grundgesetz als nationales Recht eines Mitgliedstaates, sondern das primäre Unionsrecht als Europarecht im engen Sinne. Maßgeblich ist somit Art. 16 Abs. 2 EUV, nach dem der Mitgliedstaat durch einen Vertreter der Regierung auf Ministerebene vertreten wird. Damit wird nicht auf die nationale Zuständigkeit Bezug genommen, sondern auf die Zuständigkeit der wirksamen Vertretung der Bundesregierung im Außenverhältnis, also der Regierung des Mitgliedstaates. Somit war der Bundesminister zuständig und die Abstimmung insoweit nicht fehlerhaft, sodass der Beschluss einstimmig erfolgte. Sogar eine Stimmenthaltung von anwesenden oder vertretenen Mitgliedern würde der Einstimmigkeit gemäß Art. 238 Abs. 4 AEUV zudem nicht entgegenstehen.

Weitergehende Voraussetzungen können sich aus den Artt. 289 Abs. 3, 293 ff. AEUV ergeben, jedoch sind organintern keine Verfahrensfehler ersichtlich.

2. Organextern

Organextern hat der Rat die Verordnung ordnungsgemäß i.S.d. Art. 352 Abs. 1 AEUV auf Vorschlag der Europäischen Kommission und nach Zustimmung des

Europäischen Parlaments erlassen. Dies genügt aufgrund höherer Anforderungen auch den Voraussetzungen des Art. 75 AEUV.

3. Form I. e. S.

In der Verordnung ist gemäß Art. 275 Abs. 3 AEUV erforderlicher Rechtsschutz benannt worden, wobei eine materielle Ineffektivität insoweit irrelevant ist. Anhaltspunkte, dass Formvorschriften im engen Sinne wie z. B. die ordnungsgemäße Begründung i.S.d. Art. 296 Abs. 2 AEUV oder die Vorschriften des Art. 297 AEUV nicht eingehalten worden sind, bestehen nicht.

Die Verordnung ist somit formgerecht zustande gekommen.

III. Inhalt

Gemäß Art. 263 Abs. 2, 4 AEUV wird der Rechtsakt jedenfalls aufgehoben, soweit die Verträge als Primärrecht einschließlich der Protokolle und Anhänge verletzt sind. Zu den maßgeblichen Normen gehören die Artt. 28 ff. AEUV, in denen die Grundfreiheiten geregelt sind sowie die EU-Grundrechte-Charta, welche wegen des Verweises in Art. 6 Abs. 1 EUV mit den Verträgen gleichrangig und als primäres Unionsrecht einzustufen ist. Auch sonstige rechtsstaatliche Mindestanforderungen i.S.d. Art. 2 EUV sind als Primärrecht zu beachten.

1. Verordnung als Handlungsform

Die Verordnung wäre inhaltlich mit dem Unionsrecht – jedenfalls mit den in Art. 2 EUV geregelten rechtsstaatlichen Grundsätzen – unvereinbar, soweit sie im Bereich der den Organen der Europäischen Union zur Verfügung stehenden Handlungsformen für den verfolgten Zweck untauglich wäre.

Es ist zwischen der formellen und der materiellen Formenwahl zu trennen.

Während es prozessual auf die formelle Form ankam, ist nunmehr die materielle Formenwahl maßgeblich. Die Verordnung i.S.d. Art. 288 Abs. 2 AEUV ist als Handlungsform tauglich, soweit abstrakt-generelle Regelungen geschaffen werden sollen. Bezüglich der Terrorliste könnte es an der Voraussetzung der Regelungen abstrakt-genereller Sachverhalte insoweit fehlen, als konkrete Namen auf der Liste stehen. Sollte eine Einzelfallregelung lediglich in die Form der Verordnung gepresst worden sein, wäre schon die gewählte Handlungsform fehlerhaft und die Verordnung aufzuheben, da insoweit ein Einzelfallgesetz geschaffen worden wäre. Bezüglich des Einfrierens der Konten ist die Verordnung als

Handlungsform in Art. 75 AEUV geregelt. Auch bezüglich des Zugriffes auf die Pferde ist die Verordnung als Handlungsform aber ordnungsgemäß gewählt. Entscheidend ist insoweit, dass die Auswahl der auf der Terrorliste stehenden Namen nach abstrakt-generellen Kriterien erfolgt, sodass die Namen auf der Liste wechselnd sein können. Somit wurden abstrakt-generelle Sachverhalte erfasst mit der Folge, dass die Verordnung als taugliche Handlungsform einzustufen ist.

2. Prüfungsmaßstab des Europäischen Gerichtshofes

Fraglich ist, welcher Prüfungsmaßstab für den Europäischen Gerichtshof gilt.

a) Umfassende Prüfungs- und Verwerfungskompetenz

Eine umfassende Prüfungs- und Verwerfungskompetenz ist problematisch, weil der Inhalt der Verordnung in erheblichem Maß mit dem Inhalt der UN-Resolution identisch ist. Durch die Prüfung der Verordnung wird daher faktisch die UN-Resolution geprüft. Insoweit ist eine Kollision mit dem besonderen Völkerrecht denkbar.

Daher ist das Unionsrecht als i.S.d. Art. 2 EUV völkerrechtsfreundliche Rechtsmaterie gegebenenfalls völkerrechtsfreundlich auszulegen. Die Bedeutung und die Ziele der UN-Resolution, welche durch die Verordnung umgesetzt wird, sind somit bei der Auslegung der Verordnung zu berücksichtigen. Maßgeblich ist letztlich, dass der Europäische Gerichtshof formal nicht die UN-Resolution prüft, sondern die Verordnung, weil diese Streitgegenstand des Verfahrens ist. Der Europäische Gerichtshof kann die Verordnung als in den Mitgliedstaaten unmittelbar geltendes Sekundärrecht somit grundsätzlich vollständig am Maßstab des primären Unionsrechts prüfen und gegebenenfalls verwerfen.

Möglicherweise ist die UN-Resolution jedoch gegenüber dem primären Unionsrecht vorrangig, sodass sich insoweit ein begrenzter Anwendungsbereich des Unionsrechts ergibt.

b) Verhältnis zwischen Resolution und primärem Unionsrecht

Gemäß Art. 103 der UN-Charta sind Resolutionen der Vereinten Nationen für deren Mitglieder völkerrechtlich vorrangig, sodass die Resolution nicht am primären Unionsrecht zu messen ist. Der UN-Sicherheitsrat kann aber zumindest an zwingendes, unabdingbares Recht (ius cogens) völkerrechtlich gebunden sein, sodass die Resolution daran zu messen ist. Das hätte allerdings zur Folge, dass regionale Gerichte eine Prüfungskompetenz für Resolutionen hätten.

Die Garantie der europäischen Grundrechte aus der gemäß Art. 6 Abs. 1 EUV als primäres Unionsrecht einzustufenden EU-Grundrechte-Charta ist eine grundlegende Verfassungsgarantie der Europäischen Union. Bedarf es der Umsetzung einer Resolution, ist der Umsetzungsakt am Unionsrecht zu messen, da das Völkerrecht nur umgesetzt werden darf, soweit es mit dem primären Unionsrecht vereinbar ist. Das ergibt sich auch aus Art. 218 Abs. 11 AEUV, nach welchem vor Umsetzung einer völkerrechtlichen Vereinbarung gegebenenfalls vorab sogar ein Gutachten bezüglich der Vereinbarkeit mit dem Unionsrecht einzuholen ist. Die Glaubwürdigkeit der Europäischen Union ist mittels praktischer Konkordanz mit der Gefahr eines Völkerrechtsbruches in Einklang zu bringen.

„Die Europäische Union ist eine Rechtsgemeinschaft, in der weder ihre Mitgliedstaaten noch ihre Organe der Kontrolle daraufhin, ob ihre Handlungen mit den Verträgen im Einklang stehen, entzogen sind, und in der mit dem Vertrag über die Arbeitsweise der Europäischen Union ein umfassendes System von Rechtsbehelfen und Verfahren geschaffen worden ist, mittels dessen dem Gerichtshof die Prüfung der Rechtmäßigkeit der Handlungen der Organe zugewiesen worden ist.

Durch internationale Übereinkünfte kann die in den Verträgen festgelegte Zuständigkeitsordnung und damit die Autonomie des Rechtssystems der Union, deren Wahrung der Gerichtshof aufgrund der ausschließlichen Zuständigkeit sichert, nicht beeinträchtigt werden.

Bezüglich eines Unionsaktes, durch den eine Resolution umgesetzt wird, ist der Unionsrichter nicht befugt, im Rahmen seiner Zuständigkeit die Rechtmäßigkeit einer Resolution des Sicherheitsrats zu prüfen – nicht einmal bezüglich des zwingenden Rechts (ius cogens). Er ist aber befugt, die Rechtmäßigkeit des zur Umsetzung erlassenen Unionsrechtsakts zu kontrollieren.

Durch ein Urteil eines Unionsgerichts, mit dem festgestellt würde, dass durch einen Unionsrechtsakt zur Umsetzung einer Resolution gegen eine höherrangige Norm der Unionsrechtsordnung verstoßen wird, würde nicht der völkerrechtliche Vorrang der Resolution infrage gestellt.

Die europäischen Grundrechte sind integraler Bestandteil der allgemeinen Rechtsgrundsätze, deren Wahrung durch den Gerichtshof gesichert werden. Der Gerichtshof lässt sich dabei von den gemeinsamen Verfassungstraditionen der Mitgliedstaaten sowie von den Hinweisen leiten, welche in den völkerrechtlichen Verträgen über den Schutz der Menschenrechte enthalten sind, an deren Abschluss die Mitgliedstaaten beteiligt waren oder denen sie beigetreten sind. Hierbei kommt der Europäischen Menschenrechtskonvention gemäß Art. 6 Abs. 3 EUV besondere Bedeutung zu. Die Achtung der Menschenrechte ist somit eine Voraussetzung für die Rechtmäßigkeit der Handlungen der Union. Maßnahmen, die mit der Achtung dieser Rechte unvereinbar sind, dürfen in der Union nicht als rechtens anerkannt werden.

Die Verpflichtungen aufgrund einer internationalen Übereinkunft können in-soweit nicht die Verfassungsgrundsätze der Verträge der Union beeinträchtigen.

In den Grundsätzen, die für die durch die Vereinten Nationen entstandene Völkerrechtsordnung gelten, ist nicht impliziert, dass eine gerichtliche Kontrolle der materiellen Rechtmäßigkeit der Verordnung über die Anwendung bestimmter spezifischer restriktiver Maßnahmen gegen bestimmte Personen und Organisationen, die mit Terroristen in Verbindung stehen, anhand der Grundrechte deshalb ausgeschlossen wäre, weil mit ihr eine Resolution des Sicherheitsrats nach Kapitel VII der UN-Charta umgesetzt werden soll. Eine solche Nichtjustiziabilität eines Unionsakts als Folge des Grundsatzes des völkerrechtlichen Vorrangs der Verpflichtungen aufgrund der UN-Charta, insbesondere derjenigen in Bezug auf die Umsetzung der Resolutionen des Sicherheitsrats nach Kapitel VII der UN-Charta, ist in den Verträgen der Europäischen Union nicht manifestiert.

Durch die Unionsgerichte muss im Einklang mit den Befugnissen, die ihnen aufgrund der Verträge der Europäischen Union zustehen, eine grundsätzlich umfassende Kontrolle der Rechtmäßigkeit sämtlicher Handlungen der Union gewährleistet sein. Das gilt auch in Bezug auf diejenigen Handlungen der Union, durch die wie durch die betreffende Verordnung Resolutionen des Sicherheitsrats nach Kapitel VII der UN-Charta umgesetzt werden sollen. Nach alledem ist die Verordnung vollständig prüfbar, da es keinen Vorrang der Resolution gegenüber dem Primärrecht der Europäischen Union gibt (C-402/05 P und C-415/05 P, vgl. Rn 283–285, 299, 303–304, 306–308, 326)." (zum Ganzen EuGH Verbundene Rechtssachen C 402/05 P und C-415/05 P sowie Gemeinsamer Standpunkt 2002 402/GASP und VO EG Nr. 881/2002).

Nochmals: Das Verhältnis der EU zu den Vereinten Nationen ist ein anderes als das Verhältnis der BRD zur EU. Prüft das BVerfG ein nationales Gesetz, welches auf der 1:1-Umsetzung einer Richtlinie der EU beruht, verwirft (Feststellung) es das Gesetz zumindest nicht aufgrund nationaler Grundrechte, soweit durch die EU-GR-Charta hinreichender Grundrechtsschutz besteht (Anwendungsvorrang, wobei das BVerfG im Rahmen der Entscheidung zum TKG insoweit inkonsequent geprüft hat; BVerfG, Beschluss vom 24.1.2012 – 1 BvR 1299/05). Das liegt daran, dass auf die EU als supranationale Einrichtung Hoheitsgewalt übertragen worden ist. Im Verhältnis eines Unionsrechtsaktes, in dem der Inhalt einer Resolution der UN wiedergegeben wird, prüft und verwirft der EuGH den Unionsrechtsakt vollständig, weil die UN auf besonderem Völkerrecht beruht, jedoch nicht als supranationale Einrichtung einzustufen ist.

3. Vereinbarkeit mit Unionsgrundrechten und der Europäischen Menschenrechtskonvention

---

Der Anwendungsbereich der EU-GR-Charta gemäß Art. 51 Abs. 1 S. 1 EU-GR-Charta als primäres Unionsrecht (Art. 6 Abs. 1 EUV) ist nach dem EuGH insoweit weit auszulegen, als mitgliedstaatliches Handeln in den Geltungsbereich des Unionsrechts fällt (in allen unionsrechtlich geregelten Fallgestaltungen im gesamten Geltungsbereich des Unionsrechts; EuGH Rs. C-617/10 [Äckberg Fransson] vom 26. 2. 2013).

Die Entscheidung des EuGH ist grundlegend, weil die EU-GR-Charta nach dem EuGH nunmehr nicht nur bei Unionsakten bzw. der 1:1-Umsetzung anwendbar ist, sondern darüber hinaus z. B. auch im Geltungsbereich der Grundfreiheiten. Insoweit wären nationale Grundrechte in ihrem Anwendungsbereich massiv eingeschränkt, soweit das BVerfG bei der Solange-Rechtsprechung bleibt, die es vereinzelt bereits von der Prüfungsebene auf die Verwerfungsebene verlagert hat. Denkbar erscheint auch eine Ultra-vires-Kontrolle durch das BVerfG, wobei fraglich ist, inwieweit das BVerfG dem EuGH im Rahmen einer Vorlage nach Art. 267 AEUV die Möglichkeit zur Selbstkorrektur einräumen wird.

Materiell könnte die Verordnung mit der EU-Grundrechte-Charta bzw. der Europäischen Menschenrechtskonvention unvereinbar sein. Während die EU-Grundrechte-Charta gemäß Art. 6 Abs. 1 EUV als den Verträgen gleichrangig eingestuft ist und daher als primäres Unionsrecht Maßstab für die Verordnung ist, besteht auf die Europäische Menschenrechtskonvention kein Verweis, sondern sie gilt gemäß Art. 6 Abs. 3 EUV für die Europäische Union zunächst nur als allgemeiner Grundsatz, wenngleich die Europäische Union der Europäischen Menschenrechtskonvention i.S.d. Art. 6 Abs. 2 EUV beitreten wird.

Nochmals: Die EMRK ist gemäß Art. 6 Abs. 3 EUV nicht als primäres Unionsrecht einzustufen, sodass sie nicht eigenständig gleichrangig neben der EU-GR-Charta gilt.

Die EU-Grundrechte-Charta ist gemäß Art. 52 Abs. 3 EU-GR-Charta i.S.d. Europäischen Menschenrechtskonvention und gemäß Art. 52 Abs. 4 EU-GR-Charta i.S.d. nationalen Grundrechte auszulegen.

a) Art. 17 EU-GR-Charta

Fraglich ist, ob durch den Erlass der Verordnung in das durch die EU-Grundrechte-Charta in Art. 17 EU-GR-Charta geschützte Eigentum ungerechtfertigt eingegriffen worden ist.

aa) Schutzbereich

Der Schutzbereich des Art. 17 Abs. 1 EU-GR-Charta kann eröffnet sein. Dazu muss die EU-Grundrechte-Charta anwendbar sein. Die EU-Grundrechte-Charta gilt gemäß Art. 51 Abs. 1 EU-GR-Charta für die Organe und Einrichtungen der Union unter Einhaltung des Subsidiaritätsprinzips und für Mitgliedstaaten ausschließlich bei der Durchführung des Rechts der Union, wobei gemäß Art. 51 Abs. 2 EU-GR-Charta weder neue Zuständigkeiten noch neue Aufgaben für die Union begründet werden. Auch die in den Verträgen festgelegten Zuständigkeiten und Aufgaben werden durch die EU-Grundrechte-Charta nicht geändert. Bei der Verordnung der Europäischen Union handelt es sich um einen Unionsakt, sodass die EU-Grundrechte-Charta anwendbar ist.

Das Eigentum ist ähnlich wie im nationalen Recht dahingehend zu definieren, dass Chancen, Hoffnungen und Erwartungen durch Art. 17 Abs. 1 S. 1 EU-GR-Charta nicht geschützt werden, Erworbenes und konkrete Eigentumspositionen als Bestand hingegen geschützt sind. Wenngleich das Eigentum national in der Bundesrepublik Deutschland einfachgesetzlich definiert ist, ist es auf Unionsebene zumindest zusätzlich direkt in Art. 17 Abs. 1 EU-GR-Charta definiert und kann darüber hinaus gemäß Art. 17 Abs. 1 S. 3 EU-GR-Charta gesetzlich geregelt werden.

Die Unionsgrundrechte sind vergleichbar den nationalen Grundrechten auszulegen, da die EU-GR-Charta maßgeblich durch deutsche Juristen – insbesondere durch den ehemali-gen Bundespräsidenten Roman Herzog – geprägt worden ist.

Zwar ist das Vermögen als solches im Hinblick auf z. B. Zahlungspflichten grundsätzlich nicht als Eigentum geschützt, jedoch ist das anders, wenn eine umfassende Zugriffsverweigerung bezüglich des Vermögens sowie auf Sachgüter bzw. Tiere, welche Sachen gleichgestellt sind, besteht. Der sachliche Schutzbereich ist eröffnet. Gleiches gilt für den persönlichen Schutzbereich, da von der unmittelbar in den Mitgliedstaaten geltenden Verordnung diverse natürliche Personen auf dem Gebiet der Mitgliedstaaten bzw. Unionsbürger betroffen sind. Der Schutzbereich des Art. 17 Abs. 1 S. 1 EU-GR-Charta ist eröffnet.

bb) Eingriff

Der Eingriff in Art. 17 Abs. 1 S. 1 EU-GR-Charta ist durch den Erlass der Verordnung erfolgt, durch welche die Möglichkeit des Einfrierens der Konten sowie des Zugriffes auf Pferde bestimmter Personen gesetzlich geschaffen und damit das Eigentum einschränkend definiert wird.

cc) Rechtfertigung
Der Eingriff kann gerechtfertigt sein.

So wie im nationalen Recht bei der Prüfung eines Gesetzes das Gesetz selbst bei der Rechtfertigung im Rahmen eines grundrechtlichen Gesetzesvorbehaltes zu nennen ist, muss auf der Unionsebene auf der Rechtfertigungsebene beim Gesetzesvorbehalt im Rahmen der Prüfung eines Gesetzgebungsaktes der Union der Gesetzgebungsakt (z. B. Verordnung) selbst genannt werden.

---

(1) Gesetzesvorbehalt
Eingriffe in die europäischen Grundrechte sind gemäß Art. 52 Abs. 1 S. 1 EU-GR-Charta nur gerechtfertigt, soweit sie gesetzlich vorgesehen sind, wobei sie gemäß Art. 52 Abs. 1 S. 2 EU-GR-Charta am Grundsatz der Verhältnismäßigkeit als Schranken-Schranke im Rahmen der Wechselwirkung der Grundrechte zu gegenläufigen gleichrangigen oder übergeordneten Prinzipien zu messen sind.

Ergänzt bzw. überlagert wird der in Art. 52 Abs. 1 S. 1 EU-GR-Charta enthaltene Gesetzesvorbehalt durch die zum Teil speziellere Regelung in Art. 17 Abs. 1 S. 2 EU-GR-Charta, in welcher vorgegeben ist, dass eine Regelung des Eigentums für das Wohl der Allgemeinheit erforderlich sein muss.

Die Verordnung i.S.d. Art. 288 Abs. 2 AEUV ist im ordentlichen Gesetzgebungsverfahren i.S.d. Art. 289 Abs. 3 AEUV erlassen worden und als Gesetzgebungsakt einzustufen, sodass die Voraussetzungen für die Rechtfertigung insoweit erfüllt sind.

(2) Verhältnismäßigkeit
Die Verordnung muss bezüglich des Art. 17 Abs. 1 S. 1 EU-GR-Charta verhältnismäßig sein. *„Der Grundsatz der Verhältnismäßigkeit ergibt sich als Schranken-Schranke im Rahmen der Wechselwirkung aus dem Grundrecht bzw. aus Art. 52 Abs. 1 S. 2 EU-GR-Charta. Nach diesem Grundsatz muss ein grundrechtsverkürzendes Gesetz geeignet und erforderlich sein, um den erstrebten Zweck zu erreichen. Ein Gesetz ist geeignet, wenn mit seiner Hilfe der erstrebte Erfolg gefördert werden kann; es ist erforderlich, wenn der Gesetzgeber nicht ein anderes gleich wirksames, aber das Grundrecht nicht oder weniger stark einschränkendes Mittel hätte wählen können. Bei der Beurteilung der Eignung und Erforderlichkeit des gewählten Mittels zur Erreichung der erstrebten Ziele sowie bei der in diesem Zusammenhang vorzunehmenden Einschätzung und Prognose der dem Einzelnen oder der Allgemeinheit drohenden Gefahren steht dem Gesetzgeber auf Unionsebene ebenso wie dem nationalen Gesetzgeber ein Beurteilungsspielraum zu, welcher je nach der Eigenart*

des maßgeblichen auf die Union im Rahmen der begrenzten Einzelermächtigung übertragenen Sachbereichs, den Möglichkeiten, sich ein hinreichend sicheres Urteil zu bilden, und der auf dem Spiel stehenden Rechtsgüter nur in begrenztem Umfang gerichtlich überprüft werden kann. Ferner muss bei einer Gesamtabwägung im Rahmen der Verhältnismäßigkeit im engen Sinne zwischen der Schwere des Eingriffs und dem Gewicht sowie der Dringlichkeit der ihn rechtfertigenden Gründe die Grenze der Zumutbarkeit für die Adressaten des Verbots gewahrt sein. Durch die Maßnahme dürfen die Adressaten nicht übermäßig belastet werden." (BVerfGE 123, 267; 30, 292; 90, 145)

(a) Verfassungsrechtlich legitimer Zweck

Es muss mit der Verordnung ein legitimer Zweck verfolgt werden, wobei ein solcher Zweck wegen der weiten Einschätzungsprärogative des Gesetzgebers auf Unionsebene im Bereich der im Rahmen der begrenzten Einzelermächtigung auf die Union übertragenen Hoheitsgewalt lediglich nicht willkürlich sein darf. Der Zweck, der mit der Verordnung erfüllt werden soll, ist die Förderung der Terrorismusbekämpfung und damit der Schutz natürlicher Personen sowie staatlicher und ziviler Einrichtungen – somit also ein friedliches Zusammenleben in einer demokratisch und freiheitlich organisierten Gesellschaft. Dies ist kein willkürliches Anliegen, sondern aus den unter anderem in Art. 2 EUV enthaltenen Grundprinzipien der Europäischen Union, welche sich insbesondere aus den Verfassungsüberlieferungen der Mitgliedstaaten ergeben, abgeleitet. Ein legitimer Zweck besteht.

(b) Eignung

Die Verordnung muss im Hinblick auf den verfolgten Zweck geeignet sein. Es muss also der gewünschte Erfolg gefördert werden (BVerfGE 96, 10, 23; 67, 157, 173). Dabei genügt es auf Gesetzesebene, wenn die abstrakte Möglichkeit der Zweckerreichung besteht (BVerfGE 100, 313, 373). Der Zweck der Terrorismusbekämpfung wird durch die Verordnung jedenfalls gefördert, sodass die Verordnung zur Förderung des Zwecks geeignet ist.

(c) Erforderlichkeit

Die mittels der Verordnung getroffene Regelung darf nicht über das zur Verfolgung ihres Zweckes notwendige Maß hinaus-, also nicht weitergehen, als der mit ihr intendierte Schutzzweck reicht (BVerfGE 79, 179, 198; 100, 226, 241; 110, 1, 28). Es darf zur Erreichung des Zwecks kein gleich geeignetes milderes Mittel ersichtlich sein. Zwar sind andere Möglichkeiten denkbar, Terrorismusbekämpfung zu be-treiben, jedoch ist die Verringerung finanzieller Spielräume für Terroristen effektiv nur denkbar, wenn Zugriffsmöglichkeiten auf im Ausland befindliche Gelder und Sachgüter abgeschafft werden. Auch eine namentliche Nennung der Terroristen ist effektiver als z. B. eine anonyme Terroristenverfolgung. Bei Berücksichtigung der Einschätzungsprärogative des Unionsgesetzgebers ist kein milderes gleich geeignetes Mittel zur Erreichung des Zwecks ersichtlich. Es war erforderlich, die Verordnung zu schaffen.

(d) Verhältnismäßigkeit i. e. S. (Disproportionalität)

Der Erlass der Verordnung darf nicht unverhältnismäßig im engen Sinne, also nicht disproportional zum angestrebten Zweck sein und somit nicht in einem erheblichen Missverhältnis dazu stehen. Voraussetzung für die Verhältnismäßig-keit i. e. S. ist es, dass der Eingriff in angemessenem Verhältnis zu dem Gewicht und der Bedeutung des Grundrechts steht.

„Durch die Bedeutung der Ziele, die mit einem Unionsakt verfolgt wer-den, können erhebliche negative Konsequenzen für bestimmte Wirtschaftsteilneh-mer gerechtfertigt werden, darunter auch für solche, die für die Situation, die zum Erlass der betreffenden Maßnahmen geführt hat, nicht verantwortlich sind, gleich-wohl aber unter anderem in ihren Eigentumsrechten berührt sind.

Angesichts eines für die Völkergemeinschaft derart grundlegenden Ziels wie des mit allen Mitteln gemäß der UN-Charta geführten Kampfes gegen die Bedrohungen, die durch terroristische Handlungen auf dem Weltfrieden und der internationalen Sicherheit lasten, kann das Einfrieren von Geldern, Finanzvermögen und anderen wirtschaftlichen Ressourcen der Personen sowie Sachwerten wie Pferden, die der Sicherheitsrat oder der Sanktionsausschuss als mit terroristischen Netzwerken verbunden identifiziert hat, nicht als unangemessen oder unverhältnismäßig an-gesehen werden.

Insoweit handelt es sich bei den Restriktionen, die mit der Verordnung über die Anwendung bestimmter spezifischer restriktiver Maßnahmen gegen bestimmte Personen und Organisationen, die mit terroristischen Netzwerken in Verbindung stehen, verhängt werden, um Beschränkungen des Eigentumsrechts, die grund-sätzlich gerechtfertigt werden können.

Allerdings muss in den anwendbaren Verfahren der betroffenen Person oder Organisation eine angemessene Gelegenheit geboten werden, ihr Anliegen den zu-ständigen Stellen vorzutragen, wie es in Art. 1 des Zusatzprotokolls Nr. 1 zur Euro-päischen Menschenrechtskonvention vorgesehen ist. Insbesondere zufällig betrof-fenen Dritten muss die Möglichkeit eröffnet sein, eventuelle Fehler bei zuständigen Stellen zu rügen und zu berichtigen.

Deshalb stellen die Restriktionen, welche durch die Verordnung für eine Person oder Organisation durch ihre Aufnahme in die Liste erfolgen, eine ungerechtfertigte Beschränkung ihres Eigentumsrechts dar, da die Verordnung erlassen worden ist, ohne der betreffenden Person oder Organisation irgendeine Garantie zu geben, dass sie ihr Anliegen den zuständigen Stellen vortragen kann, und dies in einer Situation, in der die Beschränkung ihrer Eigentumsrechte im Hinblick auf die umfassende Geltung und effektive Dauer der gegen sie verhängten Restriktionen als erheblich betrachtet werden muss (C-402/05 P und C-415/05 P, vgl. Rn 361, 363, 366, 368 – 370)." (zum Ganzen EuGH Verbundene Rechtssachen C 402/05 P und C-415/05 P sowie Gemeinsamer Standpunkt 2002 402/GASP und VO EG Nr. 881/2002).

dd) Zwischenergebnis

Durch den Erlass der Verordnung wurde unverhältnismäßig in das durch Art. 17 Abs. 1 EU-GR-Charta geschützte Eigentum eingegriffen.

b) Justizielle Grundrechte

Die Verordnung kann zudem mit justiziellen Grundrechten auf Unionsebene unvereinbar sein, die im Verhältnis zu Art. 17 EU-GR-Charta in Idealkonkurrenz stehen.

In Betracht kommt zunächst Art. 47 EU-GR-Charta, weil nach dieser Norm ein Recht auf einen wirksamen Rechtsbehelf und ein unparteiisches Gericht besteht. Auch Normen aus der Europäischen Menschenrechtskonvention sind maßgeblich.

Gemäß Art. 6 Abs. 3 EUV gilt die Europäische Menschenrechtskonvention als allgemeiner Grundsatz auf Unionsebene, sodass die Europäische Menschenrechtskonvention für Unionsrechtsakte als Auslegungshilfe maßgeblich ist. Die Verordnung kann mit dem in den Artt. 6 Abs. 1, 3 EMRK, 13 EMRK enthaltenen Grundsatz des fairen Verfahrens unvereinbar sein. Nach einem etwaigen Beitritt der Europäischen Union als supranationale Einrichtung zur Europäischen Menschenrechtskonvention folgt die Bindung der Unionsorgane und der Mitgliedstaaten an die Europäische Menschenrechtskonvention auch aus Art. 216 Abs. 2 AEUV.

aa) Schutzbereichseingriff Art. 47 EU-GR-Charta

Mittels der Verordnung kann ungerechtfertigt das Recht auf einen wirksamen Rechtsbehelf gemäß Art. 47 Abs. 1, 2 EU-GR-Charta i.V.m. Art. 6 Abs. 1 EUV verletzt worden sein. Ein Schutzbereichseingriff kann erfolgt sein. Der Schutzbereichseingriff ist erfolgt, soweit jemand mittels eines Unionsaktes in seinen in der EU-Grundrechte-Charta garantierten Freiheitsrechten beschränkt wird, ohne dass ein wirksamer Rechtsbehelf zu seinen Gunsten besteht.

Durch die Verordnung wird der Zugriff auf das Eigentum bestimmter Personen ermöglicht, ohne dass sie mittels einer objektiven Prüfung effektiv Individualrechtsschutz verlangen können, da der benannte Rechtsschutz untauglich war. Ein Schutzbereichseingriff ist erfolgt.

bb) Rechtfertigung

Ein Eingriff in das Recht auf einen wirksamen Rechtsbehelf aus Art. 47 Abs. 1, 2 EU-GR-Charta i.V.m. Art. 6 Abs. 1 EUV ist nur mittels eines Gesetzgebungsaktes i.S.d. Art. 52 Abs. 1 S. 1 EU-GR-Charta und des Grundsatzes der Verhältnismäßigkeit i.S.d. Art. 52 Abs. 1 S. 2 EU-GR-Charta zu rechtfertigen. Der Gesetzgebungsakt ist die Verordnung. Die dort enthaltenen Regelungen müssten hinsichtlich der betroffenen Rechte verhältnismäßig sein.

(1) Europäische Menschenrechtskonvention als Auslegungshilfe

Die Europäische Menschenrechtskonvention ist gemäß Art. 6 Abs. 3 EUV als Auslegungsmaßstab für das Unionsrecht maßgeblich.

(a) Schutzbereichseingriff Artt. 6 Abs. 1, 3 EMRK, 13 EMRK i.V.m. Art. 6 Abs. 3 EUV

Mittels der Verordnung kann ungerechtfertigt das Recht auf einen wirksamen Rechtsbehelf gemäß den Artt. 6 Abs. 1, 3 EMRK, 13 EMRK i.V.m. Art. 6 Abs. 3 EUV verletzt worden sein. Insoweit ist die Europäische Menschenrechtskonvention nicht als primäres Unionsrecht den Rechten aus der EU-Grundrechte-Charta gleichgestellt mit der Folge, dass sie vom Gerichtshof der Europäischen Union zwar geprüft wird, jedoch nur mittelbar im Rahmen der EU-Grundrechte-Charta sowie der unter anderem in Art. 2 EUV verankerten rechtsstaatlichen Grundlagen berücksichtigt wird. Ein Schutzbereichseingriff kann erfolgt sein. Der Schutzbereichseingriff ist jedenfalls dann erfolgt, wenn jemand von einem Unionsakt in seinen in der EU-Grundrechte-Charta garantierten Freiheitsrechten beschränkt wird, ohne dass ein wirksamer Rechtsbehelf bzw. eine wirksame Beschwerde zu seinen Gunsten besteht.

Durch die Verordnung wird der Zugriff auf das Eigentum bestimmter Personen ermöglicht, ohne dass sie mittels einer objektiven Prüfung Individualrechtsschutz verlangen können, da der benannte Rechtsschutz untauglich war. Somit besteht

keine Möglichkeit eines fairen Verfahrens, sodass ein Schutzbereichseingriff in
Art. 6 Abs. 1, 3 EMRK i.V.m. Art. 6 Abs. 3 EUV erfolgt ist.

(b) Rechtfertigung

Der Eingriff in die sich aus Art. 6 Abs. 1, 3 EMRK i.V.m. Art. 6 Abs. 3 EUV ergebenden Rechte, welche zumindest mittelbar im Unionsrecht zu berücksichtigen
sind, kann nur i.S.d. Art. 18 EMRK durch vorgesehene Rechtseinschränkungen in
den übrigen Normen, im Notstandsfall i.S.d. Art. 15 Abs. 1 EMRK oder durch gegenläufige schutzwerte gleichrangige Rechte bzw. Rechtsgüter erfolgen, wenngleich diese Einschränkungen und Schranken in einem Gesetzgebungsakt enthalten und verhältnismäßig sein müssen.

Der Gesetzgebungsakt ist auch insoweit die Verordnung. Die dort enthaltenen
Regelungen müssten auch bezüglich der Europäischen Menschenrechtskonvention verhältnismäßig sein, sodass bezüglich der EU-Grundrechte-Charta und der
Europäischen Menschenrechtskonvention ein einheitlicher Verhältnismäßig-
keitsmaßstab gilt.

(2) Verfassungsrechtlich legitimer Zweck

Es muss mit der Verordnung ein legitimer Zweck verfolgt werden, wobei ein solcher Zweck wegen der weiten Einschätzungsprärogative des Gesetzgebers auf
Unionsebene im Bereich der im Rahmen der begrenzten Einzelermächtigung auf
die Union übertragenen Hoheitsgewalt lediglich nicht willkürlich sein darf. Der
Zweck, der mit der Verordnung erfüllt werden soll, ist die Förderung der Terrorismusbekämpfung und damit der Schutz natürlicher Personen sowie staatlicher
und ziviler Einrichtungen – somit also ein friedliches Zusammenleben in einer
demokratisch und freiheitlich organisierten Gesellschaft. Dies ist kein willkürliches Anliegen, sondern aus den unter anderem in Art. 2 EUV enthaltenen
Grundprinzipien der Europäischen Union, welche sich insbesondere aus den
Verfassungsüberlieferungen der Mitgliedstaaten ergeben, abgeleitet. Ein legitimer
Zweck besteht.

(3) Eignung

Die Verordnung muss im Hinblick auf den verfolgten Zweck geeignet sein. Es muss
also der gewünschte Erfolg gefördert werden (BVerfGE 96, 10, 23; 67, 157, 173).
Dabei genügt es auf Gesetzesebene, wenn die abstrakte Möglichkeit der Zweckerreichung besteht (BVerfGE 100, 313, 373). Der Zweck der Terrorismusbekämp-

fung wird durch die Verordnung jedenfalls gefördert, sodass die Verordnung zur Förderung des Zwecks geeignet ist.

(4) Erforderlichkeit

Die mittels der Verordnung getroffene Regelung darf nicht über das zur Verfolgung ihres Zweckes notwendige Maß hinaus-, also nicht weitergehen, als der mit ihr intendierte Schutzzweck reicht (BVerfGE 79, 179, 198; 100, 226, 241; 110, 1, 28). Es darf zur Erreichung des Zwecks kein gleich geeignetes milderes Mittel ersichtlich sein. Zwar sind andere Möglichkeiten denkbar, Terrorismusbekämpfung zu betreiben, jedoch ist die Verringerung finanzieller Spielräume für Terroristen effektiv nur denkbar, wenn Zugriffsmöglichkeiten auf im Ausland befindliche Gelder abgeschafft werden, zumal auch die Pferde als Sachgüter im weitesten Sinne der Terrorismusförderung dienen. Eine namentliche Nennung der Terroristen ist effektiver als z. B. eine anonyme Terroristenverfolgung. Bei Berücksichtigung der Einschätzungsprärogative des Unionsgesetzgebers ist kein milderes gleich geeignetes Mittel zur Erreichung des Zwecks ersichtlich. Es war erforderlich, die Verordnung zu schaffen.

(5) Verhältnismäßigkeit i. e. S. (Disproportionalität)

Der Erlass der Verordnung darf nicht unverhältnismäßig im engen Sinne, also nicht disproportional zum angestrebten Zweck sein und somit nicht in einem erheblichen Missverhältnis dazu stehen. Voraussetzung für die Verhältnismäßigkeit i. e. S. ist es, dass der Eingriff in angemessenem Verhältnis zu dem Gewicht und der Bedeutung des Grundrechts steht.

Zunächst ist in der Verordnung weder ein Rechtsbehelf noch eine Kontrollinstanz vorgesehen, sodass kein Individualrechtsschutz vorgesehen ist. Grund für die Verordnung sind zwar legitime Sicherheitsinteressen, Geheimhaltung und Effektivität, jedoch sind nicht einmal Härtefälle wie z. B. Namensverwechslungen berücksichtigt worden – unabhängig von der Geheimhaltung der Methode zur Namensgewinnung.

„Die Verteidigungsrechte, insbesondere der Anspruch auf rechtliches Gehör, sind offenkundig nicht gewahrt, da weder in der Verordnung noch im gemeinsamen Standpunkt, auf den in der Verordnung verwiesen wird, eine Anhörung – sei es gleichzeitig mit ihrer Aufnahme oder im Anschluss daran – vorgesehen ist. Zudem ist nicht geregelt, dass der Rat den Betroffenen die ihnen zur Last gelegten Umstände mitzuteilen hat, mit denen die gegen sie verhängten Restriktionen begründet werden. Zudem wird den Betroffenen nicht das Recht gewährt, innerhalb einer angemessenen Frist nach Anordnung der betreffenden Maßnahmen Auskunft über diese

Umstände zu erhalten (C-402/05 P und C-415/05 P, vgl. Rn 334, 338 – 339, 341 – 342, 345, 348).

Der Grundsatz des effektiven gerichtlichen Rechtsschutzes ist ein allgemeiner Grundsatz des Unionsrechts, der sich aus den gemeinsamen Verfassungsüberlieferungen der Mitgliedstaaten ergibt und in den Artt. 6, 13 EMRK enthalten ist – ebenso in Art. 47 EU-GR-Charta.

Die Erfüllung der Verpflichtung zur Mitteilung der Gründe, auf denen die Aufnahme des Namens einer Person oder einer Organisation in die Liste beruht, die durch den Anhang I der Verordnung über die Anwendung bestimmter spezifischer restriktiver Maßnahmen gegen bestimmte Personen und Organisationen, die mit terroristischen Vereinigungen in Verbindung stehen, gebildet wird, ist sowohl erforderlich, um es den Adressaten der Restriktionen zu ermöglichen, ihre Rechte unter den bestmöglichen Bedingungen zu verteidigen und in Kenntnis aller Umstände zu entscheiden, ob es für sie von Nutzen ist, den Unionsrichter anzurufen, als auch, um den Unionsrichter vollständig in die Lage zu versetzen, die ihm aufgrund der Verträge der Union obliegende Kontrolle der Rechtmäßigkeit des jeweiligen Unionsrechtsakts auszuüben.

Da die betreffenden Personen und Organisationen somit nicht über die ihnen zur Last gelegten Umstände unterrichtet werden, können sie in Anbetracht des Zusammenhangs zwischen den Verteidigungsrechten und dem Recht auf effektiven gerichtlichen Rechtsschutz ihre Rechte bezüglich der genannten Umstände auch vor dem Unionsrichter nicht unter zufrieden stellenden Bedingungen verteidigen, und dieser ist nicht in der Lage, die Rechtmäßigkeit der genannten Verordnung zu prüfen, soweit sie diese Personen oder Organisationen betrifft, sodass eine Verletzung des Rechts auf effektiven gerichtlichen Rechtsschutz erfolgt ist (C-402/05 P und C-415/05 P, vgl. Rn 335 – 337, 349, 351). Nach alledem sind die durch die Verordnung erfolgten Eingriffe unverhältnismäßig." (EuGH Verbundene Rechtssachen C 402/05 P und C-415/05 P sowie Gemeinsamer Standpunkt 2002 402/GASP und VO EG Nr. 881/2002).

IV. Rechtsfolge

Die Rechtsfolge wäre grundsätzlich eine Erklärung des Europäischen Gerichtshofes, dass die Verordnung nichtig ist, es sei denn, es wird für notwendig gehalten, sie übergangsweise vollständig oder teilweise fortgelten zu lassen. „*Würde diese Verordnung mit sofortiger Wirkung für nichtig erklärt, könnte dadurch die Wirksamkeit der Restriktionen, die mit der Verordnung verhängt werden und für deren Umsetzung die Union zu sorgen hat, schwer und irreversibel beeinträchtigt werden, da in dem Zeitraum bis zu ihrer möglichen Ersetzung durch eine neue Verordnung die Rechtsmittelführer Maßnahmen treffen könnten, mit denen ein weiteres Einfrieren ihrer Gelder verhindert werden soll. Unter diesen Umständen sind in sachgerechter Anwendung des Art. 264 Abs. 2 AEUV die Wirkungen der betreffenden Verordnung, soweit sie die Rechtsmittelführer betrifft, für einen Zeitraum von höchstens drei Monaten ab dem Tag der Verkündung des Urteils aufrechtzuerhalten (C-402/05 P und C-415/05 P, vgl. Rn 373 – 374, 376)."* (zum Ganzen EuGH Verbundene Rechtssachen C 402/05 P und C-415/05 P sowie Gemeinsamer Standpunkt 2002 402/GASP und VO EG Nr. 881/2002).

V. Zwischenergebnis

Die Verordnung ist nicht mit den Artt. 6, 13 EMRK, Art. 17, 47 EU-GR-Charta vereinbar, wird aber vorübergehend aufrechterhalten werden. Der Antrag ist begründet.

C. Ergebnis

Das Gericht wird die Verordnung für nichtig erklären und die Wirkung der Entscheidung gemäß Art. 264 Abs. 2 AEUV auf einen künftigen Zeitpunkt beziehen.

2. Komplex: Einstweiliger Rechtsschutz

Da durch eine Klage auf Unionsebene gemäß Art. 278 S. 1 AEUV keine aufschiebende Wirkung herbeigeführt wird, ist in Art. 278 S. 2 AEUV vorgesehen, dass der Europäische Gerichtshof die Durchführung der angefochtenen Handlung aussetzen kann, wenn er dies nach den Umständen für nötig hält. (siehe Schema 5)

Der Erlass einstweiliger Anordnungen ist in Art. 279 AEUV geregelt und ist unter den prozessualen Voraussetzungen der Hauptsache zuzüglich der Eilbedürftigkeit zulässig.

Eine Aussetzung der Zwangsvollstreckung ist in Art. 299 Abs. 4 AEUV geregelt und zulässig, soweit die Hauptsache anhängig ist und ein unmittelbarer Zusammenhang zur Hauptsache besteht. Eine Antragsfrist ist nicht einzuhalten und alle potentiellen Antragsberechtigten der Hauptsache sind antragsbefugt. Der Antrag i.S.d. Art. 299 Abs. 4 AEUV ist begründet, soweit glaubhaft gemacht wird, dass die Anordnung zur Vermeidung eines schweren und irreparablen Schadens unter Abwägung der Rechte dringend erforderlich ist und die Hauptsache hinreichend erfolgversprechend ist.

Vorläufiger Rechtsschutz EU-Ebene

1. Aussetzung der Durchführung angefochtener Handlungen (Art. 278 S. 2 AEUV)

2. Erlass einstweiliger Anordnungen (Art. 279 AEUV)

3. Aussetzung der Zwangsvollstreckung (Art. 299 IV AEUV)

>zulässig, wenn Hauptsache anhängig; unmittelbarer Zusammenhang zur Hauptsache; keine Antragsfrist; alle potentiellen Klageberechtigten der Hauptsache sind antragsbefugt

>begründet, wenn glaubhaft gemacht, dass Anordnung zur Vermeidung schweren und irreparablen Schadens unter Abwägung der Rechte dringend erforderlich ist und die Hauptsache hinreichend erfolgversprechend ist

Schema 5

3. Komplex: Beteiligung des Bundestages

Im Zusammenhang mit dem Inkrafttreten des Vertrages von Lissabon ist auf Bundesebene das Integrationsverantwortungsgesetz erlassen worden, in welchem gemäß § 1 IntVG Vorgaben bezüglich der Integrationsverantwortung bezüglich des Unionsrechts stehen.

Gemäß § 13 Abs. 1 IntVG muss der Bundestag von der Bundesregierung über die vom Integrationsverantwortungsgesetz erfassten Angelegenheiten informiert werden. Gemäß § 8 IntVG darf der deutsche Vertreter im Rat dem Erlass von Vorschriften im Rahmen des Art. 352 AEUV nur zustimmen, soweit er durch ein formelles Gesetz i.S.d. Art. 23 Abs. 1 GG dazu ermächtigt worden ist.

Fall 3:
„Ist das Bier oder kann das wech?"

Schwerpunkte: Vorlageverfahren gemäß Art. 267 AEUV und Art. 100 GG, Grundfreiheiten, Warenverkehrsfreiheit, Dassonville- und Keck-Formel, Ungeschriebene Rechtfertigungsgründe (Cassis-Rechtsprechung), Inländerdiskriminierung

1. 1. Komplex

In der Bundesrepublik Deutschland gilt das Reinheitsgebot. Der Terminus Reinheitsgebot wird seit dem 20. Jahrhundert dahingehend definiert, dass Bier nur Hopfen, Malz, Hefe und Wasser enthalten soll. Das Reinheitsgebot ist auf verschiedene – zum Teil jahrhundertealte – gesetzliche Regelungen zurückzuführen – insbesondere auf die bayerische Landesordnung aus dem Jahr 1516 sowie auf das deutsche Biersteuergesetz aus dem Jahr 1923. Derzeit gilt das Vorläufige Biergesetz (Bundesgesetz):

2. § 9 VorlBierG

(1) Zur Bereitung von untergärigem Bier darf [...] nur Gerstenmalz, Hopfen, Hefe und Wasser verwendet werden. [...]

(5) An Stelle von Hopfen dürfen bei der Bierbereitung auch Hopfenpulver oder Hopfen in anderweit zerkleinerter Form oder Hopfenauszüge verwendet werden, sofern diese Erzeugnisse den nachstehenden Anforderungen entsprechen:

1. Hopfenpulver und anderweit zerkleinerter Hopfen sowie Hopfenauszüge müssen ausschließlich aus Hopfen gewonnen sein.
2. Hopfenauszüge müssen
   a) die beim Sudverfahren in die Bierwürze übergehenden Stoffe des Hopfens oder dessen Aroma- und Bitterstoffe in einer Beschaffenheit enthalten, wie sie Hopfen vor oder bei dem Kochen in der Bierwürze aufweist,
   b) den Vorschriften des Lebensmittelrechts entsprechen.

Die Hopfenauszüge dürfen der Bierwürze nur vor Beginn oder während der Dauer des Würzekochens beigegeben werden.

https://doi.org/10.1515/9783110624120-003

3. § 11 VorlBierG

(2) Die in § 9 Abs. 5 aufgeführten Hopfenerzeugnisse dürfen nur von Herstellern oder Einführern in Verkehr gebracht werden, denen von der für die Überwachung des Verkehrs mit Lebensmitteln zuständigen Behörde die Erlaubnis zum Inverkehrbringen dieser Erzeugnisse erteilt worden ist. Die Erlaubnis ist Herstellern oder Einführern zu versagen, die

1. nicht die erforderliche persönliche Zuverlässigkeit besitzen,
2. nicht nach den Grundsätzen ordnungsmäßiger kaufmännischer Buchführung Aufzeichnungen machen und
3. sich nicht verpflichtet haben, ihre Erzeugnisse nach näherer Weisung der zuständigen Behörde auf ihre Kosten daraufhin untersuchen zu lassen, ob sie den in § 9 Abs. 5 Nr. 1 und 2 aufgeführten Anforderungen entsprechen.

Die Erlaubnis ist zurückzunehmen, wenn nachträglich bekannt wird, dass bei ihrer Erteilung Versagungsgründe nach Satz 2 Nr. 1 vorlagen; sie ist zu widerrufen, wenn nachträglich Tatsachen eintreten, welche die Versagung der Erlaubnis nach Satz 2 rechtfertigen würden.

(3) Auf den Behältnissen, in denen die Hopfenerzeugnisse in Verkehr gebracht werden, müssen in deutlich lesbarer, unverwischbarer Schrift der Name und der Sitz des Herstellers, bei eingeführten Erzeugnissen auch des Einführers, sowie die Herkunft, die Sorte und der Jahrgang des zur Herstellung verwendeten Hopfens angegeben sein.

4. § 12 VorlBierG

Auf die Überwachung der Einhaltung der Vorschriften dieses Gesetzes und der aufgrund dieses Gesetzes erlassenen Rechtsverordnungen finden die §§ 40 bis 46 des Lebensmittel- und Bedarfsgegenständegesetzes Anwendung.

5. § 18 VorlBierG

(1) Ordnungswidrig handelt, wer vorsätzlich oder fahrlässig

1. andere als die nach § 9 zulässigen Stoffe zur Bereitung von Bier verwendet oder dem fertigen, zum Absatz bestimmten Bier zusetzt oder
2. entgegen § 9 Abs. 5 letzter Satz zulässige Hopfenauszüge dem Bier oder der Bierwürze nach Abschluss des Würzekochens beigibt.

(2) Die Ordnungswidrigkeit kann mit einer Geldbuße bis zu zehntausend Euro geahndet werden.[...]

Der Belgier B stellt in jahrzehntelanger Tradition Bier in Belgien her und möchte sein Produkt nunmehr auch in Deutschland verkaufen. Sein Bier enthält neben Hopfen, Malz, Hefe und Wasser auch weitere Zusätze (Algen). Eine Erfüllung des Versagungstatbestandes des § 11 Abs. 2 S. 2 VorlBierG ergibt sich aus der Beifügung der Zusätze aber nicht. Der von ihm verwendete Hopfen wird während der Produktion in Pulverform hinzugefügt. Eine Umstellung seiner Produktionsweise zur Erfüllung der deutschen Auflagen in Form des Reinheitsgebots ist ihm nach erfolgter Kalkulation zu teuer.

Er beabsichtigt, sein Bier dennoch nach Deutschland zu importieren und wandte sich bezüglich der grundsätzlich erforderlichen Erlaubnis, das Bier auch in Deutschland verkaufen zu dürfen, an die zuständige Behörde. Er erstrebte nicht die Erteilung der Erlaubnis, sondern wollte sich lediglich informell vergewissern, dass er die Erlaubnis nicht benötige und er an das VorlBierG nicht gebunden sei, zumal eine Befreiungsnorm zu diesem Zeitpunkt nicht bestand. Die zuständige Landesbehörde teilt ihm in einem mit der Überschrift „Feststellender Verwaltungsakt" versehenen Schreiben nach erfolgter Anhörung mit, dass er exakt einer solchen Erlaubnis bedürfe, wie sie im VorlBierG geregelt ist. Diese – dies wird in der Begründung des Bescheides beiläufig mitgeteilt, ohne dass es im Bescheid tenoriert wird – werde ihm, selbst wenn er sie beantragen würde, nicht erteilt werden, da er unzuverlässig sei. Die Unzuverlässigkeit bestünde, weil er – das trifft zu – sich keinesfalls an das „deutsche Reinheitsgebot" halten wird und seinem Bier Hopfenpulver sowie Algen zusetzt, um es unter Umständen wie in Belgien als „Anti-Aging-Bier" zu verkaufen.

B meint, dass das VorlBierG in einem vereinten Europa als Handelshemmnis nicht bestehen dürfe. So sind die deutschen Produzenten an die Begebenheiten sehr gut angepasst, während Importeuren aus anderen Mitgliedstaaten der Markteintritt faktisch erschwert werde.

Wird B mit der beim örtlich zuständigen Verwaltungsgericht erhobenen Klage gegen die seitens der Behörde ausgesprochene Feststellung erfolgreich sein, wenn ein ordnungsgemäßes Vorverfahren durchgeführt worden und die Klage eine Woche nach Erhalt des Widerspruchsbescheides erhoben worden ist?

6. 2. Komplex

Es sei unterstellt, dass die Klage des B erfolgreich war.

Nach Rechtskraft des Urteils regelt der Gesetzgeber einen Befreiungstatbestand im VorlBierG:

7. § 11 VorlBierG

[...]

(7) Auf Antrag kann im einzelnen Fall zugelassen werden, dass bei der Bereitung von besonderen Bieren und von Bier, das zur Ausfuhr oder zu wissenschaftlichen Versuchen bestimmt ist, von den Abs. 1 und 2 abgewichen wird.

[...]

Einige Jahre später möchte der in Deutschland ansässige und ausschließlich in Deutschland verkaufende A ein untergäriges Schwarzbier in den Verkehr bringen. Nach erfolgter Filtrierung setzt er dem Bier aus geschmacklichen Gründen Invertzuckersirup sowie – wie sein Konkurrent B – Algen und Hopfenpulver zu. Es wird auf dem Etikett als „Anti-Aging-Bier" bezeichnet und mit folgendem Text beschrieben: „Anti-Aging-Bier soll einen kleinen Beitrag zu Ihrem Wohlbefinden leisten ..."

A meint, dass bezüglich seines Produktes der Befreiungstatbestand des § 11 Abs. 7 VorlBierG als „besonderes Bier" erfüllt sei. Denn sonst könne B in Belgien sein Bier panschen, wie er wolle, während er sich an strenge Auflagen halten müsse. Deshalb sei er in seiner Berufsfreiheit eingeschränkt und diskriminiert. Sein Antrag auf Zulassung des Schwarzbieres als Befreiung wird von der Behörde dennoch zurückgewiesen. Die Erlaubnis zum Inverkehrbringen wird ihm versagt. Er sei – so wie seinerzeit B – unzuverlässig, weil er andere Zusatzstoffe als die in § 9 Abs. 5 VorlBierG vorgesehenen verwende.

Ist die seitens des A zulässig und bei Erfüllung aller Sachurteilsvoraussetzungen erhobene Verpflichtungsklage auf Erteilung einer Erlaubnis begründet, wenn A zunächst einen Antrag bei der zuständigen Behörde gestellt hatte?

8. Bearbeitungsvermerk

Soweit für die Beantwortung der beiden Fragen eine Vorlage beim Gerichtshof der Europäischen Union oder beim Bundesverfassungsgericht maßgeblich ist, sind die jeweiligen prozessualen Voraussetzungen zu prüfen. Unterstellen Sie, dass unionsrechtlich gegebenenfalls noch keine gefestigte Rechtsprechung des Gerichtshofes der Europäischen Union besteht. In § 26 Abs. 1, 2 BierStG (Bundesgesetz) bzw. in den dazugehörigen Durchführungsbestimmungen ist eine Regelung über die Unterrichtung des Verbrauchers bei bestimmten Bieren auch insoweit enthalten, als es vom Fass ausgeschenkt wird. Gehen Sie davon aus, dass nationale Behörden auch gegenüber ausländischen Personen agieren dürfen, soweit diese in der Bundesrepublik Deutschland tätig werden. Prüfen Sie keine zivilrechtlichen wettbewerbsrechtlichen Ansprüche. Ein Widerspruchsverfahren ist im Bundesland B nicht entbehrlich. Sollte es der Anwendung eines Verwaltungsverfahrensgesetzes bedürfen, ist das Verwaltungsverfahrensgesetz des Bundes anzuwenden.

9. § 4 AG VwGO (Ausführungsgesetz zur VwGO des Bundeslandes B)
(1) Fähig, am Verfahren beteiligt zu sein, sind auch Behörden.

(2) Die Klage ist gegen die Behörde zu richten, die den angefochtenen Verwaltungsakt erlassen bzw. den beantragten Verwaltungsakt unterlassen hat.

10. Vertiefung
VG Frankfurt Oder (7. 2. 2008 – 4 k 455/04); „Acte-clair-Doktrin"; CILFIT-Kriterien zur Rechtfertigung einer Nichtvorlage i.S.d. Art. 267 AEUV; EuGH Rs. 283/81, Urteil vom 6. 10. 1982, Slg. 1982, 3415, Rz. 16, CILFIT; EuGH Rs. 7/68, Urteil vom 10. 12. 1968; Slg. 1968, S. 633, „Kunstschätze I"; EuGH Rs. 8/74, Urteil vom 11. 7. 1974, Slg. 1974, 837, „Dassonville"; EuGH Rs. C-267 u. 268/91, Urteil vom 24. 11. 1993, Slg. 1993, I-6097, „Keck"; EuGH, Rs. 120/78, Urteil vom 20. 2. 1979, Slg. 1979, 649, Rz. 14, „Cassis-de-Dijon"; EuGH, Rs. 178/84, Urteil vom 12. 3. 1987, Slg. 1987, 1227, Rz. 30, 35 – 37, „Reinheitsgebot für Bier"; EuGH Rs. C-617/10 [Äckberg Fransson] vom 26. 2. 2013.

Gliederung

Lösungsvorschlag

Die folgende Lösung ist als Lösungsvorschlag zu verstehen und ausführlicher, als es in der Klausurbearbeitung verlangt werden kann. Aufgrund der wissenschaftlichen Freiheit können andere Lösungswege vertreten werden, soweit sie dogmatisch begründbar sind. Die Nachweise aus Rechtsprechung und Literatur sowie die das Verständnis fördernden Randbemerkungen sind in der Examensklausur auszusparen. Die Abkürzung „Alt." steht für Alternativfall, nicht für Alternative.

1. Komplex: Klage des B

Die Klage des B hat jedenfalls Erfolg, soweit die Sachurteilsvoraussetzungen erfüllt sind und die Klage zulässig sowie begründet ist.

Hinweis: Andere Aufbauvarianten werden vertreten (z. B. dreistufig oder Prüfung des Verwaltungsrechtsweges als Untergliederungspunkt der Zuständigkeit des Gerichts). Derartige Aufbauvarianten sind aber mit § 17a Abs. 2 GVG bzw. mit der Überschrift des 6. Abschnitts der VwGO sowie mit § 83 VwGO unvereinbar und daher bei exakter dogmatischer Zuordnung der Prüfungspunkte nicht zu empfehlen. Die Verwendung der Überschrift „Sachurteilsvoraussetzungen" anstelle der Überschrift „Zulässigkeit" ist unter anderem sinnvoll, weil nach § 63 Nr. 3 VwGO auch der Beigeladene zu den Beteiligten gehört, das Fehlen einer notwendigen Beiladung i.S.d. § 65 Abs. 2 VwGO aber nur dazu führt, dass das Urteil keine materielle Rechtskraft entfaltet.

A. Sachurteilsvoraussetzungen

Die Sachurteilsvoraussetzungen können erfüllt sein.

I. Rechtsweg

Der Verwaltungsrechtsweg kann mangels aufdrängender Sonderzuweisung gemäß der Generalklausel des § 40 Abs. 1 S. 1 VwGO eröffnet sein, soweit keine abdrängende Sonderzuweisung besteht. Gegebenenfalls wird ein Verweisungsbeschluss i.S.d. § 17a Abs. 2 S. 1 GVG i.V.m. § 173 VwGO gefasst werden. Der Verwaltungsrechtsweg ist demnach jedenfalls eröffnet, wenn durch die streitentscheidende öffentlich-rechtliche Norm ein Hoheitsträger einseitig berechtigt oder verpflichtet wird bzw. wenn aufgrund typisch hoheitlichen Handelns zwischen den mutmaßlichen Beteiligten ein Subordinationsverhältnis besteht.

Als streitentscheidende Norm kommt § 11 Abs. 2 S. 1 VorlBierG in Betracht. Zudem hat die zuständige Behörde gegenüber B unter Umständen mittels eines „feststellenden Verwaltungsaktes" zu dessen Ungunst gehandelt, sodass ein Subordinationsverhältnis besteht. Da sich nicht Verfassungsorgane über Verfassungsrecht streiten und somit keine doppelte Verfassungsunmittelbarkeit besteht, ist die Streitigkeit nicht verfassungsrechtlicher Art. Der Verwaltungsrechtsweg ist somit gemäß § 40 Abs. 1 S. 1 VwGO eröffnet, da auch eine abdrängende Sonderzuweisung nicht ersichtlich ist.

II. Zuständigkeit

Das Verwaltungsgericht ist gemäß § 45 VwGO als Eingangsinstanz für den Streit über den von der zuständigen Behörde der Bundesrepublik Deutschland erlassenen Bescheid sachlich zuständig, soweit die Voraussetzungen abweichender Regelungen wie z.B. die §§ 47, 50 VwGO etwa bei besonderen Verfahren nicht erfüllt sind. Das Verwaltungsgericht ist mangels anderweitiger Anhaltspunkte auch örtlich i.S.d. § 52 VwGO zuständig, sodass kein Verweisungsbeschluss gemäß § 17a Abs. 2 GVG i.V.m. § 83 VwGO gefasst werden wird.

III. Beteiligte

B und die zuständige Landesbehörde können Beteiligte des Verfahrens sein. Beteiligte sind nach § 63 Nr. 1, 2 VwGO unter anderem der Kläger und der Beklagte, beteiligungsfähig nach § 61 Nr. 1 Alt. 1, 2 VwGO natürliche und juristische Personen. Behörden sind im Bundesland B nach § 61 Nr. 3 VwGO i.V.m. § 4 Abs. 1 AG VwGO beteiligungsfähig. Als Kläger ist gemäß § 61 Nr. 1 Alt. 1 VwGO B als natürliche Person beteiligungsfähig. B ist gemäß § 62 Abs. 1 Nr. 1 VwGO mangels gegenteiliger Anhaltspunkte prozessfähig.

Beklagte ist die zuständige Landesbehörde, welche zum Bundesland B als Gebietskörperschaft des öffentlichen Rechts gehört. Sie ist gemäß den §§ 63 Nr. 2, 61 Nr. 3 VwGO i.V.m. § 4 Abs. 1 AG VwGO beteiligungs- und mangels Anhaltspunkten bezüglich des jeweils für die Behörde handelnden Organwalters gemäß § 62 Abs. 3, Abs. 1 Nr. 1 VwGO prozessfähig.

IV Statthafte Klageart

Die statthafte Klageart richtet sich i.S.d. § 88 VwGO nach dem klägerischen Begehren unter Berücksichtigung des Anwendungsvorrangs maßnahmespezifischer Rechtsschutzformen und des rechtsstaatlichen Grundsatzes der Effektivität des Rechtsschutzes. Dem klägerischen Begehren entspricht i. d. R. die effektivste Klageart, also nach Möglichkeit die Anfechtungsklage gemäß § 42 Abs. 1 Alt. 1 VwGO als Gestaltungsklage der Verwaltungsgerichtsordnung, es sei denn, es gibt einen ausdrücklichen Antrag, der nicht überschritten werden darf. Voraussetzung der Anfechtungsklage ist, dass der Kläger die Aufhebung eines gegenwärtig wirkenden Verwaltungsaktes erstrebt. Ein Verwaltungsakt ist gemäß § 35 S. 1 VwVfG jede Verfügung, Entscheidung oder andere hoheitliche Maßnahme, die eine Behörde zur Regelung eines Einzelfalls auf dem Gebiet des öffentlichen Rechts trifft und die auf unmittelbare Rechtswirkung nach außen gerichtet ist.

Als Verwaltungsakt kommt die gegenüber B erfolgte verbindliche Feststellung in Betracht, dass er wie alle anderen Bierverkäufer eine Erlaubnis benötige. Zwar ist das Schreiben der Behörde im Einzelfall des B auf Außenwirkung gerichtet, jedoch fehlt möglicherweise dessen Regelungswirkung. Seitens der Behörde wird möglicherweise nur der Gesetzestext des § 11 VorlBierG wiederholt. Wäre das Schreiben der Behörde derart einzuordnen, würde die Regelungswirkung fehlen, weil sich die Notwendigkeit der Erlaubnis für B direkt aus dem Gesetz ergäbe. Maßgeblich ist jedoch, dass die zuständige Behörde verbindlich im Einzelfall feststellt, dass B eine Erlaubnis benötigt. Es erfolgt eine für B verbindliche Subsumtion. Zudem hat sich die Behörde an der Form ihres Handelns messen zu lassen, damit der Bürger i.S.d. Artt. 19 Abs. 4, 20 Abs. 3 GG effektiven Rechtsschutz betreiben kann. Die Behörde hat entsprechend der Überschrift ihres Schreibens von der ihr zugewiesenen Handlungsform des Verwaltungsaktes Gebrauch gemacht, sodass ihr Handeln nach alledem als Verwaltungsakt einzuordnen ist, gegen den die Anfechtungsklage i.S.d. § 42 Abs. 1 Alt. 1 VwGO als Klageart statthaft ist.

Die Abgrenzung schlichten Verwaltungshandelns zum feststellenden Verwaltungsakt ist regelmäßig problematisch und in beide Richtungen vertretbar. Eindeutige Indizien für einen feststellenden Verwaltungsakt sind die Bezeichnung durch die Behörde und die Verbindlichkeit der Feststellung.

V. Besondere Sachurteilsvoraussetzungen
Die besonderen Sachurteilsvoraussetzungen können erfüllt sein.

1. Besondere Prozessführungsbefugnis
Besonders prozessführungsbefugt ist gemäß § 78 Abs. 1 Nr. 2 VwGO i.V.m. § 4 Abs. 2 AG VwGO die zuständige Behörde des Bundeslandes B.

2. Klagebefugnis
B muss klagebefugt sein. Die Klagebefugnis nach § 42 Abs. 2 VwGO setzt die Möglichkeit der Verletzung eines subjektiven Rechts voraus. Subjektive Rechte werden aus Sonderrechtsbeziehungen, einfachen Gesetzen, subsidiär aus Grundrechten abgeleitet, wobei jedenfalls aufgrund des weiten Schutzbereiches des Art. 2 Abs. 1 GG bei unmittelbaren Grundrechtseingriffen für das subjektive Recht direkt auf Grundrechte abgestellt werden kann. B kann als Adressat des für ihn nachteiligen deklaratorischen Verwaltungsaktes in seinen Grundrechten bzw. Grundfreiheiten verletzt sein.

a) Warenverkehrsfreiheit
Ergänzend zu etwaigen Eingriffen in nationale Grundrechte, die durch die Grundfreiheiten trotz des sich aus dem jeweiligen Zustimmungsgesetz zur Übertragung der Hoheitsgewalt auf die Europäische Union i.V.m. Art. 23 Abs. 1 GG bzw. aus dem in den Verträgen verankerten Grundsatz des effet utile ergebenden Anwendungsvorrangs des Unionsrechts mangels Überschneidung nicht verdrängt sind, besteht die Möglichkeit, dass B in der auch auf ihn bezogenen Warenverkehrsfreiheit i.S.d. Art. 34 AEUV verletzt worden ist, denn das Vertragsrecht – auch Art. 34 AEUV – stellt primäres Unionsrecht dar, welches gegenüber den Bürgern unmittelbar anwendbar ist, wobei die grenzüberschreitend geltenden Grundfreiheiten subjektive Rechte für den Einzelnen enthalten.

b) EU-Grundrechte-Charta

Der Anwendungsbereich der EU-GR-Charta gemäß Art. 51 Abs. 1 S. 1 EU-GR-Charta als primäres Unionsrecht (Art. 6 Abs. 1 EUV) ist nach dem EuGH insoweit weit auszulegen, als mitgliedstaatliches Handeln in den Geltungsbereich des Unionsrechts fällt (in allen unionsrechtlich geregelten Fallgestaltungen im gesamten Geltungsbereich des Unionsrechts; EuGH Rs. C-617/10 [Äckberg Fransson] vom 26. 2. 2013).

Die Entscheidung des EuGH ist grundlegend, weil die EU-GR-Charta nach dem EuGH nunmehr nicht nur bei Unionsakten bzw. der 1:1-Umsetzung anwendbar ist, sondern darüber hinaus z. B. auch im Geltungsbereich der Grundfreiheiten. Insoweit wären nationale Grundrechte in ihrem Anwendungsbereich massiv eingeschränkt, soweit das BVerfG bei der Solange-Rechtsprechung bleibt, die es vereinzelt bereits von der Prüfungsebene auf die Verwerfungsebene verlagert hat. Denkbar erscheint auch eine Ultra-vires-Kontrolle durch das BVerfG, wobei fraglich ist, inwieweit das BVerfG dem EuGH im Rahmen einer Vorlage nach Art. 267 AEUV die Möglichkeit zur Selbstkorrektur einräumen wird.

Eine Möglichkeit der Verletzung der unternehmerischen Freiheit des B aus den Artt. 15, 16 EU-GR-Charta als wegen des Verweises in Art. 6 Abs. 1 EUV einzustufendes primäres Unionsrecht könnte bestehen. Zwar gilt die EU-Grundrechte-Charta gemäß Art. 51 Abs. 1 S. 1 EU-GR-Charta nur für die Organe und Einrichtungen der Union unter Einhaltung des Subsidiaritätsprinzips und für Mitgliedstaaten ausschließlich bei der Durchführung des Rechts der Union, wobei gemäß Art. 51 Abs. 2 EU-GR-Charta weder neue Zuständigkeiten noch neue Aufgaben für die Union begründet werden. Jedoch ist fraglich, wie die Durchführung des Rechts der Union zu verstehen ist. Bei weiter Auslegung der „Durchführung" wäre jedes mitgliedstaatliche Handeln im gesamten Geltungsbereich des Unionsrechts z. B. auch im weiten Geltungsbereich der Grundfreiheiten erfasst (vgl. EuGH Rs. C-617/10 [Äckberg Fransson] vom 26.2.2013). Bei einer derart weiten Auslegung würde der Europäischen Union durch die Rechtsprechung des Gerichtshofes der Europäischen Union allerdings eine Kompetenz-Kompetenz über den in Art. 51 Abs. 2 EU-GR-Charta geregelten Bereich hinaus zugesprochen werden mit der Folge, dass das Bundesverfassungsgericht im Rahmen der Ultravires-Kontrolle – unter Umständen nach einer Vorlage beim Gerichtshof der Europäischen Union gemäß Art. 267 AEUV zwecks einer Selbstkorrektur – auf die nationalen Grundrechte abstellen würde. Somit kann die EU-Grundrechte-Charta gemäß Art. 51 Abs. 1 S. 1 EU-GR-Charta nicht bei jedem unionsrechtlichen Bezug angewendet werden, sondern nur, soweit es um Unionsakte, eine Eins-zu-eins-Umsetzung des Unionsrechts oder eine Konstellation geht, die zumindest einen erheblichen Bezug zum Unionsrecht aufgrund dortiger Regelungen hat. Die gegenüber B ausgesprochene verbindliche Feststellung, er benötige eine Erlaubnis, ist auf das VorlBierG als ausschließlich nationales Recht zurückzuführen und somit nicht Ausprägung des Unionsrechts mit der Folge, dass nicht die Möglichkeit besteht, dass B in seiner unternehmerischen Freiheit i.S.d. Artt. 15, 16 EU-GR-Charta verletzt ist.

c) Art. 12 GG

Es ist vertretbar, nur die Grundfreiheit beim subjektiven Recht zu benennen, wobei dies bei nationalen Rechtssetzungsakten in der Praxis unüblich ist, weshalb die nationalen Grundrechte zumindest ergänzend geprüft werden sollten. Dogmatisch ist es wegen des Anwendungsvorrangs des Unionsrecht präzise, das Unionsrecht vor den nationalen Grundrechten zu prüfen, wenn-gleich eine praxisorientierte Lösung, in welcher primär auf nationale Grundrechte abgestellt wird, vertretbar erscheint.

Jedenfalls kann die Möglichkeit einer Grundrechtsverletzung für B bezüglich dessen Berufsfreiheit i.S.d. Art. 12 Abs. 1 GG bestehen, denn B wird durch den deklaratorischen Verwaltungsakt benachteiligt. Die Berufsfreiheit aus Art. 12 Abs. 1 GG ist allerdings ein „Deutschengrundrecht". B ist hingegen Belgier und damit EU-Ausländer, also kein Deutscher. Insofern könnte Art. 12 Abs. 1 GG europarechtskonform i.S.d. Art. 18 AEUV dahingehend weit auszulegen sein, dass auch EU-Ausländer Deutsche i.S.d. Grundgesetzes sind. Da eine unionsrechts-konforme Auslegung des Grundgesetzes mangels Übertragung von Verfassungs-gewalt auf die Europäische Union nicht möglich ist, ist B auch mittels einer unionsrechtskonformen Auslegung nicht als Deutscher i.S.d. Art. 12 Abs. 1 GG einzustufen. Hinzu kommt, dass eine Auslegung methodisch durch den Wortlaut begrenzt ist. Eine Auslegung des Wortes „Deutscher" i.S.d. Diskriminierungsver-botes gemäß Art. 18 Abs. 1 AEUV ist jedoch nicht möglich, sodass sich aus dem Anwendungsvorrang des Unionsrechts – unabhängig davon, ob dieser aus Art. 4 Abs. 3 EUV i.S.d. effet utile oder aus dem Zustimmungsgesetz mit dem jeweiligen Akt zur Übertragung der Hoheitsgewalt in Verbindung mit Art. 23 Abs. 1 GG ab-geleitet wird – nur die Möglichkeit der Nichtanwendung des nationalen Rechts ergeben kann. Der Terminus des Unionsbürgers kann jedoch nicht in die Ver-fassung hineingelesen werden, da eine Änderung des Grundgesetzes in die Kompetenz des nationalen Gesetzgebers fällt und mangels diesbezüglicher Kompetenz der Europäischen Union nicht auf den Anwendungsvorrang des Unionsrechts zurückgeführt werden kann. Es besteht daher nicht die Möglichkeit, dass B in Art. 12 Abs. 1 GG verletzt ist.

d) Art. 2 Abs. 1 GG

Als Auffanggrundrecht mit einem weiten Schutzbereich ist jedoch Art. 2 Abs. 1 GG für B mit dem gleichen Prüfungsmaßstab wie Art. 12 Abs. 1 GG anwendbar. Un-abhängig davon, ob durch Art. 2 Abs. 1 GG die allgemeine Handlungsfreiheit, ein unbenanntes Freiheitsrecht oder der Persönlichkeitskern geschützt wird, ist der Beruf des B jedenfalls auch vom gegenüber der allgemeinen Handlungsfreiheit engeren Maßstab eines erweiterten Persönlichkeitskerns sowie vom Schutzbereich des Art. 12 Abs. 1 GG als besonderes Freiheitsrecht erfasst. Auf eine genaue Bestimmung des Schutzbereiches des Art. 2 Abs. 1 GG kommt es daher nicht an. Es besteht jedenfalls die Möglichkeit, dass B in seiner Berufsfreiheit i.S.d. Art. 2 Abs. 1 GG verletzt ist.

Um eine unionsrechtskonforme Auslegung des Grundgesetzes zu vermeiden, ist anstelle der Anwendung des Art. 12 Abs. 1 GG auf Unionsbürger Art. 2 Abs. 1 GG bei Unionsbürgern eigenständig weit auszulegen, ohne dogmatisch eine unionsrechtskonforme Auslegung vorzunehmen.

---

3. Vorverfahren
Ein Vorverfahren gemäß den §§ 68 ff. VwGO ist im Bundesland B grundsätzlich nicht gemäß § 68 Abs. 1 S. 2 VwGO in Verbindung mit dem Landesrecht entbehrlich, jedoch ist das Widerspruchsverfahren seitens des B ordnungsgemäß durchgeführt worden.

4. Klagefrist
Die Klagefrist von einem Monat gemäß § 74 Abs. 1 S. 1 VwGO seit Zustellung des Widerspruchsbescheides ist eingehalten worden, da B bereits eine Woche nach Zustellung des Widerspruchsbescheides die Klage erhoben hat.

VI. Zwischenergebnis
Die Sachurteilsvoraussetzungen sind erfüllt und die Klage des B ist zulässig.

B. Begründetheit

Die Klage des B ist gemäß § 113 Abs. 1 S. 1 VwGO begründet, soweit der Verwaltungsakt rechtswidrig und der Kläger dadurch in seinen Rechten verletzt ist. Das Fachgericht kann gemäß Art. 267 Abs. 2 AEUV dem Gerichtshof der Europäischen Union vorlegen, wenn eine Unionsrechtswidrigkeit eines für die Entscheidung maßgeblichen sekundären Unionsrechtsaktes ersichtlich ist oder die Auslegung des primären Unionsrechts für die Entscheidung maßgeblich ist, ohne dass sich das Fachgericht der Rechtslage z. B. wegen eindeutiger Rechtsprechung des Gerichtshofes der Europäischen Union im Klaren ist, sodass es nationales Recht i.S.d. Anwendungsvorrangs des Unionsrechts – unabhängig davon, ob dieser sich aus dem jeweiligen Zustimmungsgesetz zur Übertragung der Hoheitsgewalt auf die Europäische Union i.V.m. Art. 23 Abs. 1 GG bzw. aus dem in den Verträgen verankerten Grundsatz des effet utile ergibt – anwendet oder nicht anwendet (vgl. EuGH Rs. 106/77, Slg. 1978, 629, Rz. 21/23, 24, Simmenthal II). Das letztinstanzliche Fachgericht ist gemäß Art. 267 Abs. 3 AEUV sogar zur Vorlage verpflichtet, wobei unabhängig von der Instanz eine Auslegungsvorlage bezüglich des primären Unionsrechts gemäß Art. 267 Abs. 1 lit. a AEUV oder eine Gültigkeits- oder Aus-legungsvorlage bezüglich sekundären Unionsrechts gemäß Art. 267 Abs. 1 lit. b AEUV möglich ist.

Sollte ein den Abwehranspruch hinderndes Tatbestandsmerkmal der Rechtsgrundlage oder ein im Tatbestand der maßgeblichen Rechtsgrundlage zu berücksichtigendes Gesetz verfassungswidrig sein, wird das Verwaltungsgericht das Verfahren aussetzen und das Gesetz – soweit es sich um ein formelles nachkonstitutionelles Gesetz handelt – dem Bundesverfassungsgericht gemäß Art. 100 Abs. 1 GG vorlegen, welches insoweit die alleinige Verwerfungskompetenz hat, wobei das Verwaltungsgericht im Rahmen seiner Prüfungskompetenz mittels einer Gesetzesanwendung die Entscheidungserheblichkeit festzustellen hätte.

Vorlagen zum Gerichtshof der Europäischen Union bzw. zum Bundesverfas-sungsgericht können aufgrund des jeweils maßgeblichen Erfordernisses der Entscheidungserheblichkeit nur erfolgen, soweit der Klage nicht bereits im Rah-men der Gesetzesanwendung stattzugeben ist.

Es kommen sowohl eine Vorlage beim EuGH i.S.d. Art. 267 AEUV als auch eine Vorlage beim BVerfG nach Art. 100 Abs. 1 GG in Betracht, wobei Art. 267 AEUV wegen des Anwendungsvorrangs des Unionsrechts primär zu erörtern ist, zumal bezüglich des Unionsrechts insoweit eine „ein-geschränkte Verwerfungskompetenz" des Fachgerichts besteht, als es das nationale Recht bei eindeutiger Rechtslage wegen des Anwendungsvorrangs des Unionsrechts ohne Vorlage nicht anwenden kann. Jedenfalls bezüglich nationaler nachkonstitutioneller Gesetze besteht hingegen eine alleinige Verwerfungskompetenz des BVerfG, sodass insoweit eine Vorlagepflicht für das Fachgericht besteht.

Rechtsschutz vor europäischen Gerichten (EuG/EuGH)

Vertragsverletzungsverf. (Art. 258 ff. AEUV)	Nichtigkeitsklage (Art. 263 AEUV)	Vorabentscheidung (Art. 267 AEUV)
Gegenstand: Maßnahmen von **Mitgliedstaaten**, die uU gegen Unionsrecht verstoßen	Gegenstand: Maßnahmen der **EU**, die uU gegen höherrangiges Unionsrecht verstoßen	Gegenstand: Auslegung von Primärrecht, Gültigkeit und Auslegung von Sekundärrecht
Kläger: Kommission (258 AEUV) oder Mitgliedstaat (259 AEUV)	Kläger: MS, EP, Rat, Kommission (privilegiert); EZB, Rechnungshof (bei eigenen Rechten); natürl./jur. Pers. (Beschluss/(Schein)VO)	vorlageberechtigt: nationale Gerichte bei Entscheidungserheblichkeit
Tenor: Feststellung der Vertragsverletzung (260 AEUV)	Tenor: Nichtigerklärung (264 AEUV) >263 II: privilegierter Kläger >263 III: minderprivilegierter Kläger >263 IV: nichtprivilegierter Kläger Unterfall:Untätigkeitsklage (265 AEU)	vorlageverpflichtet: letztinstanzliche Gerichte Tenor: Beantwortung der Fragen

Schema 6

Bezüglich eines prozessualen Aufbaus ist in Art. 100 Abs. 1 GG vorgegeben, dass es zu-nächst einer Gesetzesanwendung (Wortlautlösung) bedarf, bevor die Verfassungsgemäßheit der Norm geprüft wird, weil die Entscheidungserheblichkeit festzustellen ist. Lediglich bei einem materiellen Aufbau kann die Verfassungsmäßigkeit des Gesetzes vor der Subsumtion unter den Wortlaut der Norm geprüft werden. Milderes Mittel gegenüber der Verwerfung (Feststellung der Nichtigkeit) ist jeweils die verfassungskonforme Auslegung. Bezüglich des Unionsrechts kann dessen Erörterung aufgrund des Anwendungsvorrangs des Unionsrechts und der sich daraus ergebenden „eingeschränkten Verwerfungskompetenz" bereits im Rahmen der Gesetzesanwendung zu erörtern sein.

Vorabentscheidung (Art. 267 AEUV)

A: Zulässigkeit
I. Zuständigkeit EUGH (enumerativ; 267 AEUV)
II. Verfahrensabhängige Voraussetzungen
1. Vorlageberechtigung
>mitgliedstaatliche Gerichte (Art. 267 II AEUV)
>eigenständige, unabhängige Einrichtung; gesetz-
liche Grundlage; Zuständigkeit für Entscheidungen
mit Rechtssprechungscharakter und transparente
Verfahrensvorschriften
2. Vorlagefrage (Art. 267 I AEUV)
>Auslegung Verträge; Gültigkeit und Auslegung
von Handlungen der Organe, Einrichtungen und
sonstigen Stellen der Union
3. Entscheidungserheblichkeit(Art. 267 II AEUV)
4. Vorlagerecht/-pflicht (Art. 267 III AEUV)
>Vorlagerecht nach EuGH bei Gültigkeitsfragen
unionsrechtlicher Normen eingeschränkt (Pflicht,
da Verwerfungsmonopol des EuGH)
5. Frist
>keine Frist
III. Allgemeines Rechtsschutzbedürfnis
>allg. RsB fehlt, wenn Nichtigkeitsklage möglich,
aber Frist iSd Art. 263 VI AEUV abgelaufen _und_
Nichtigkeitsklage offensichtlich unzulässig

B: Begründetheit
>bei Norm (ex tunc + erga omnes); Auslegung
(auslegendes Gericht ist gebunden, ebenso alle sich
mit der Rechtssache befassenden Gerichte; bei
Abweichung in anderen Fällen unterinstanzlich Abweichung mit hohem Begründungsaufwand möglich,
bei letztinstanzlichen Gerichten nur nach erneuter
Vorlage)

Schema 7

I. Entscheidungserheblichkeit

B wird mit seiner Klage jedenfalls Erfolg haben, soweit der Verwaltungsakt schon im Rahmen der Gesetzesanwendung in Form einer Wortlautlösung rechtswidrig und er dadurch in seinen Rechten verletzt ist. Eine Entscheidungserheblichkeit würde bezüglich der Vorlage beim Gerichtshof der Europäischen Union fehlen.

1. Rechtsgrundlage

Als Rechtsgrundlage kann § 11 Abs. 2 S. 1 VorlBierG maßgeblich sein. Zwar ist in § 11 Abs. 2 S. 1 VorlBierG keine Handlungsbefugnis zugunsten der Behörde enthalten, jedoch ist insoweit die Erlaubnispflicht für Hersteller und Einführer solcher Erzeugnisse, wie sie in § 9 Abs. 5 VorlBierG genannt sind, geregelt. Fraglich ist, ob eine derartige Regelung für die Qualifizierung als Rechtsgrundlage hinreichend ist. Je wesentlicher die Grundrechte des jeweils Betroffenen beeinträchtigt werden, desto höher sind die Anforderungen an die Rechtsgrundlage. Unabhängig davon, in welche Grundrechte des Klägers B mittels des deklaratorischen Verwaltungsaktes eingegriffen worden sein könnte, ist die Regelungswirkung des Rechtssetzungsaktes jedenfalls gering, da lediglich eine verbindliche Subsumtion bezüglich der sich bereits gesetzlich ergebenden Belastung erfolgt. Die Anforderungen an eine Rechtsgrundlage für belastende Verwaltungsakte sind somit gering, sodass – falls keine spezielle Grundlage besteht – die Norm mit dem Inhalt einer Erlaubnispflicht für die verbindliche Feststellung derselben hinreichend ist. § 11 Abs. 2 S. 1 VorlBierG ist die maßgebliche Rechtsgrundlage.

2. Voraussetzungen

Die Voraussetzungen können erfüllt sein.

a) Formelle Voraussetzungen

Der gegenüber B ausgesprochene deklaratorische Verwaltungsakt ist von der zuständigen Behörde nach erfolgter Anhörung i.S.d. § 28 Abs. 1 VwVfG schriftlich i.S.d. § 37 Abs. 2 S. 1 VwVfG erlassen worden, sodass die formellen Voraussetzungen erfüllt sind.

b) Materielle Voraussetzungen

Materiell bedarf es gemäß § 11 Abs. 2 S. 1 VorlBierG einer Erlaubnis, soweit ein Hopfenerzeugnis i.S.d. § 9 Abs. 5 VorlBierG in den Verkehr gebracht werden soll. Genehmigungsbedürftig ist insoweit ein Erzeugnis, dem i.S.d. § 9 Abs. 5 Nr. 1 VorlBierG Hopfenpulver hinzugefügt wird. B fügt seinem Gebräu nicht nur Aromastoffe hinzu, sondern auch Hopfenpulver, sodass sein Erzeugnis gemäß § 11 Abs. 2 S. 1 VorlBierG i.V.m. § 9 Abs. 5 Nr. 1 VorlBierG zumindest genehmigungsbedürftig ist. Aus der Zufügung der weiteren Zusätze in Form der Algen ergibt sich nicht die Erfüllung eines Versagungstatbestandes gemäß § 11 Abs. 2 S. 2 VorlBierG. Die materiellen Voraussetzungen sind erfüllt.

3. Rechtsfolge

Da eine ausdrückliche Handlungsbefugnis in § 11 Abs. 2 S. 1 VorlBierG nicht enthalten und wegen des eindeutigen Tatbestandes bezüglich des Genehmigungserfordernisses grundsätzlich nicht erforderlich ist, besteht bezüglich der Entschließung Ermessen, einen deklaratorischen Verwaltungsakt zu erlassen. Eine Ermessensreduktion auf Null ist insoweit nicht erkennbar – ebenso wie ein Ermessensausfall. Eine Ermessensüberschreitung aufgrund unionsrechtlicher Grenzen wäre erfolgt, falls die Unionsrechtslage z. B. aufgrund einer Entscheidung des Gerichtshofes der Europäischen Union oder der Kommission eindeutig wäre (vgl. EuGH, Urteil vom 20.3. 1997 – Rs. C-24/95; Land Rheinland-Pfalz/Alcan Deutschland GmbH). Eine Entscheidung der Kommission bzw. des Gerichtshofes der Europäischen Union dahingehend, dass die Praxis zum deutschen Reinheitsgebot unionsrechtswidrig ist, ist ebenso wenig ersichtlich wie ein Ermessensfehlgebrauch. Mangels Ermessensfehlern ist der gegenüber B verfügte deklaratorische Verwaltungsakt bei einer Gesetzesanwendung im Sinne einer Wortlautlösung rechtmäßig.

II. Vorabentscheidung und Anwendungsvorrang des Unionsrechts

Unabhängig davon, ob der Anwendungsvorrang des Unionsrechts sich aus dem jeweiligen Zustimmungsgesetz zur Übertragung der Hoheitsgewalt auf die Europäische Union i.V.m. Art. 23 Abs. 1 GG bzw. aus dem in den Verträgen verankerten Grundsatz des effet utile ergibt und das Fachgericht die Möglichkeit hat, das nationale Recht im Rahmen seiner eingeschränkten Verwerfungskompetenz anzuwenden oder nicht anzuwenden (vgl. EuGH Rs. 106/77, Slg. 1978, 629, Rz. 21/23, 24, Simmenthal II), kann das Fachgericht bezüglich unionsrechtlicher Fragen gemäß Art. 267 Abs. 2 AEUV den Gerichtshof der Europäischen Union anrufen. Das letztinstanzliche Fachgericht ist gemäß Art. 267 Abs. 3 AEUV sogar zur Vorlage verpflichtet, wobei unabhängig von der Instanz eine Auslegungsvorlage bezüglich des primären Unionsrechts gemäß Art. 267 Abs. 1 lit. a AEUV oder eine Gültigkeits- oder Auslegungsvorlage bezüglich sekundären Unionsrechts gemäß Art. 267 Abs. 1 lit. b AEUV möglich ist. Gemäß Art. 267 Abs. 2 AEUV besteht bei Gerichten somit grundsätzlich eine Einschätzungsprärogative bezüglich des Erfordernisses der Vorlage beim Gerichtshof der Europäischen Union. Lediglich Gerichte, deren Entscheidung nicht mit Mitteln des innerstaatlichen Rechts angefochten werden kann, sind gemäß Art. 267 Abs. 3 AEUV zur Vorlage beim Gerichtshof der Europäischen Union verpflichtet, wobei eine Vorlage i.S.d. effet utile in Verbindung mit dem Anwendungsvorrang des Unionsrechts auch erfolgen muss, soweit ein Instanzenzug zwar vorgesehen, jedoch faktisch mangels Einschränkungen wie z. B. der Nichtzulassung der Berufung i.S.d. §§ 124 ff. VwGO oder der Nichtzulassung der Revision i.S.d. §§ 132 ff. VwGO nicht möglich ist.

Unabhängig davon, ob eventuell mangels zugelassener Berufung i.S.d. §§ 124 ff. VwGO das Verwaltungsgericht dem Gerichtshof der Europäischen Union i.S.d. Art. 267 Abs. 3 AEUV zur Entscheidung vorlegen müsste, wird es von dem ihm gegebenenfalls zugewiesenen Ermessen aus rechtsstaatlichen Gründen jedenfalls zugunsten einer Vorlagepflicht Gebrauch machen, falls die Vorlage aus Sicht des Verwaltungsgerichts zulässig und begründet sowie die Rechtslage bezüglich des Unionsrechts nicht eindeutig ist. Insoweit besteht eine Prüfungskompetenz des Verwaltungsgerichts.

Merke: Ist das Verwaltungsgericht faktisch letzte Instanz i.S.d. Art. 267 Abs. 3 AEUV, muss es dem EuGH grundsätzlich vorlegen, falls die Vorlage aus Sicht des Verwaltungsgerichts (Prüfungskompetenz) zulässig und begründet ist. Besteht zugunsten des Verwaltungsgerichts Ermessen i.S.d. Art. 267 Abs. 2 AEUV, wird es dieses zugunsten einer Vorlage beim EuGH ausüben, soweit die Vorlage zulässig und begründet ist.

---

1. Zulässigkeit der Vorabentscheidung

Ob inzident auch die Zulässigkeit der Vorabentscheidung zu prüfen ist, ist von der Fallfrage abhängig. Das Verwaltungsgericht darf die Voraussetzungen im Rahmen der ihm zugewiesenen Prüfungskompetenz prüfen. Der für die Zulässigkeit der Vorabentscheidung gewählte Aufbau ist nicht zwingend, weil es im Unionsrecht Einflüsse verschiedener Nationalstaaten und somit keine einheitliche Dogmatik gibt.

Die Vorabentscheidung i.S.d. Art. 267 Abs. 1 AEUV kann zulässig sein.

a) Zuständigkeit des Europäischen Gerichtshofes

Der Gerichtshof der Europäischen Union ist i.S.d. ihm enumerativ zugewiesenen Verfahren zuständig. Die Vorabentscheidung zwecks verbindlicher Auslegung des Unionsrechts ist ihm in Art. 267 Abs. 1 AEUV zugewiesen.

b) Verfahrensabhängige Zulässigkeitsvoraussetzungen

Die verfahrensabhängigen Voraussetzungen können erfüllt sein.

aa) Vorlageberechtigung

Das Vorlagegericht muss vorlageberechtigt sein. Vorlageberechtigt i.S.d. Art. 267 Abs. 2 AEUV sind eigenständige, unabhängige Einrichtungen, die aufgrund einer gesetzlichen Grundlage für Entscheidungen mit Rechtsprechungscharakter und transparente Vorschriften zuständig sind. Das Verwaltungsgericht ist zur Rechtsprechung einschließlich des Urteilsspruches zuständig und somit vorlageberechtigt.

bb) Vorlagefrage

Beachte: Der EuGH prüft nur Unionsrecht. Ihm wird niemals ein nationaler Rechtssetzungsakt im Rahmen der Vorabentscheidung vorgelegt. Die Vorlagefrage ist in der Klausur daher nach Maßgabe des Art. 267 Abs. 1 lit. a oder lit. b AEUV zu formulieren.

Es bedarf einer zulässigen Vorlagefrage im Sinne einer Auslegungsvorlage bezüglich des primären Unionsrechts gemäß Art. 267 Abs. 1 lit. a AEUV oder einer Gültigkeits- oder Auslegungsvorlage bezüglich sekundären Unionsrechts gemäß Art. 267 Abs. 1 lit. b AEUV. Die Vorlagefrage muss auf das Unionsrecht bezogen sein, weil der Europäischen Union keine Rechtsprechungskompetenz für nationale Rechtssetzungsakte übertragen worden ist, sodass der Gerichtshof der Europäischen Union insoweit unzuständig ist. Eine Vorlagefrage wäre als Auslegungsvorlagefrage insoweit zulässig, als gefragt würde, ob die Warenverkehrsfreiheit i.S.d. Art. 34 AEUV dahingehend auszulegen ist, dass nationale Regelungen mit dem Inhalt des VorlBierG als Verstoß gegen diese Grundfreiheit einzustufen wären. Eine zulässige Vorlagefrage bezüglich einer auf primäres Unionsrecht bezogenen Auslegungsvorlage ist möglich.

cc) Entscheidungserheblichkeit

Das Unionsrecht muss aus Sicht des nationalen Fachgerichts entscheidungserheblich sein. Nach der Gesetzesanwendung des § 11 Abs. 2 S. 1 VorlBierG ist der gegenüber B verfügte deklaratorische Verwaltungsakt rechtmäßig. Sollte das Unionsrecht – z.B. die Warenverkehrsfreiheit i.S.d. Art. 34 AEUV – dahingehend auszulegen sein, dass nationale Vorgaben mit dem Inhalt des VorlBierG nicht mit den Regelungen des Vertrages über die Arbeitsweise der Europäischen Union vereinbar sind, wird das Verwaltungsgericht die nationale Regelung im VorlBierG aufgrund des Anwendungsvorrangs des Unionsrechts nicht anwenden mit der Folge, dass der deklaratorische Verwaltungsakt rechtswidrig wäre. Das Unionsrecht ist somit grundsätzlich entscheidungserheblich.

Ausnahmsweise besteht keine Entscheidungserheblichkeit, soweit bezüglich der Vorlagefrage bereits eine gesicherte Rechtsprechung besteht – etwa weil ein vergleichbarer Fall bereits vom Gerichtshof der Europäischen Union entschieden wurde – oder die korrekte Anwendung des Unionsrechts derart offenkundig ist, dass keinerlei Raum für einen vernünftigen Zweifel an der Entscheidung der gestellten Frage bleibt und das Gericht davon überzeugt ist, dass für die übrigen mitgliedstaatlichen Gerichte und den Gerichtshof der Europäischen Union die gleiche Gewissheit besteht, da insoweit eine eingeschränkte Verwerfungskompetenz des Verwaltungsgerichts dahingehend besteht, dass es das nationale Gericht nach eigener unionsrechtlicher Prüfung im Rahmen der Prüfungskompetenz nicht anwendet („Acte-clair-Doktrin"; CILFIT-Kriterien zur Rechtfertigung einer Nichtvorlage i.S.d. Art. 267 AEUV; EuGH Rs. 283/81, Urteil vom 6.10.1982, Slg. 1982, 3415, Rz. 16, CILFIT). Mangels gefestigter Rechtsprechung des Gerichtshofes der Europäischen Union und mangels Offenkundigkeit ist die Vorabentscheidung entscheidungserheblich.

dd) Vorlagepflicht

Eine Vorlagepflicht für das nationale Gericht besteht über die Vorgaben i.S.d. Art. 267 Abs. 3 AEUV hinaus nur, falls es um die Gültigkeit sekundären Unionsrechts geht, weil insoweit ein Verwerfungsmonopol des Gerichtshofes besteht, nicht aber bei der Auslegungsvorlage, die für das Verwaltungsgericht bezüglich des seitens des B geführten Rechtsstreits in Betracht kommt.

ee) Allgemeines Rechtsschutzbedürfnis

Das allgemeine Rechtsschutzbedürfnis besteht nicht, falls eine Nichtigkeitsklage i.S.d. Art. 263 AEUV grundsätzlich möglich wäre, jedoch i.S.d. Art. 263 Abs. 6 AEUV verfristet und die Nichtigkeitsklage offensichtlich unzulässig ist. Da es sich bezüglich der Vorabentscheidung nicht um eine Gültigkeitsvorlage handelt, kommt eine Nichtigkeitsklage für B nicht in Betracht, sodass es nicht am allgemeinen Rechtsschutzbedürfnis fehlt.

ff) Zwischenergebnis

Die Vorabentscheidung wäre zulässig.

2. Begründetheit der Vorabentscheidung

Die Vorabentscheidung gemäß Art. 267 AEUV wäre begründet, soweit ungerechtfertigt gegen primäres oder sekundäres Unionsrecht verstoßen werden würde, falls das im VorlBierG geregelte Reinheitsgebot uneingeschränkt angewendet werden würde. Als Unionsrecht kommt insoweit die Warenverkehrsfreiheit i.S.d. Art. 34 AEUV als Grundfreiheit in Betracht.

Prüfung Grundfreiheiten (GF)

1. Anwendungsbereich
a) *Sachlich*
>grenzüberschreitendes Element
>sachlich geschützte Tätigkeit
>keine Bereichsausnahme (Art. 51 AEUV)
b) *Persönlich*
2. Beeinträchtigung
a) *Handeln durch Verpflichteten der GF*
(evtl. Drittwirkung; Art. 63 AEUV)
b) *Diskriminierung (staatsangehörigkeitsbezogen) oder Beschränkung (im Übrigen)*
>für beide Eingriffe: offen (zweckgerichtet)/verdeckt (gleiche Wirkung)
>weite Auslegung bzgl. aller Eingriffe
>*„dassonville":* für alle GF>HM
c) Einengung *„keck-Formel"* (HM: alle GF)
>kein Eingriff bei Marktausgestaltung
>Eingriff bei Marktzugang
3. Rechtfertigung
a) Diskriminierungen: geschriebene Schranken (ungeschriebene nach HM bei verdeckten Diskriminierungen)
b) Beschränkungen: geschriebene Schranken; zzgl. „zwingender Erfordernisse" aus EuR (Cassis)
c) *Ggf. Grundrechte*
d) *Verhältnismäßigkeit* (Schranken-Schranke)

Schema 8

a) Anwendungsbereich der Warenverkehrsfreiheit

Aufgrund der international bedingten uneinheitlichen Dogmatik im Unionsrecht wäre anstelle der Verwendung des Terminus „Anwendungsbereich" auch die Verwendung des Terminus „Schutzbereich" vertretbar. Der Terminus „Anwendungsbereich" ist jedoch einerseits üblich, während er andererseits anders als der Terminus „Schutzbereich" nicht subjektiviert wirkt und bei den auch objektiv maßgeblichen Grundfreiheiten besser passt.

Der Anwendungsbereich der Warenverkehrsfreiheit i.S.d. Art. 34 AEUV kann eröffnet sein.

aa) Sachlicher Anwendungsbereich

Der sachliche Anwendungsbereich kann eröffnet sein. Dazu bedarf es eines grenzüberschreitenden Elementes bezüglich einer sachlich geschützten Tätigkeit, ohne dass eine Bereichsausnahme besteht.

Sachlicher Anwendungsbereich:
1.   Grenzüberschreitendes Element
2.   Sachlich geschützte Tätigkeit
3.   Keine Bereichsausnahme

Wichtig: Da Art. 34 AEUV „Einfuhrbeschränkungen" und Art. 35 AEUV „Ausfuhrbeschränkungen" regelt, wird von Waren als wesentliches Tatbestandsmerkmal ausgegangen (Haltern, in: Frankfurter Kommentar EUV GRC AEUV (Band I), Art. 34 AEUV Rn. 4).

Zunächst muss es sich bei den durch B eingeführten Produkten um Waren handeln. Waren sind alle beweglichen Güter, die einen Geldwert haben und deshalb Gegenstand von Handelsgeschäften sein können (EuGH Rs. 7/68, Urteil vom 10.12. 1968; Slg. 1968, S. 633, „Kunstschätze I").

Das seitens des B abgefüllte Bier soll zwecks Gewinnerzielung verkauft werden und ist als nach Deutschland einzuführende Ware i.S.d. Art. 34 AEUV einzustufen. Dies geschieht bezüglich der Grenzen der Mitgliedstaaten der Europäischen Union auch grenzüberschreitend, da die Einfuhr von Belgien nach Deutschland – zwei Mitgliedstaaten der Europäischen Union – erfolgt.

Das grenzüberschreitende Element wird zunehmend bedeutungsloser, da nur noch sehr geringe Anforderungen an dieses Merkmal gestellt werden (vgl. Papadileris in JuS 2011, S. 123: „Das Erfordernis des grenzüberschreitenden Bezugs im Recht der Marktfreiheiten").

Eine Bereichsausnahme wie z.B. Art. 51 AEUV, welcher gemäß Art. 62 AEUV auch bezüglich Dienstleistungen anwendbar ist, ist nicht ersichtlich, sodass der sachliche Anwendungsbereich eröffnet ist.

bb) Persönlicher Anwendungsbereich
Der persönliche Anwendungsbereich ist ebenfalls eröffnet, da B als Belgier jedenfalls Bürger eines Mitgliedstaates der Europäischen Union ist.

b) Beeinträchtigung
Die Warenverkehrsfreiheit i.S.d. Art. 34 AEUV kann durch Einfuhrbeschränkungen beeinträchtigt worden sein, indem B gegenüber bezüglich des Bedürfnisses einer Genehmigung in der im VorlBierG vorgesehenen Form mit dem Hinweis verfügt wird, dass er sie mangels Einhaltung des Reinheitsgebotes nicht erhalten könne.

Gemäß Art. 34 AEUV sind mengenmäßige Einfuhrbeschränkungen sowie alle Maßnahmen gleicher Wirkung zwischen den Mitgliedstaaten verboten. Ähnlich wie bei den nationalen Grundrechten sind bei den Grundfreiheiten vergleichbar einem unmittelbaren klassischen Eingriff jedenfalls offene Diskriminierungen als Beeinträchtigung einzustufen. Diskriminierungen sind – dies ergibt sich auch aus den Artt. 10, 18 AEUV – im Rahmen der Europäischen Union unzulässig. Der Beeinträchtigungstatbestand kann allerdings weiter zu definieren sein.

aa) Erweiterung des Beeinträchtigungstatbestandes
Da die Grundfreiheiten i.S.d. effektiven Umsetzung des Unionsrechts (effet utile) verstärkt durch rechtsstaatliche Grundsätze i.S.d. Art. 5 EUV möglichst weit zur Geltung kommen müssen, ist der Beeinträchtigungstatbestand weit auszulegen. Beeinträchtigungen sind daher alle Maßnahmen, die geeignet sind, den inner-unionsbezogenen Handel offen oder verdeckt tatsächlich oder potenziell zu behindern sowie Maßnahmen mit gleicher Wirkung, also Beschränkungen (EuGH Rs. 8/74, Urteil vom 11.7.1974, Slg. 1974, 837, „Dassonville").

Mangels einheitlicher Terminologie im Unionsrecht ist es wissenschaftlich vertretbar, anstelle der Termini „offen" und „verdeckt" die Termini „unmittelbar" und „mittelbar" zu verwenden.

Auch bei nicht zweckgerichteten Regelungen ist es letztlich ausschlaggebend, wie solche zwischen den Mitgliedstaaten wirken, sodass auch Hemmnisse als Beeinträchtigung einzustufen sind, die sich aus nationalen Regelungen insoweit ergeben, dass Waren aus anderen Mitgliedstaaten bestimmten Vorschriften zum Beispiel in Form, Abmessung, Gewicht und Konsistenz entsprechen müssen.

Bei diesem weiten Beeinträchtigungsverständnis sind als Beeinträchtigung sowohl offene und verdeckte Diskriminierungen – Diskriminierungen sind nationalitätsbezogen – einzustufen, als auch offene und verdeckte Beschränkungen, wobei Beschränkungen nicht nationalitätsbezogen, sondern auf mehrere Mitgliedstaaten bezogen sind. Offene Beeinträchtigungen sind zielgerichtet, während verdeckte Beeinträchtigungen mittelbar erfolgen.

Die Erweiterung des Beeinträchtigungstatbestandes gilt mittlerweile nicht nur für die Warenverkehrsfreiheit, sondern auch für andere Grundfreiheiten.

---

(1) Offene und verdeckte Diskriminierung

Der EuGH würde auf den im Einzelfall betroffenen B hinsichtlich des Verwaltungsaktes keinen Bezug nehmen, weil seitens des EuGH nur die Auslegung des Unionsrechts geprüft wird.

Im VorlBierG, das Grundlage des gegenüber B verfügten Verwaltungsaktes ist, wird nicht offen an die Staatsangehörigkeit angeknüpft, sodass insoweit keine offene Diskriminierung erfolgt. Auch eine verdeckte Diskriminierung ist nicht ersichtlich, weil es unionsweit nicht etwa nur ein Bier – das belgische Bier – gibt, welches nicht nach dem Reinheitsgebot gebraut wird, sodass nicht mittelbar nur das belgische Bier betroffen ist.

(2) Offene und verdeckte Beschränkung

Da durch das VorlBierG nicht etwa erdrückende Kosten erhoben werden, durch welche mittelbar der Warenverkehr beschränkt wird, sondern vielmehr bezogen auf alle Biere aller Mitgliedstaaten offen die Reinheitskriterien formuliert worden sind, ist die Vorgabe des Reinheitsgebotes als offene Beschränkung einzustufen, welche gegenüber B perpetuiert worden ist. Durch die Vorgabe des Reinheitsgebotes erfolgt eine faktische Erschwerung des Marktzugangs für Brauereien aus anderen Mitgliedstaaten, da diese nicht an die deutsche Regelung angepasst sind und das Produkt sowie dessen Produktion für den Marktzugang gegebenenfalls kostenintensiv ändern müssten. Der innerunionale Handel wird dadurch tatsächlich bzw. zumindest potentiell offen beschränkt.

bb) Einengung des Beeinträchtigungstatbestandes

Seitens des EuGH wurde mit der Dassonville-Entscheidung bewirkt, dass durch nahezu jedes staatliche Verhalten (z. B. auch durch den nächtlichen Ladenschluss) der innerunionale Handel beeinträchtigt sein kann und deshalb der Schutzbereich der Artt. 34 ff. AEUV eröffnet wäre. Mit der Keck-Entscheidung wurde die weite Auslegung dahingehend korrigiert, dass zumindest „Verkaufsmodalitäten" (z. B. Ladenöffnungszeiten) aus dem Beeinträchtigungstatbestand ausgeschlossen werden.

Der grundsätzlich weit gefasste Beeinträchtigungstatbestand könnte aufgrund einer schutzbereichsbezogenen Beeinträchtigungsdefinition im Rahmen einer Rückausnahme wieder einzuengen sein. Eine derartige Einengung des Beeinträchtigungstatbestandes erfolgt, soweit die Beschränkung lediglich verkaufsbezogen ist und eine vertriebsbezogene Handelsregelung darstellt, wenngleich die Abgrenzung zu der als Beeinträchtigung zu qualifizierenden produktbezogenen Handelsregelung problematisch sein kann.

Demnach erfolgt kein Verstoß gegen die Warenverkehrsfreiheit, wenn durch nationale Bestimmungen Verkaufsmodalitäten beschränkt oder verboten werden, die für alle Wirtschaftsteilnehmer gelten, welche ihre Tätigkeit im Inland ausüben, soweit Erzeugnisse aus anderen Mitgliedstaaten rechtlich und tatsächlich gleichermaßen tangiert werden (EuGH Rs. C-267 u. 268/91, Urteil vom 24.11.1993, Slg. 1993, I-6097, „Keck").

Die im VorlBierG enthaltene Regelung bezüglich des Reinheitsgebotes ist produktbezogen – die Zutaten für das Bier sind vorgegeben – und nicht vertriebsbezogen.

Somit gilt diesbezüglich kein eingeengter Beeinträchtigungstatbestand mit der Folge, dass nach alledem ein Eingriff in die Warenverkehrsfreiheit i.S.d. Art. 34 AEUV in Form einer offenen Beschränkung erfolgt ist.

Die Abgrenzung der vertriebsbezogenen Handelsregelungen zu den produktbezogenen Handelsregelungen ist insoweit sehr schwierig (vgl. EuGH z. B. Rs. Mars (Slg. 1995, I-1923), Alfa Vita (C-158 – 04), Dosenpfand (C-309/02), uvm.). Als Faustformel gilt: Verkaufsmodalitäten (vertriebsbezogene Handelsregelungen) stellen keinen Eingriff dar, produktbezogene Handelsregelungen hingegen schon.

c) Rechtfertigung

Die durch das im VorlBierG geregelte Reinheitsgebot erfolgte Beeinträchtigung der Warenverkehrsfreiheit kann gerechtfertigt sein. Insoweit kommen einerseits geschriebene, andererseits ungeschriebene Schranken in Betracht. Während bei offenen Diskriminierungen nur die geschriebenen Schranken anwendbar sind – auf diese ursprünglich bedachten Beeinträchtigungen der Grundfreiheiten ist die geschriebene Schrankensystematik abgestimmt worden –, gelten für offene und verdeckte Beschränkungen sowie für verdeckte Diskriminierungen als Beeinträchtigungen der Grundfreiheiten, die bei der Fassung der Verträge nicht bedacht worden sind, auch ungeschriebene Schranken.

Anders als z. B. bei den nationalen Grundrechten gibt es bei den Grundfreiheiten keine differenzierte Schrankensystematik im Sinne spezifizierter Gesetzesvorbehalte (einfach, einfach einschränkend, qualifiziert einschränkend, qualifiziert etc.).

Ob ungeschriebene Schranken auch bei verdeckten Diskriminierungen anwendbar sind, wird in der Literatur nicht einheitlich beurteilt. Teilweise wird vertreten, sogar bei offenen Diskriminierungen ungeschriebene Schranken anzuwenden.

---

aa) Geschriebene Rechtfertigungsgründe

Mittlerweile sind einige der einst ungeschriebenen Grundsätze in den Verträgen kodifiziert worden. Die geschriebenen Rechtsfertigungsgründe sind vorrangig zu prüfen.

Beeinträchtigungen der Warenverkehrsfreiheit i.S.d. Art. 34 AEUV können aufgrund der in Art. 36 AEUV geregelten ausdrücklichen Schranken gerechtfertigt sein. Danach sind Beeinträchtigungen möglich, soweit sie aus Gründen der öffentlichen Sittlichkeit, Ordnung und Sicherheit, zum Schutz der Gesundheit und des Lebens von Menschen, Tieren oder Pflanzen, des nationalen Kulturgutes von künstlerischem, geschichtlichem oder archäologischem Wert oder des gewerblichen und kommerziellen Eigentums gerechtfertigt sind. Insoweit kommt für das Reinheitsgebot lediglich die Zuordnung zum nationalen Kulturgut in Betracht. Insofern bedarf es jedoch eines künstlerischen, geschichtlichen oder archäologischen Wertes, welcher bezüglich des Reinheitsgebotes für Bier nicht ersichtlich ist. Durch die geschriebene Schranke des Art. 36 AEUV kann die durch das Reinheitsgebot erfolgte Beeinträchtigung der Warenverkehrsfreiheit nicht gerechtfertigt werden.

bb) Ungeschriebene Rechtfertigungsgründe und gegenläufige Unionsprinzipien

Neben den ausdrücklich für die Grundfreiheiten geschriebenen Schranken sind gegenläufige geschriebene Unionsprinzipien wie die gemäß Art. 6 Abs. 1 S. 1, 2 EUV als primäres Unionsrecht gleichrangig mit den Verträgen geltende Charta der Grundrechte der Europäischen Union oder die mittelbar gemäß Art. 6 Abs. 3 EUV geltende Europäische Menschenrechtskonvention zu berücksichtigen. Gleiches gilt für die in Art. 5 Abs. 1 S. 2 EUV geregelten Grundsätze der Subsidiarität und der Verhältnismäßigkeit.

In diesem Kontext sind als ungeschriebene Rechtfertigungsgründe auch zwingende Erfordernisse des Allgemeinwohls zu berücksichtigen (EuGH, Rs. 120/78, Urteil vom 20.2.1979, Slg. 1979, 649, Rz. 14, „Cassis-de-Dijon"), wobei auch der Verbraucherschutz als ein solches zwingendes Erfordernis des Unionsrechts einzustufen ist (EuGH, Rs. 178/84, Urteil vom 12.3.1987, Slg. 1987, 1227, Rz. 30, 35–37, „Reinheitsgebot für Bier").

Der ungeschriebene Rechtfertigungsgrund des „zwingenden Erfordernisses des Allgemeinwohls" im Sinne der Cassis-Rechtsprechung erfordert:
(1)   ein vom Unionsrecht anerkanntes, legitimes Regelungsziel;
(2)   eine Konformität mit dem unionsrechtlichen Diskriminierungsverbot;
(3)   und eine unionsrechtliche Verhältnismäßigkeit der Regelung (Haltern, in: Frankfurter Kommentar EUV GRC AEUV (Band I), 2017, Art. 34 AEUV Rn. 224).

Maßgeblich ist somit, ob die Anwendung einer Vorschrift mit dem Inhalt eines Reinheitsgebotes für Bier durch zwingende Erfordernisse des Verbraucherschutzes gerechtfertigt werden kann.

„Zwar ist es zulässig, Verbrauchern, die aus bestimmten Grundstoffen hergestelltem Bier besondere Eigenschaften zubilligen, die Möglichkeit zu geben, ihre Wahl unter dem Aspekt eines Reinheitsgebotes zu treffen. Allerdings kann dies auch mit Mitteln bewirkt werden, welche die Einfuhr von in anderen Mitgliedstaaten rechtmäßig hergestellten und in den Verkehr gebrachten Erzeugnissen nicht behindert wird (EuGHE 1981, 3019) – insbesondere durch die Verpflichtung zu einer angemessenen Etikettierung hinsichtlich der Art des verkauften Erzeugnisses. Durch die Angabe der bei der Bierbereitung verwendeten Grundstoffe würde der Verbraucher in die Lage versetzt, seine Wahl in Kenntnis aller Umstände zu treffen. Auch die Transparenz der Handelsgeschäfte und der Angebote an die Verbraucher würde sichergestellt werden." Eine solche Kennzeichnungsregelung darf jedoch keine negativen Einschätzungen für Bier zur Folge haben, das nicht nach dem Reinheitsgebot produziert worden ist. Das gilt auch bezüglich einer Zumischung von Algen, um das Bier mit der Bezeichnung „Anti-Aging-Bier" (VG Frankfurt Oder; 7.2.2008 – 4 k 455/04) zu verkaufen.

„Eine solche Kennzeichnungsregelung ist auch bei einem Erzeugnis praktikabel, das wie Bier an den Verbraucher nicht notwendigerweise in Flaschen oder anderen Behältnissen abgegeben wird, die mit geeigneten Angaben versehen werden können. Dies wird wiederum durch die deutsche Regelung selbst bestätigt. In § 26 Abs. 1, 2 BierStG (Bundesgesetz) bzw. in den dazugehörigen Durchführungsbestimmungen ist eine Regelung über die Unterrichtung des Verbrauchers bei bestimmten Bieren auch insoweit enthalten, als es vom Fass ausgeschenkt wird. Die erforderlichen Angaben sind dann auf den Fässern oder den Siphons anzubringen." (EuGHE 1981, 3019)

Bier, das nicht dem Reinheitsgebot entspricht und so stets in anderen Ländern verkauft wird, ist nicht zwingend ungesünder, zumal der kundige Verbraucher sich selbstständig informiert und durch das Reinheitsgebot bevormundet wird. Ein Verbot von Bier, das nicht nach dem Reinheitsgebot gebraut worden ist, stellt eine sehr starke Beeinträchtigung des innerunionalen Handels dar, obwohl mittels einer Etikettierung ein milderes und verhältnismäßiges Mittel ersichtlich ist, zumal schon nicht erkennbar ist, inwieweit der Verbraucher durch das Reinheitsgebot geschützt wird.

Nach alledem hat die Bundesrepublik Deutschland durch die Anwendung des Reinheitsgebotes auf aus anderen Mitgliedstaaten importiertes Bier, das dort rechtmäßig hergestellt und in den Verkehr gebracht worden ist, gegen ihre Verpflichtungen aus Art. 34 AEUV verstoßen. Die Beeinträchtigung der Warenverkehrsfreiheit i.S.d. Art. 34 AEUV ist nicht gerechtfertigt.

d) Zwischenergebnis

Das VorlBierG ist hinsichtlich des Reinheitsgebotes nicht mit der Warenverkehrsfreiheit i.S.d. Art. 34 AEUV vereinbar.

3. Zwischenergebnis

Das Verwaltungsgericht wird das Verfahren bezüglich des feststellenden Verwaltungsaktes aussetzen und die unionsrechtsbezogene Frage bezüglich der Auslegung der Warenverkehrsfreiheit i.S.d. Art. 34 AEUV dem Gerichtshof der Europäischen Union gemäß Art. 267 AEUV vorlegen. Zwar wäre eine eigenständige Entscheidung des Verwaltungsgerichts im Rahmen der eingeschränkten Verwerfungskompetenz im Rahmen des Anwendungsvorrangs des Unionsrechts effizienter, jedoch ist die Unionsrechtslage nicht offensichtlich und eine gefestigte Rechtsprechung des Gerichtshofes der Europäischen Union besteht nicht.

III. Vorlage beim Bundesverfassungsgericht

Fraglich ist, ob zusätzlich zur Vorlage beim Gerichtshof der Europäischen Union eine Vorlage beim Bundesverfassungsgericht gemäß Art. 100 Abs. 1 S. 1 GG wegen etwaiger Verstöße gegen nationale Grundrechte erfolgen wird. Zwar sind nationale Grundrechte nicht durch die Grundfreiheiten i.S.d. Artt. 26 ff. AEUV gesperrt, sondern allenfalls im Verhältnis zur gemäß Art. 6 Abs. 1 EUV geltenden EU-Grundrechte-Charta nicht anwendbar, jedoch ist letztere insoweit nicht anwendbar, als es sich beim Reinheitsgebot um eine Ausprägung nationalen Rechts, nicht aber um eine Ausprägung des Unionsrechts i.S.d. Art. 51 Abs. 1 S. 1 EU-GR-Charta handelt. Jedenfalls besteht aber keine Entscheidungserheblichkeit i.S.d. Art. 100 Abs. 1 S. 1 GG, weil eine Vorlage beim Gerichtshof der Europäischen Union erfolgt, welcher die Unionsrechtswidrigkeit feststellen wird mit der Folge, dass das Reinheitsgebot als Ausprägung nationalen Rechts gegenüber B wegen des Anwendungsvorrangs des Unionsrechts nicht angewendet werden darf. Somit erfolgt keine zusätzliche Vorlage gemäß Art. 100 Abs. 1 S. 1 GG beim Bundesverfassungsgericht.

C. Beantwortung der Vorlagefrage

Der Gerichtshof der Europäischen Union wird im Rahmen der Vorlage i.S.d. Art. 267 AEUV zum gleichen Ergebnis kommen wie das Verwaltungsgericht im Rahmen seiner Prüfungskompetenz, um dem Verwaltungsgericht anschließend die Frage zu beantworten. Das Verwaltungsgericht wird § 11 Abs. 2 S. 1 VorlBierG wegen des Anwendungsvorrangs des Unionsrechts insoweit nicht anwenden.

D. Ergebnis

Das Verwaltungsgericht wird den gegenüber B verfügten deklaratorischen Verwaltungsakt mangels anwendbarer Rechtsgrundlage aufheben.

2. Komplex: Klage des A

A wird mit seiner Klage erfolgreich sein, soweit die Sachurteilsvoraussetzungen erfüllt sind, die Klage zulässig und Klage begründet ist.

A. Sachurteilsvoraussetzungen

Die Sachurteilsvoraussetzungen sind erfüllt.

B. Begründetheit

Die Klage ist gemäß § 113 Abs. 5 S. 1, 2 VwGO begründet, soweit die Ablehnung des Zuspruches der Erlaubnis zum Verkauf des Bieres in Deutschland rechtswidrig, der Kläger dadurch in seinen Rechten verletzt und die Sache spruchreif bzw. soweit die Unterlassung der diesbezüglichen Bescheidung rechtswidrig oder die erfolgte Bescheidung fehlerhaft und der Kläger dadurch in seinen Rechten verletzt ist. Somit ist die Klage begründet, soweit der Kläger einen Anspruch auf zumindest fehlerfreie Bescheidung hat.

I. Anspruchsgrundlage

Als Anspruchsgrundlage für eine Erlaubnis – die Tätigkeit des A ist wegen des Zusatzes des Hopfenpulvers i.S.d. § 9 Abs. 5 Nr. 1 VorlBierG genehmigungsbedürftig – kommt § 11 Abs. 2 S. 1 VorlBierG i.V.m. § 11 Abs. 7 VorlBierG in Betracht.

Die Verfassungsmäßigkeit des VorlBierG ist im Rahmen der Anspruchsgrundlage bei einem prozessualen Aufbau irrelevant, da es aufgrund der erforderlichen Entscheidungserheblichkeit i.S.d. Art. 100 Abs. 1 S. 1 GG jedenfalls zunächst einer Gesetzesanwendung (Wortlautlösung) bedarf.

II. Anspruchsvoraussetzungen

Die Anspruchsvoraussetzungen können erfüllt sein.

1. Formell

Formell hat A einen gemäß § 11 Abs. 2 S. 1 VorlBierG i.V.m. § 11 Abs. 7 VorlBierG erforderlichen Antrag an die zuständige Behörde auf Erteilung der begehrten Erlaubnis zum Inverkehrbringen von Bier gestellt.

2. Materiell

Materiell müssen für die Erteilung einer Erlaubnis – die Tätigkeit des A ist wegen des Zusatzes des Hopfenpulvers i.S.d. § 9 Abs. 5 Nr. 1 VorlBierG genehmigungsbedürftig – zum Inverkehrbringen von Bier in Deutschland grundsätzlich die Voraussetzungen des § 11 Abs. 2 S. 1 VorlBierG erfüllt sein, ohne dass Ausschlussgründe i.S.d. § 11 Abs. 2 S. 2 VorlBierG bestehen.

Es handelt sich bei § 11 Abs. 2 S. 1 VorlBierG i.V.m. § 11 Abs. 2 S. 2 VorlBierG zunächst um ein präventives Verbot mit Erlaubnisvorbehalt, sodass insoweit Grundrechtseingriffe auf zwei Ebenen erfolgen: Die Versagung der Spontaneität (Erlaubnispflicht) i.S.d. § 11 Abs. 2 S. 1 VorlBierG stellt den ersten Eingriff dar, während die Versagungstatbestände in § 11 Abs. 2 S. 2 VorlBierG als jeweils weitere Eingriffe zu spezifizieren sind. Dieses präventive Verbot mit Erlaubnisvorbehalt wird mittels des § 11 Abs. 7 VorlBierG abgeschwächt, indem bezüglich des Versagungstatbestandes des § 11 Abs. 2 S. 2 Nr. 1 insoweit eine Befreiung erfolgen kann, als die Unzuverlässigkeit bei Verwendung anderer als in § 9 Abs. 1, 5 VorlBierG geregelter Zutaten ausnahmsweise nicht angenommen wird.

Ein Ausschlussgrund i.S.d. § 11 Abs. 2 S. 2 Nr. 1 VorlBierG ist insoweit ersichtlich, als dass als unzuverlässig gilt, wer andere als die in § 9 Abs. 1 VorlBierG zur Bierbereitung geregelten Zutaten – Gerstenmalz, Hopfen, Hefe und Wasser – verwendet.

Das Getränk des A ist als Bier ein Hopfenerzeugnis und ist somit vom Tatbestand der §§ 9, 11 VorlBierG umfasst. Der Invertzuckersirup dürfte nicht zur Bierbereitung verwendet werden, sodass sich daraus – anders als aus der Verwendung der Algen – eine Versagungsmöglichkeit gemäß § 11 Abs. 2 S. 2 VorlBierG ergibt. Somit sind die Tatbestandsvoraussetzungen zur Erteilung der behördlichen Erlaubnis nach § 11 Abs. 2 S. 1 VorlBierG nicht erfüllt, da A gemäß § 11 Abs. 2 S. 2 Nr. 1 VorlBierG als unzuverlässig einzustufen wäre.

Allerdings können die engen Voraussetzungen des § 11 Abs. 2 S. 1, 2 VorlBierG, welche in § 9 Abs. 1, 5 VorlBierG spezifiziert worden sind, im Einzelfall gemäß § 11 Abs. 7 VorlBierG modifiziert werden. Zwar wird eine Erlaubnis aufgrund der durch sie beabsichtigten Präventivkontrolle insoweit grundsätzlich nicht entbehrlich, jedoch kann unter Modifizierung des Tatbestandes eine Erlaubnis auch dann erteilt werden, wenn andere als die in § 9 Abs. 1, 5 VorlBierG enthaltenen Zutaten verwendet werden, soweit es sich um ein „besonderes Bier" handelt. § 11 Abs. 7 VorlBierG ist insoweit nicht als eigenständige Rechtsgrundlage für eine Genehmigung einzuordnen, da auf den Tatbestand des § 11 Abs. 1, 2 VorlBierG und somit mittelbar auf § 9 Abs. 5 VorlBierG als Ausnahme zu dem in § 11 Abs. 1, 2 VorlBierG geregelten präventiven Verbot mit Erlaubnisvorbehalt Bezug genommen wird.

Für eine eigenständige Rechtsgrundlage zur Erteilung einer Erlaubnis ist § 11 Abs. 7 VorlBierG zu unbestimmt, zumal dann das persönliche Merkmal der Zuverlässigkeit i.S.d. § 11 Abs. 2 Nr. 1 VorlBierG ohne weitere Berücksichtigung verfassungsrechtlicher Schutzpflichten umgangen werden könnte. Gerade bei dem in § 11 Abs. 1, 2 VorlBierG geregelten präventiven Verbot mit Erlaubnisvorbehalt sind die Versagungsgründe als eigenständige Eingriffe – anders als unter Umständen bei einem repressiven Verbot mit Befreiungsvorbehalt – bereits auf den wesentlichen mindestens notwendigen Grundrechtsschutz reduziert, sodass eine Befreiung vom Versagungstatbestand nur restriktiv ohne Umgehung des Tatbestandsmerkmals der Zuverlässigkeit erfolgen kann, zumal in § 11 Abs. 7 VorlBierG keine Genehmigung vorgesehen ist.

Das Tatbestandsmerkmal des besonderen Bieres ist in § 11 Abs. 7 VorlBierG nicht genauer definiert, sodass insoweit zumindest ein Bier erfasst ist, das zunächst i.S.d. § 9 Abs. 1 VorlBierG gebraut wird und dem nach Filtrierung eine weitere Zutat hinzugegeben wird. Insoweit handelt es sich um ein leicht verändertes Bier i.S.d. § 9 Abs. 1 VorlBierG und somit um ein „besonderes Bier". Dem Schwarzbier mit Invertzuckersirup werden andere als in § 9 Abs. 1 VorlBierG geregelte Zutaten hinzugefügt, sodass es sich um ein besonderes Bier handelt, für welches eine Erlaubnis dem Tatbestand nach erteilt werden kann, soweit die Zuverlässigkeit i.S.d. § 11 Abs. 2 S. 2 Nr. 1 VorlBierG mittels des § 11 Abs. 7 VorlBierG fingiert wird.

Die im Gesetz vorgegebene Konstruktion ist ungewöhnlich: Normalerweise sind Befreiungstatbestände auf repressive Verbote bezogen, sodass eine Ausnahmeerlaubnis bzgl. des Verbotes erstrebt wird, sodass die Befreiung auf die Rechtsfolgenseite bezogen ist. Der Befreiungstatbestand des § 11 Abs. 7 ist jedoch primär nicht auf ein Verbot als solches, sondern primär auf die Modifizierung von Versagungstatbeständen i.S.d. § 11 Abs. 2 S. 2 bezogen und aus Gründen der Verhältnismäßigkeit nur sekundär auf die Befreiung von der Erlaubnispflicht i.S.d. § 11 Abs. 2 S. 1 VorlBierG, welche streitgegenständlich jedoch nicht beantragt ist.

Ob der grundsätzlich gerichtlich vollständig überprüfbare unbestimmte Rechtsbegriff der Unzuverlässigkeit aufgrund der Regelung des § 11 Abs. 7 VorlBierG wegen eines insoweit ausnahmsweise gesetzlich angeordneten Beurteilungsspielraumes ausnahmsweise nicht überprüfbar ist, ist irrelevant, soweit im Rahmen einer verfassungskonformen Auslegung des Tatbestandsmerkmals „Unzuverlässigkeit" ohnehin eine Reduktion zugunsten des A erfolgen muss. Da § 11 Abs. 7 VorlBierG mangels Bestimmtheit und des Bezuges zu § 11 Abs. 1, 2 VorlBierG und mittelbar zu § 9 Abs. 5 VorlBierG nicht als eigenständige Rechtsgrundlage einzustufen ist, ist die Norm bezüglich der Genehmigung i.S.d. § 11 Abs. 1, 2 VorlBierG maßgeblich mit der Folge, dass aufgrund der Formulierung des § 11 Abs. 7 VorlBierG in Bezug auf die Ausnahme einzelner Genehmigungsvoraussetzungen durch gesetzliche Anordnung ein Spielraum eröffnet worden ist, der verfassungskonform zugunsten des A reduziert sein kann. Es bedarf diesbezüglich insbesondere wegen der durch das persönliche Merkmal der Zuverlässigkeit zu berücksichtigenden grundrechtlichen Schutzpflichten der verfassungskonformen Auslegung.

a) Verfassungskonforme Auslegung i.S.d. Art. 12 GG

Das Tatbestandsmerkmal „Unzuverlässigkeit" i.S.d. § 11 Abs. 2 S. 2 Nr. 1 VorlBierG i.V.m. § 9 Abs. 1, 5 VorlBierG ist insoweit verfassungskonform zugunsten des A auszulegen, als eine Versagung der Erlaubnis einen ungerechtfertigten Eingriff in die Berufsfreiheit des A i.S.d. Art. 12 Abs. 1 GG darstellen würde.

aa) Schutzbereich

Der Schutzbereich des Art. 12 Abs. 1 GG kann eröffnet sein. Durch die Berufsfreiheit werden die Berufsausübung und die Berufswahl geschützt. Ein Beruf ist
jede auf Dauer angelegte Tätigkeit, die in ideeller wie in materieller Hinsicht der
Schaffung bzw. Erhaltung einer Lebensgrundlage dient, soweit sie nicht ihrem
Wesen nach sozial- bzw. gemeinschaftsschädlich ist. A ist Unternehmer und
vertreibt dauerhaft Bier, um seinen Lebensunterhalt zu verdienen, ohne dass dies
gemeinschaftsschädlich ist. Es handelt sich um einen Beruf. Der Schutzbereich
der Berufsfreiheit ist eröffnet.

bb) Eingriff

Es muss ein Eingriff in den Schutzbereich der Berufsfreiheit erfolgt sein. Staatliches Handeln stellt grundsätzlich einen Grundrechtseingriff dar, soweit dadurch
grundrechtliche Schutzpositionen verkürzt werden. Um diesen weiten Eingriffsbegriff der Grundrechte mittels praktischer Konkordanz mit dem Rechtsstaatsprinzip in Einklang zu bringen, ist bezüglich der Anforderungen an einen Eingriff
auf dessen Art abzustellen. Somit ist zwischen klassischen – also finalen unmittelbaren Eingriffen –, mittelbaren Eingriffen sowie bezüglich der Berufsfreiheit
solchen unmittelbaren Eingriffen zu differenzieren, bei denen lediglich das Umfeld der Maßnahme betroffen ist. Ist ein Eingriff bei finalen unmittelbaren Eingriffen unproblematisch, ist ein mittelbarer Grundrechts-eingriff nur bei Intention
bzw. besonderer Intensität anzunehmen, wobei im Rahmen der Berufsfreiheit
insofern die Termini subjektiv und objektiv berufsregelnde Tendenz gelten. Die
Kriterien der subjektiv bzw. objektiv berufsregelnden Tendenz sind auch bei unmittelbaren Eingriffen, die lediglich das Umfeld der Maßnahme betreffen, entsprechend anwendbar.

Einerseits wird durch die Versagung der Erteilung der Erlaubnis für A die
Berufsfreiheit i.S.d. Art. 12 Abs. 1 GG tangiert.

Die eigentlichen Eingriffe sind durch den Erlass des § 11 Abs. 2 VorlBierG
erfolgt, da insoweit mittels eines präventiven Verbotes mit Erlaubnisvorbehalt
einerseits die Spontaneität versagt wird, andererseits Versagungstatbestände
eingeführt worden sind, wenngleich das Gesetz nicht Gegenstand des Verfahrens
ist. Somit wirkt auch die Ablehnung der Erteilung der Erlaubnis an A wie ein
Eingriff, da unter Umständen insoweit ein grundrechtlicher Anspruch auf die
Erteilung einer Erlaubnis besteht, der durch die Versagung einer Erteilung der
Erlaubnis verletzt wird.

Ein Eingriff in die Berufsfreiheit des A i.S.d. Art. 12 Abs. 1 GG ist erfolgt.

cc) Rechtfertigung

Der Eingriff in die Grundrechte des A kann gerechtfertigt sein. Gemäß Art. 12 Abs. 1 S. 2 GG kann die Berufsausübung aufgrund eines Gesetzes geregelt werden, wobei dieser Gesetzesvorbehalt wegen des einheitlichen weiten Schutzbereiches auf der Rechtfertigungsebene einheitlich auch für die Berufswahl gilt.

Bei Gesetzesvorbehalten ist zwischen dem einfachen, dem einfach einschränkenden sowie dem qualifiziert einschränkenden und qualifizierten Gesetzesvorbehalt zu unterscheiden. Diese Gesetzesvorbehalte sind im Rahmen der Schrankensystematik wiederum von Schranken im engen Sinne zu unterscheiden. Bei einfachen Gesetzesvorbehalten, zu denen auch ein Regelungsvorbehalt gehört, bedarf es keiner besonderen Anforderungen an das Gesetz, während es bei einfach einschränkenden und qualifiziert einschränkenden Gesetzesvorbehalten der zusätzlichen Anforderungen des Art. 19 Abs. 1 GG bedarf. Bei qualifiziert einschränkenden Gesetzesvorbehalten sind über Art. 19 Abs. 1 GG hinausgehende Gesetzesinhalte vorgegeben. Bei Schranken im engen Sinne darf hingegen nur eine zufällige Kollision mit dem betroffenen Grundrecht erfolgen, während es sich beim qualifizierten Gesetzesvorbehalt um ein Gesetz handeln muss, das trotz zufälliger Kollision mit dem betroffenen Grundrecht im Übrigen einem bestimmten Zweck dient, dem aber anders als beim qualifiziert einschränkenden Gesetzesvorbehalt die einschränkende Intention fehlt.

Zwar ist die auch in Art. 12 Abs. 1 S. 2 GG enthaltene Formulierung „aufgrund" eines Gesetzes typisch für einen einschränkenden Gesetzesvorbehalt, jedoch enthält Art. 12 Abs. 1 S. 2 GG den Terminus „geregelt". Das bedeutet, dass es anders als bei den Termini „eingeschränkt" bzw. „beschränkt" an der Zielrichtung fehlt, sodass der Regelungsvorbehalt wie ein einfacher Gesetzesvorbehalt zu behandeln ist mit der Folge, dass die zusätzlichen Voraussetzungen des Art. 19 Abs. 1 GG oder zusätzliche Qualifizierungen zur Rechtfertigung eines Eingriffes in Art. 12 Abs. 1 GG nicht erfüllt sein müssen. Somit gilt parallel zum einheitlichen Schutzbereich der Berufsfreiheit des Art. 12 Abs. 1 S. 1 GG die einheitliche Rechtfertigungssystematik des Regelungsvorbehaltes als einfacher Gesetzesvorbehalt.

Das VorlBierG als Grundlage der Genehmigungsversagung ist als formelles Gesetz erlassen worden, sodass die Anforderungen des Regelungsvorbehaltes i.S.d. Art. 12 Abs. 1 S. 2 GG durch das Gesetz erfüllt werden. Anhaltspunkte für eine Verfassungswidrigkeit bestehen jedenfalls wegen der Möglichkeit der Befreiung i.S.d. § 11 Abs. 7 VorlBierG nicht. Als Schranken-Schranke im Rahmen einer Wechselwirkung insbesondere zu gegenläufigen Verfassungsgütern muss der Eingriff verhältnismäßig sein.

(1) Zweck

Dem Eingriff muss ein legitimer Zweck zugrunde liegen. Wegen der weiten Einschätzungsprärogative des Gesetzgebers als Repräsentant des Volkes ist der Zweck grundsätzlich nur insoweit überprüfbar, als er nicht willkürlich bzw. offensichtlich verfassungswidrig sein darf. Dies ist in geringerem Umfang auf Spielräume der Exekutive zu übertragen. Im Rahmen der Berufsfreiheit genügt hinsichtlich eines Eingriffes in die Berufsausübung als Zweck jeglicher Gemeinwohlbelang. Ist allerdings die Berufswahl betroffen, muss die Regelung zum Schutz eines besonders wichtigen Gemeinschaftsgutes zwingend sein. Eine Erweiterung der Prüfbarkeit des Zweckes zulasten der Einschätzungsprärogative bei der Berufswahl ist bezüglich des Demokratieprinzips nicht verfassungswidrig, weil der Handlungsspielraum des Gesetzgebers und damit mittelbar der Exekutive durch die weite Auslegung im Rahmen der Rechtfertigungssystematik des Art. 12 Abs. 1 S. 2 GG für die Berufswahl erweitert worden ist. Insoweit hätte der Gesetzgeber Eingriffe in die Berufswahl auch zugunsten der Exekutive nur mittels verfassungsimmanenter Schranken rechtfertigen können. Wurde der Spielraum des Gesetzgebers aber zunächst erweitert, darf die Einschätzungsprärogative beim Gesetzeszweck wieder verkürzt werden.

Das Vertriebsverbot für Schwarzbier mit Invertzucker- und Algenzusatz könnte auf den Gesundheits- oder den Verbraucherschutz zurückzuführen sein und stellt lediglich eine Berufsausübungsregelung dar, sodass es keines gesteigerten Zweckes bedarf. Allerdings ist nicht ersichtlich, dass Schwarzbier mit Invertzucker und Algen ungesünder als anderes Bier ist. Gleiches gilt für den Verbraucherschutz. Allerdings werden Traditionen gewahrt und es wird ein bestimmtes Produktniveau gewährleistet, sodass vernünftige Erwägungen des Allgemeinwohls erfolgt sind.

Es ist vertretbar, bereits anzunehmen, dass der Eingriff nicht auf einen vernünftigen Zweck rückführbar ist.

---

(2) Eignung

Eine Maßnahme ist geeignet, wenn durch sie der Zweck gefördert wird, wobei auch insoweit eine Einschätzungsprärogative zu berücksichtigen ist. Durch das Reinheitsgebot wird der verfolgte Zweck gefördert, indem mittels des § 11 Abs. 2 S. 1, 2 VorlBierG das Inverkehrbringen des Bieres schon präventiv mittels eines Genehmigungsvorbehaltes überwacht wird und der Name „Bier" einheitlich für Bier i.S.d. § 9 Abs. 1 VorlBierG steht.

(3) Erforderlichkeit

Die Regelung muss auch erforderlich sein. Eine Regelung ist erforderlich, wenn kein gleich geeignetes milderes Mittel denkbar ist, wobei wiederum die Einschätzungsprärogative des Gesetzgebers zu berücksichtigen ist. Zwar sind privilegierende Bestimmungen des Kennzeichnungsrechts oder dezidierte Regelungen über die Ausbildung zum Braumeister als mildere Mittel möglich (BVerwGE 123, 82), jedoch sind sie nicht gleich geeignet und stellen somit keine gleich geeigneten Mittel dar, sodass die Regelung eines Reinheitsgebotes erforderlich ist.

Es ist vertretbar, das Reinheitsgebot bereits als nicht erforderlich einzustufen.

---

(4) Verhältnismäßigkeit i. e. S.

Um verhältnismäßig im engen Sinne zu sein, darf eine Regelung nicht disproportional zum angestrebten Zweck sein und somit nicht in einem erheblichen Missverhältnis dazu stehen. Voraussetzung für die Verhältnismäßigkeit im engen Sinne ist es, dass der Eingriff in angemessenem Verhältnis zu dem Gewicht und der Bedeutung des Grundrechts steht (BVerfGE 67, 157, 173). Bei Berücksichtigung der Berufsfreiheit i.S.d. Art. 12 Abs. 1 GG im Rahmen der Zuverlässigkeit ergibt sich, dass – bei einem in der Intensität verringerbarem präventiven Verbot mit Erlaubnisvorbehalt – die Genehmigung erteilt werden muss, sofern kein Missbrauch droht oder andere überwiegende Gemeinwohlgründe entgegenstehen. Die bloße Durchsetzung des Reinheitsgebots als solches kommt insoweit nicht in Betracht (BVerwGE 123, 82). Es besteht keine Gefahr für hochrangige Rechtsgüter. Ein hohes Produktniveau wird noch immer gewährleistet. A führt die Filtrierung unter deutschem Reinheitsgebot durch und gibt erst zum Abschluss des Vorgangs zur Geschmackverbesserungen weitere Zutaten hinzu. Die Einstufung des A als unzuverlässig ist bezüglich der Berufsfreiheit unverhältnismäßig im engen Sinne.

Die Annahme der Unverhältnismäßigkeit ist mit umfangreicher Argumentation vertretbar.

---

b) Verfassungskonforme Auslegung i.S.d. Art. 3 Abs. 1 GG

In einem Gutachten erfolgen umfassende Verfassungsmäßigkeitserwägungen, soweit dies im Sachverhalt angelegt ist.

Die Notwendigkeit der verfassungskonformen Auslegung des Terminus Unzuverlässigkeit i.S.d. § 11 Abs. 2 S. 2 Nr. 1 VorlBierG i.V.m. § 9 Abs. 1, 5 VorlBierG kann sich auch dahingehend ergeben, dass bei Nichterteilung der Genehmigung eine ungerechtfertigte Ungleichbehandlung gegeben sein könnte.

Das zulasten der A angewandte Reinheitsgebot kann mit dem allgemeinen Gleichheitsgrundsatz gemäß Art. 3 Abs. 1 GG unvereinbar sein, da Unionsausländer wie B dem Bier über das Reinheitsgebot hinausgehende Zutaten zusetzen dürfen, während A dies versagt ist.

„Durch Art. 3 Abs. 1 GG ist die Gesetzgebung verpflichtet worden, wesentlich Gleiches gleich und wesentlich Ungleiches ungleich zu behandeln. Damit ist allerdings nicht jede Differenzierung verwehrt. Aus dem allgemeinen Gleichheitssatz ergeben sich vielmehr je nach Regelungsgegenstand und Differenzierungsmerkmalen unterschiedliche Grenzen, die vom bloßen Willkürverbot bis zu einer strengen Bindung an Verhältnismäßigkeitserfordernisse reichen. Da durch den Grundsatz, dass alle Menschen vor dem Gesetz gleich sind, primär eine ungerechtfertigte Verschiedenbehandlung von Personen verhindert werden soll, unterliegt der Gesetzgeber bei einer Ungleichbehandlung von Personengruppen regelmäßig einer strengen Bindung.

Daher ist das Gleichheitsgrundrecht verletzt, wenn bei Regelungen, die Personengruppen betreffen, eine Gruppe von Normadressaten im Vergleich zu einer anderen Gruppe anders behandelt wird, obwohl zwischen beiden Gruppen keine Unterschiede von solcher Art und solchem Gewicht bestehen, dass die ungleiche Behandlung gerechtfertigt wäre. Diese Grundsätze gelten aber auch, wenn eine Ungleichbehandlung von Sachverhalten mittelbar eine Ungleichbehandlung von Personengruppen bewirkt. Deshalb sind dem Gestaltungsspielraum des Gesetzgebers umso engere Grenzen gesetzt, je belastender sich die Ungleichbehandlung auf die Ausübung grundrechtlich geschützter Freiheiten nachteilig auswirken kann." (Vgl. BVerfG 92, 53). Der allgemeine Gleichheitssatz ist bei ungleichen Belastungen und bei ungleichen Begünstigungen anwendbar. Verboten ist auch ein gleichheitswidriger Begünstigungsausschluss, bei dem eine Begünstigung einem Personenkreis gewährt, einem anderen Personenkreis aber vorenthalten wird.

Zunächst bedarf es einer Vergleichsobergruppe.

aa) Vergleichsober- und Vergleichsuntergruppe

Problem: Ist Art. 3 Abs. 1 GG bei Inländerdiskriminierung (ohne grenzüberschreitendes Element) anwendbar?

Als Vergleichsobergruppe kommen Bierbrauer mit ähnlichen Bieren – Hopfenzusatz und Algen – in Betracht, wobei zwischen inländischen und ausländischen Bierbrauern als Vergleichsuntergruppen zu differenzieren wäre. Fraglich ist, ob der allgemeine Gleichheitsgrundsatz aus Art. 3 Abs. 1 GG bezüglich der Inländerdiskriminierung anwendbar ist, also ob inländische Unternehmer und ausländische Unternehmer unter einer gemeinsamen Obergruppe derart vereinbar sind, dass sie ein zulässiges Vergleichspaar darstellen. Dabei ist es zunächst irrelevant, dass A anders als B zusätzlich Invertzuckersirup verwendet.

(1) Bestehen einer gemeinsamen Obergruppe

Eine gemeinsame Obergruppe könnte deshalb anzunehmen sein, weil die Gleichbehandlung des vermeintlich Ungleichen bzw. die Ungleichbehandlung des vermeintlich Gleichen letztlich auf das Unionsrecht rückführbar ist, aufgrund dessen ausländische Unionsbürger in Deutschland wegen des grenzüberschreitenden Bezuges auf eine bestimmte Art und Weise behandelt werden müssen (vgl. Riese, Noll: Europarechtliche und verfassungsrechtliche Aspekte der Inländerdiskriminierung, NVwZ 2007, 516). Da die unionsrechtlichen Vorgaben jedoch letztlich auf das nationale Zustimmungsgesetz zur Übertragung der Hoheitsgewalt auf die Europäische Union i.S.d. Art. 23 GG rückführbar sind, beruht die beanstandete Gleich- bzw. Ungleichbehandlung mittelbar auf nationalem Recht mit der Folge, dass eine Vergleichsgruppe i.S.d. Art. 3 Abs. 1 GG zwischen inländischen und ausländischen Unternehmern gebildet werden kann. Die Inländerdiskriminierung ist somit auf den deutschen Gesetzgeber rückführbar und hat zur Folge, dass Wettbewerbsnachteile der deutschen Unternehmen entstehen, obwohl der Markt mit den Grundfreiheiten in gegenseitig gleicher Art und Weise geöffnet sein soll, zumal – sobald Ware exportiert wird – ohnehin die Grundfreiheiten ungerechtfertigt verletzt werden.

Art. 3 Abs. 1 GG wäre insoweit zumindest in begrenztem Umfang anwendbar.

(2) Nichtbestehen einer gemeinsamen Obergruppe

Maßgeblich ist bezüglich des Bestehens einer Obergruppe jedoch, dass der Gesetzgeber nur innerhalb seines Herrschaftsbereichs an den Gleichheitssatz gebunden (BVerfG NVwZ 2005, 737, 738; vgl. BVerfGE 10, 354, 371) ist. Ein Verstoß gegen Art. 3 Abs. 1 GG kann nicht bereits dadurch erfolgen, dass seitens der Bundesrepublik Deutschland Regelungen erlassen werden, die von jenen in anderen Mitgliedstaaten der Europäischen Union abweichen. Anderenfalls würde dem nationalen Gesetzgeber ein großer Teil seiner Regelungshoheit für innerstaatliche Angelegenheiten genommen werden (zum Ganzen: vgl. Riese, Noll: Europarechtliche und verfassungsrechtliche Aspekte der Inländerdiskriminierung, NVwZ 2007, 516 m.w.N.). Eine inländische Norm wäre verfassungswidrig, wenn es in einem Mitgliedstaat der Europäischen Union einen niedrigeren

Standard gäbe als in anderen. Daraus ergäbe sich eine rechtsvergleichende Prüfung der deutschen Rechtsordnung mit der Folge, dass der deutsche Gesetzgeber in der ihm zugewiesenen Gesetzgebungsgewalt über den Bereich der auf die Europäische Union übertragenen Hoheitsgewalt hinaus beschränkt würde, da es mit hoher Wahrscheinlichkeit stets Mitgliedstaaten mit niedrigeren Standards als in der Bundesrepublik Deutschland gegeben wird. Durch den niedrigsten Standard würde die Rechtsordnung der übrigen Mitgliedstaaten determiniert. Somit stellt eine Inländerdiskriminierung – sei es eine unmittelbare oder mittelbare – mangels Vergleichspaares keinen Verstoß gegen Art. 3 Abs. 1 GG dar, da nur solche Gruppen vergleichbar sind, die demselben Recht unterworfen sind. Jegliche Differenzierung bezüglich der Anwendbarkeit des Art. 3 Abs. 1 GG mag zwar zum Schutz der Inländer sinnvoll und ergebnisgerecht – insbesondere bezüglich der Unterschiede der Möglichkeiten national agierender mittelständischer Unternehmen und global agierender Unternehmen, welche sich die Wahl des Standortes mit den geringsten Standards leisten können – erscheinen, jedoch ist eine derartige Differenzierung durch die Gerichte unsystematisch und dogmatisch nicht begründbar (vgl. BVerfG NVwZ 2005, 737, 738). Insoweit müsste der Gesetzgeber tätig werden. Somit ist A mit den in anderen Mitgliedstaaten der Europäischen Union und im sonstigen Ausland agierenden Brauereien nicht vergleichbar.

bb) Zwischenergebnis
Es besteht keine gemeinsame Obergruppe. Art. 3 Abs. 1 GG wird durch die Ungleichbehandlung des lediglich im Inland agierenden A nicht verletzt.

Es ist vertretbar, Art. 3 Abs. 1 GG anzuwenden mit der Folge, dass die Ungleichbehandlung in der streitgegenständlichen Konstellation nicht gerechtfertigt wäre. Da Art. 3 Abs. 1 GG seitens des BVerfG abgelehnt wird, sollte in der jeweiligen Konstellation klausurtaktisch entschieden und im Zweifel dem BVerfG gefolgt werden.

---

c) Zwischenergebnis
Aufgrund des ungerechtfertigten Eingriffes in die Berufsfreiheit des A i.S.d. Art. 12 Abs. 1 GG – aufgrund der Inländerdiskriminierung – ist der Tatbestand des § 11 Abs. 2 S. 2 Nr. 1 VorlBierG i.V.m. § 9 Abs. 1, 5 VorlBierG dahingehend verfassungskonform auszulegen, dass A nicht unzuverlässig ist und der Versagungstatbestand nicht erfüllt ist.

III. Anspruchsinhalt

Mangels Ermessens der Behörde besteht der Anspruch des A auf Erteilung der Erlaubnis in der von ihm beantragten Weise.

C. Ergebnis

A wird mit seiner Klage erfolgreich sein. Die Behörde wird i.S.d. § 113 Abs. 5 S. 1 VwGO verpflichtet, die beantragte Genehmigung zu erteilen.

Fall 4:
„Der elektronische Sportschuh – Schrott?"

Schwerpunkte: Verhältnis nationaler Grundrechte zu EU-Grundrechten, Anwendbarkeit der EU-Grundrechte-Charta auf nationale Handlungen (Art. 51 Abs. 1 EU-GR-Charta), Vorlageverfahren i.S.d. Art. 267 AEUV und des Art. 100 GG, Bundeseigene Verwaltung (Artt. 86, 87 GG), Beleihung, Vertragsverletzungsverfahren

Zur umweltverträglichen Entsorgung von Elektronikschrott ist seitens der Europäischen Union mittels des Rates unter Mitwirkung des Europäischen Parlamentes die nunmehr fiktive WEEE1-Richtlinie in einem ordentlichen Gesetzgebungsverfahren nach Zuständigkeit und Form rechtmäßig beschlossen worden[1]:

(1) Art. 5

[...]

(2) Bei Elektro- und Elektronik-Altgeräten aus privaten Haushalten stellen die Mitgliedstaaten sicher, dass [...]

a) Systeme eingerichtet sind, die es den Endnutzern und den Vertreibern ermöglichen, diese Altgeräte zumindest kostenlos zurückzugeben. [...]

(2) Art. 8

(1) Die Mitgliedstaaten stellen sicher, dass die Hersteller [...] die Sammlung, Behandlung, Verwertung und umweltgerechte Beseitigung von bei den gemäß Artikel 5 Absatz 2 eingerichteten Rücknahmestellen gelagerten Elektro- und Elektronik-Altgeräten aus privaten Haushalten finanzieren.

(2) [...] Die Mitgliedstaaten stellen sicher, dass jeder Hersteller beim Inverkehrbringen eines Produkts eine Garantie stellt, aus der sich ergibt, dass die Finanzierung der Entsorgung aller Elektro- und Elektronik-Altgeräte gewährleistet ist, und dass die Hersteller ihre Produkte gemäß Artikel 11 Absatz 2 deutlich kennzeichnen.

In der Bundesrepublik Deutschland wurde die Richtlinie mit dem Elektro- und Elektronikgerätegesetz (ElektroG) – einem Bundesgesetz – mit Zustimmung des Bundesrates umgesetzt. Um eine effektive Durchführung zu gewährleisten,

---

[1] Die WEEE1-Richtlinie ist durch Inkrafttreten der WEEE2-Richtline (2012/19/EU vom 04. Juli 2012) aufgehoben worden. Aus didaktischen Gründen liegt dem Fall die WEEE1-Richtlinie als fiktive Richtlinie zugrunde.

https://doi.org/10.1515/9783110624120-004

wird seitens des deutschen Gesetzgebers für die Durchführung des nationalen ElektroG eine Konstruktion vorgegeben, nach welcher die Verwaltung des ElektroG durch eine privatrechtliche juristische Person erfolgen kann. Dies ist in der europäischen Richtlinie nicht vorgegeben und beruht ausschließlich auf der Verantwortung des nationalen Gesetzgebers. Eine EAR-GmbH wird als „Gemeinsame Stelle" zur Durchführung des ElektroG errichtet.

(3) Elektro- und Elektronikgerätegesetz (ElektroG; früherer Gesetzestext bzw. Fiktion)

(4) § 2

(1) Dieses Gesetz gilt für Elektro- und Elektronikgeräte, die unter die folgenden Kategorien fallen, sofern sie nicht Teil eines anderen Gerätes sind, das nicht in den Anwendungsbereich dieses Gesetzes fällt: [...]

    4. Geräte der Unterhaltungselektronik [...]

    7. Spielzeug sowie Sport- und Freizeitgeräte [...].

(5) § 6

(1) Die Hersteller richten innerhalb von drei Monaten nach Inkrafttreten dieses Gesetzes eine Gemeinsame Stelle ein.

(2) Jeder Hersteller ist verpflichtet, sich bei der zuständigen Behörde [...] registrieren zu lassen, bevor er Elektro- oder Elektronikgeräte in Verkehr bringt.

(3) Jeder Hersteller ist verpflichtet, der zuständigen Behörde jährlich eine insolvenzsichere Garantie für die Finanzierung der Rücknahme und Entsorgung seiner Elektro- und Elektronikgeräte nachzuweisen [...].

(6) § 16

(1) Zuständige Behörde ist das Umweltbundesamt.

(2) Die zuständige Behörde registriert den Hersteller auf dessen Antrag [...]. Ist eine Garantie nach § 6 Abs. 3 erforderlich, darf die Registrierung nur erfolgen, wenn der Hersteller diese vorlegt.

(7) § 17

(1) Die zuständige Behörde wird ermächtigt, eine juristische Person des Privatrechts, eine rechtsfähige Personengesellschaft oder eine andere geeignete Stelle, die von Herstellern als Gemeinsame Stelle errichtet wird, mit den Aufgaben nach § 9 Abs. 5 Satz 4 und § 16 Abs. 2 bis 5, einschließlich der Vollstreckung der hierzu

ergehenden Verwaltungsakte, zu beleihen. Diese hat die notwendige Gewähr für die ordnungsgemäße Erfüllung der ihr übertragenen Aufgaben zu bieten. [...]

(2) Die Hersteller haben die Rücknahme von Elektroaltgeräten in Umsetzung des Art. 8 WEEE-Richtlinie (2002/96/EG) aus privaten Haushalten zu finanzieren.

(8) § 18

(1) Die Beliehene untersteht der Rechtsaufsicht der Beleihenden.

(2) Erfüllt die Beliehene die ihr nach § 17 Abs. 1 übertragenen Aufgaben nicht oder nur ungenügend, ist die Beleihende befugt, die Aufgaben selbst durchzuführen oder durch einen besonders Beauftragten durchführen zu lassen.

§ 21

(1) Gegen Verwaltungsakte nach § 9 Abs. 5 Satz 4 oder nach § 16 Abs. 2, 3 und 5 findet kein Widerspruchsverfahren statt. [...]

Über die Vorgaben der Richtlinie hinaus ist in § 22a ElektroG geregelt:

(9) § 22a

(1) Durch die beliehene Gemeinsame Stelle i.S.d. § 17 Absatz 1 wird ein umfassendes Beratungsangebot zur Vermeidung und sachgerechten Entsorgung von Elektro- und Elektronikschrott zur Verfügung gestellt, das an die Verbraucher gerichtet ist. Das Beratungsangebot wird mit einem jeweils gleich hohen Pauschalbetrag von den Herstellern finanziert.

(2) Befreiungen von der Registrierungspflicht mit Beibringung einer insolvenzsicheren Garantie und von den Mitfinanzierungspflichten erfolgen nicht.

Die GmbH – Elektro-Altgeräte Register-GmbH (EAR-GmbH) – wird als „Gemeinsame Stelle der Hersteller" i.S.d. ElektroG mit der Wahrnehmung hoheitlicher Aufgaben betraut.

A ist Hersteller eines Sportschuhs mit elektrischen und elektronischen Bauteilen. Durch die elektrischen Bauteile soll die Sprungkraft des Sportlers unterstützt werden. Mit dieser Neuheit möchte A um jeden Preis bekannt und deshalb auch bei der EAR-GmbH registriert werden. Er erhofft sich dadurch eine große Neugier der Kundschaft, da der Schuh somit nachweislich mit fortschrittlicher Elektronik ausgestattet sei.

Die EAR-GmbH lehnt eine Registrierung ab, da der Anwendungsbereich des ElektroG nicht eröffnet sei. A ist der Auffassung, er dürfe seinen Sportschuh nicht ohne erfolgte Registrierung vertreiben und möchte sich der Sache insoweit sicher sein. Eine Verpflichtungsklage des A wird letztinstanzlich vom Bundesverwaltungsgericht abgewiesen. Ein Vorverfahren hatte A nicht durchgeführt.

B – ein Newcomer auf dem Markt, der mittels geringer Investitionen sein wirtschaftlich schwaches Kleinunternehmen gegründet hat – ist Hersteller von Hi-Fi-Geräten. Mangels des Nachweises der Insolvenzsicherheit wird auch ihm sein Antrag auf Erteilung der Registrierung versagt. B hatte bei der zuständigen Behörde zunächst beantragt, ihn ohne Beibringung einer insolvenzsicheren Garantie und unter zumindest geringeren Mitfinanzierungspflichten zu registrieren, da er die pauschal für alle Hersteller geltende Pflicht zur Finanzierung der Rücknahme von Altgeräten für unverhältnismäßig hält, da diese gerade für Kleinunternehmer finanziell erdrosselnd wirke. In einem Bescheid hatte die Behörde dies abgelehnt und im Tenor des Bescheides einerseits die Erteilung der Registrierung ohne Beibringung der insolvenzsicheren Garantie unter verminderten Mitfinanzierungspflichten abgelehnt und im Tenor gleichzeitig verbindlich festgestellt, dass B eine Registrierung mit insolvenzsicherer Garantie unter vollen Mitfinanzierungspflichten benötigt, um sein Unternehmen fortführen zu können. Die diesbezüglich seitens des B erhobene Verpflichtungsklage in Form der Versagungsgegenklage auf Erteilung der Registrierung ohne Beibringung der insolvenzsicheren Garantie bei verminderten Mitfinanzierungspflichten unter Aufhebung des Ablehnungs- bzw. Feststellungsbescheides wird von den Gerichten – letztinstanzlich vom Bundesverwaltungsgericht – abgewiesen. Entgegen mehrfacher Anregung des B im verwaltungsprozessualen Verfahren ist die Rechtssache zu keinem Zeitpunkt dem Gerichtshof der Europäischen Union oder dem Bundesverfassungsgericht vorgelegt worden.

A und B, die sich als alte Schulfreunde gut kennen und sich beim wöchentlichen Unternehmerstammtisch gegenseitig ihr Leid klagen, entschließen sich, den Behörden und den Gerichten gegenüber „keinen Schritt zurückzuweichen" und nunmehr eine Investition in die Zukunft vorzunehmen, indem sie sich an den bundesweit im Öffentlichen Recht tätigen Rechtsanwalt R wenden. Sie erheben mittels des R Verfassungsbeschwerden beim Bundesverfassungsgericht.

B rügt insoweit insbesondere die Nachweispflicht der Insolvenzsicherheit. Dass er noch nicht registriert und somit noch nicht von den Mitfinanzierungspflichten betroffen ist, sei irrelevant, denn erst mit zugesagter Registrierung könne er sein noch kapitalschwaches Unternehmen überhaupt wachsen lassen. Das liege daran, dass er nur mit einer Registrierung – dies ist zutreffend – als seriöser Unternehmer in der Bevölkerung und bei den Kollegen wahrgenommen und anderenfalls auf dem Markt gemobbt werde. Die Beibringung einer insolvenzsicheren Garantie wirke für ihn wie ein Berufswahlverbot. Auch nach erfolgter Registrierung würde B als Klein- und Jungunternehmer benachteiligt werden, da alle Hersteller – egal ob wirtschaftlich stark oder schwach bzw. jung oder alt – einen gleichen Anteil für das Beratungsangebot zahlen müssten. Außerdem sei die Konstruktion über eine GmbH verfassungswidrig und das Gerichtsverfahren mangels Vorlage zum Europäischen Gerichtshof bzw. zum Bundesverfassungsgericht fehlerhaft abgelaufen.

1. Haben die mittels des vertretungsberechtigten R erhobenen Verfassungsbeschwerden des A und des B Erfolg, wenn beide zwei Tage nach Zustellung und Bekanntgabe der Urteile einen Antrag beim Bundesverfassungsgericht stellen?

2. Zusatzfrage: Ein anderer Mitgliedstaat der EU hat die WEEE-Richtlinie nicht innerhalb der gesetzten Frist in nationales Recht umgesetzt. Wie kann die Europäische Kommission dagegen vorgehen?

(10) Bearbeitungsvermerk

Orientieren Sie sich an den Normen des ElektroG in der abgedruckten Version bestehend aus früherem Gesetzestext und Fiktion. Unterstellen Sie, dass für die in § 17 Abs. 2 ElektroG geregelte Mitfinanzierungspflicht bezüglich der unterschiedlichen Hersteller seitens des Gesetzgebers bewusst keine Differenzierung vorgenommen wurde. Gehen Sie davon aus, dass die Verpflichtungsklage des B in Form der Versagungsgegenklage statthaft war, da insoweit auch bezüglich des Ablehnungs- bzw. Feststellungsbescheides ein gestaltendes Element enthalten ist. Finanzverfassungsrechtliche Aspekte i.S.d. Artt. 104a ff. GG sind nicht zu erörtern. Die Zulässigkeit eines Verfahrens vor dem Gerichtshof der Europäischen Union ist nicht zu prüfen.

Zur Veranschaulichung:

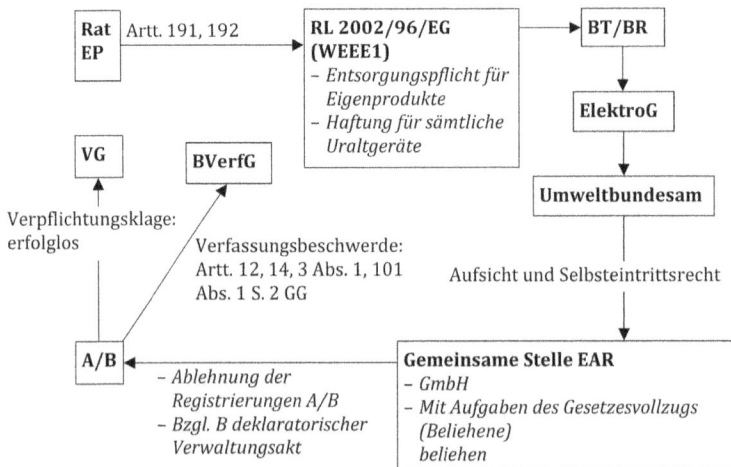

Schema 9

(11) Vertiefung

BVerfGE 7, 198, 207; 12, 113, 124; 13, 318, 325; BVerfGE 96, 189, 203; vgl. BVerfGE 113, 273, 300, Europäischer Haftbefehl; BVerfGE 125, 260, 308, Vorratsdatenspeicherung; BVerfGE 118, 79, 95 f.; BVerfGE 22, 293; BVerfGE 37, 271; BVerfGE 73, 339; BVerfGE 102, 147; BVerfGE 113, 273, 300; BVerfGE 112, 50/60;114, 258, 279; BVerfGE 72, 39, 44; 75, 246, 263 f.; 102, 26, 32; vgl. BVerfGE 60, 123, 134; 82, 126, 146; BVerfGE 96, 10, 23; 67, 157, 173; 100, 313, 373; Jarass/Pieroth, 11. Auflage, Art. 20 GG, Rn 84; zum Ganzen: BVerfG vom 25. 2. 2010 – 1 BvR 230/09 – Rn 14, 18, 19; grundsätzliche Verkennung der Vorlagepflicht; vgl. BVerfGE 82, 159, 195; bewusstes Abweichen von der Rechtsprechung des Gerichtshofs ohne Vorlagebereitschaft; vgl. BVerfGE 75, 223, 245; BVerfGE 82, 159, 195; vgl. BVerfGK 8, 401, 405; 10, 19, 31; BVerfG, Beschluss der 3. Kammer des Ersten Senats vom 20. 2. 2008 – 1 BvR 2722/06 –, NVwZ 2008, 780 f.; Beschluss der 2. Kammer des Ersten Senats vom 9. 1. 2001 – 1 BvR 1036/99 –, juris Rn 21; EuGH Rs. C-617/10 [Äckberg Fransson] vom 26. 2. 2013.

Gliederung

Lösungsvorschlag

Die folgende Lösung ist als Lösungsvorschlag zu verstehen und ausführlicher, als es in der Klausurbearbeitung verlangt werden kann. Aufgrund der wissenschaftlichen Freiheit können andere Lösungswege vertreten werden, soweit sie dogmatisch begründbar sind. Die Nachweise aus Rechtsprechung und Literatur sowie die das Verständnis fördernden Randbemerkungen sind in der Examensklausur auszusparen. Die Abkürzung „Alt." steht für Alternativfall, nicht für Alternative.

A und B werden mit ihren Verfassungsbeschwerden erfolgreich sein, soweit diese zulässig und begründet sind.

A. Zulässigkeit

Anders als im Verwaltungsrecht muss nicht der Terminus Sachurteils- bzw. Sachentscheidungsvoraussetzungen verwendet werden, weil das BVerfG nur bei enumerativ zugewiese-nen Verfahren zuständig ist und weder eine § 65 Abs. 2 VwGO noch eine § 17a Abs. 2 GVG vergleichbare Norm ersichtlich ist. § 17a Abs. 2 GVG ist in verfassungsrechtlichen Verfahren nicht anwendbar.

Die Verfassungsbeschwerden können zulässig sein.

I. Zuständigkeit des Bundesverfassungsgerichts

Das Bundesverfassungsgericht muss für die Verfassungsbeschwerden zuständig sein. Das Bundesverfassungsgericht ist für ein Verfahren zuständig, wenn eine ausdrückliche Zuweisung besteht. Verfassungsbeschwerden sind dem Bundesverfassungsgericht gemäß Art. 93 Abs. 1 Nr. 4a GG i.V.m. § 13 Nr. 8a BVerfGG zugewiesen. Das Bundesverfassungsgericht ist für die Verfassungsbeschwerden des A und des B zuständig. Zwar ist eine Beschwerdeverbindung im Bundesverfassungsgerichtsgesetz nicht ausdrücklich geregelt, jedoch entspricht es dem sich aus dem Rechtsstaatsprinzip ergebenden Grundsatz der Effektivität der Gerichte i.S.d. Art. 20 Abs. 3 GG, dass Verfassungsbeschwerden bezüglich eines Themenkomplexes objektiv bzw. subjektiv verbunden werden.

II. Verfahrensabhängige Zulässigkeitsvoraussetzungen

Es ist sinnvoll, auf der ersten Gliederungsebene eine Überschrift „Verfahrensabhängige Zulässigkeitsvoraussetzungen" zu bilden, um herauszustellen, dass jedes dem BVerfG enumerativ zugewiesene Verfahren von eigenständigen Voraussetzungen abhängig ist. Zudem erfolgt eine Angleichung an verwaltungsrechtliche Verfahren, in denen auch besondere Sachurteils- oder Sachentscheidungsvoraussetzungen zu prüfen sind.

Die verfahrensabhängigen Zulässigkeitsvoraussetzungen i.S.d. §§ 90 ff. BVerfGG i.V.m. Art. 94 Abs. 2 GG der dem Bundesverfassungsgericht enumerativ zugewiesenen Verfassungsbeschwerde müssen erfüllt sein.

1. Beschwerdefähigkeit

Ungeschickt wäre es, die Überschrift „Parteifähigkeit" anstelle von „Beschwerdefähigkeit" zu wählen, weil der Begriff Partei häufig mit einem Zwei-Parteien-Prozess assoziiert wird. Die Verfassungsbeschwerde ist jedoch kein kontradiktorisches Verfahren.

A und B müssen beschwerdefähig sein. Beschwerdefähig ist, wer geeignet ist, an dem Verfahren Verfassungsbeschwerde beteiligt zu sein – gemäß § 90 Abs. 1 BVerfGG „Jedermann". Jedermann ist jeder, der Träger von Grundrechten ist. Das gilt für A und B als natürliche Personen, die Träger insbesondere der Grundrechte unter anderem aus den Artt. 12, 101 Abs. 1 S. 2 GG sein können. A und B sind beschwerdefähig.

2. Beschwerdegegenstand

Beschwerdegegenstand i.S.d. § 90 Abs. 1 BVerfGG kann jede Maßnahme der öffentlichen Gewalt sein. Dass alle Maßnahmen der öffentlichen Gewalt erfasst sind, ergibt sich unter anderem aus den §§ 93, 95 Abs. 1 S. 2 BVerfGG. A und B wenden sich gegen die ihnen gegenüber ergangenen letztinstanzlichen Urteile als Judikativakte und damit zugleich gegen Akte der öffentlichen Gewalt. Ob Gegenstand der Verfassungsbeschwerde nur das letztinstanzliche Urteil sein kann, oder ob auch vorinstanzliche Vollzugsakte mit gleichem Tenor gleichzeitig explizit als Gegenstand der Verfassungsbeschwerde benannt werden können, ist irrelevant, weil R sich für seine Mandantschaft lediglich auf das letztinstanzliche Urteil bezieht. Jedenfalls ist es überflüssig, weitere Vollzugsakte mit gleichem Tenor – z. B. ein unterinstanzliches Urteil – zum Gegenstand der Verfassungsbeschwerde zu machen, weil dies einerseits zu keiner gesonderten Verfassungsbeschwerde führen würde, andererseits alle vorausgegangenen Vollzugsakte mit gleichem Tenor ohnehin konkludent erfasst sind, wenn das letztinstanzliche Urteil angegriffen wird. Bei einem Erfolg der Verfassungsbeschwerde wird ein Vollzugsakt mit gleichem Tenor grundsätzlich jedenfalls nicht als letztinstanzlicher Entscheidungsakt bestehen bleiben.

3. Beschwerdebefugnis

A und B müssen gemäß § 90 Abs. 1 BVerfGG beschwerdebefugt sein. Beschwerdebefugt i.S.d. § 90 Abs. 1 BVerfGG ist, wer behaupten kann, in seinen Grundrechten verletzt zu sein. Da zwischen dem Bundesverfassungsgericht und den Fachgerichten jedoch ein Kooperationsverhältnis besteht und für das Bundesverfassungsgericht somit nur Verfassungsrecht als Prüfungsmaßstab maßgeblich ist, damit es im rechtsstaatlichen Gefüge nicht unnötig mit Verfahren behelligt wird, genügt die Behauptung der Grundrechtsverletzung nicht. Vielmehr muss der Beschwerdeführer hinreichend substantiiert die Möglichkeit darlegen, selbst, gegenwärtig und unmittelbar spezifisch in Grundrechten betroffen zu sein.

Das Bundesverfassungsgericht ist keine Superrevisionsinstanz, sodass nur spezifische Grundrechtsverletzungen von Bedeutung sind. Während es bei Rechtssatzverfassungsbeschwerden problematisch sein kann, ob ein Beschwerdeführer selbst, gegenwärtig und unmittelbar in seinen Grundrechten verletzt sein kann, ist dies bei Verfassungsbeschwerden gegen Gerichtsentscheidungen – insbesondere bei rechtskräftigen Urteilen i.S.d. § 121 VwGO – jedenfalls anzunehmen, weil eine Gerichtsentscheidung an den jeweiligen Adressaten gerichtet ist.

Das Merkmal der unmittelbaren Betroffenheit ist vom BVerfG für die Rechtssatzverfassungsbeschwerde entwickelt worden, da dieses Merkmal bei abstrakt-generellen Regelungen anders als bei Urteilen problematisch sein kann. Dennoch sollte die – bei Urteilen selbstverständlich gegebene – Unmittelbarkeit auch bei Urteilsverfassungsbeschwerden und solchen gegen sonstige Gerichtsentscheidungen in einem Nebensatz kurz angesprochen werden, da dies in einigen amtlichen Lösungsskizzen – wenngleich in der Sache überflüssig – vorgesehen ist. Problematisch wird die „Möglichkeit der spezifischen Grundrechtsverletzung" (das BVerfG ist keine Superrevisionsinstanz) nur bei Verfassungsbeschwerden gegen Gerichtsentscheidungen oder bei Rechtssatzverfassungsbeschwerden gegen abstrakt-generelle Regelungen unterhalb des Gesetzesranges sowie vorkonstitutionellen Gesetzen.

Die spezifische Grundrechtsverletzung ist zudem für die Urteilsverfassungsbeschwerde entwickelt und diesbezüglich gesetzlich abgeleitet worden und muss ggf. als Prüfungsmaßstab des BVerfG eingangs der Begründetheit erörtert werden. Da die spezifische Grundrechtsverletzung in den amtlichen Lösungsskizzen z. T. aber in der Zulässigkeit angesprochen wird, ist klarstellend die Darstellung der Möglichkeit einer spezifischen Grundrechtsverletzung zusätzlich zur Erörterung in der Begründetheit empfehlenswert, soweit es auf eine spezifische Grundrechtsverletzung überhaupt ankommt.

---

a) Beschwerdebefugnis des A

Fraglich ist, ob es bezüglich des A möglich ist, dass er spezifisch in Grundrechten verletzt ist. A rügt, dass ihm die nach dem ElektroG erforderliche Registrierung mangels der Eröffnung des Anwendungsbereiches des ElektroG verwehrt wird. Dies könnte eine Rüge der Verletzung einfachen Rechts darstellen, die seitens des Bundesverfassungsgerichts nicht geprüft wird, da das Bundesverfassungsgericht keine Superrevisionsinstanz ist und insoweit daher lediglich spezifische Grundrechtsverletzungen maßgeblich sind. Als außerordentliches Gericht übt das Bundesverfassungsgericht nur eine Willkürkontrolle im Rahmen der Gesetzesauslegung aus (vgl. BVerfGE 18, 85, 92).

Die Instanzgerichte, die zum Bundesverfassungsgericht in einem Kooperationsverhältnis stehen, haben bei der Auslegung und Anwendung einfachen Rechts – insbesondere der Generalklauseln – zwar die grundgesetzlichen Wertmaßstäbe zu berücksichtigen. Werden diese Maßstäbe seitens eines Gerichts verfehlt, verletzt es als Träger öffentlicher Gewalt auch die außer acht gelassenen Grundrechtsnormen, sodass das Urteil des Gerichts im Rahmen einer Verfassungsbeschwerde vom Bundesverfassungsgericht aufgehoben werden muss (BVerfGE 7, 198, 207; 12, 113, 124; 13, 318, 325).

Allerdings würde es dem Sinn der Verfassungsbeschwerde und der besonderen Aufgabe des Bundesverfassungsgerichts nicht gerecht werden, würde dieses ähnlich wie eine Revisionsinstanz die unbeschränkte rechtliche Nachprüfung von gerichtlichen Entscheidungen vornehmen, wenngleich durch eine unrichtige Entscheidung möglicherweise Grundrechte des unterlegenen Teils berührt werden. Die Gestaltung des Verfahrens, die Feststellung und Würdigung des Tatbestandes, die Auslegung des einfachen Rechts und dessen Anwendung im Einzelfall sind der Jurisdiktion der allgemein zuständigen Gerichte zuzuordnen und der Nachprüfung durch das Bundesverfassungsgericht entzogen – ausgenommen der Verletzung spezifischen Verfassungsrechts (vgl. BVerfGE 1, 418, 420). Spezifisches Verfassungsrecht ist aber nicht bereits verletzt, wenn eine Entscheidung, am einfachen Recht gemessen, objektiv fehlerhaft ist. Vielmehr muss der Fehler gerade in der Nichtbeachtung von Grundrechten bestehen. Er darf auch nicht willkürlich sein (BVerfGE 96, 189, 203).

Willkürlich ist ein Richterspruch nur, wenn er unter keinem denkbaren Aspekt rechtlich vertretbar ist und er dem Anschein nach auf sachfremden Erwägungen beruht. Dies ist anhand objektiver Kriterien festzustellen. Durch eine fehlerhafte Rechtsanwendung wird eine Gerichtsentscheidung nicht zwingend willkürlich. Willkür besteht vielmehr erst, wenn eine offensichtlich maßgebliche Norm nicht berücksichtigt oder der Inhalt einer Norm in krasser Weise missdeutet wird. Eine willkürliche Missdeutung ist jedoch nicht erfolgt, wenn das Gericht sich mit der Rechtslage eingehend auseinandersetzt und seine Auffassung nicht jeden sachlichen Grundes entbehrt (vgl. BVerfGE 87, 273, 278 f.).

Ein evidenter und somit willkürlicher Verstoß bei der Rechtsauslegung bezüglich der Registrierung des A nach dem ElektroG ist nicht ersichtlich. Gleiches gilt für die Außerachtlassung eines etwaigen originären bzw. derivativen grundrechtlichen Leistungsrechts, welches für eine verfassungskonforme Auslegung des ElektroG zugunsten des A maßgeblich gewesen sein könnte. Eine etwaige Entziehung des gesetzlichen Richters gemäß Art. 101 Abs. 1 S. 2 GG wegen Nichtvorlage beim Gerichtshof der Europäischen Union gemäß Art. 267 AEUV oder beim Bundesverfassungsgericht gemäß Art. 100 GG durch das Fachgericht ist insoweit irrelevant, da A von den für Elektrohersteller geltenden Vorschriften nicht erfasst ist.

Bezüglich des A fehlt es somit an der Möglichkeit einer spezifischen Grundrechtsverletzung. A ist nicht beschwerdebefugt.

b) Beschwerdebefugnis des B

Bezüglich des B kann die Möglichkeit bestehen, dass er spezifisch in seinen Grundrechten verletzt ist. Er rügt, dass der Zugang zum Markt der Elektrohersteller für kapitalschwache Unternehmen durch das ElektroG faktisch nicht möglich ist und ihn der zu entrichtende Pauschalbetrag für das Beratungsangebot nach erfolgter Registrierung ungleich und intensiv beeinträchtigen und die Beibringung einer insolvenzsicheren Garantie für ihn wie eine Berufswahlregelung wirken würde. Er macht somit geltend, in seiner Berufsfreiheit i.S.d. Art. 12 Abs. 1 GG, dem eingerichteten und ausgeübten Gewerbebetrieb i.S.d. Art. 14 Abs. 1 GG und dem allgemeinen Gleichheitsgrundsatz i.S.d. Art. 3 Abs. 1 GG betroffen zu sein. Außerdem kommt eine verfassungswidrige Entziehung des gesetzlichen Richters i.S.d. Art. 101 Abs. 1 S. 2 GG in Betracht.

Fraglich ist allerdings, ob die nationalen Grundrechte – insbesondere die nationalen Freiheitsgrundrechte – anwendbar sind. Sie können aufgrund des Anwendungsvorranges des Unionsrechts unanwendbar sein. Grundrechte der EU-Grundrechte-Charta sind zwar wegen des in Art. 6 Abs. 1 EUV enthaltenen Verweises und der dort geregelten Gleichsetzung mit den Verträgen der Europäischen Union als primäres Unionsrecht einzustufen, jedoch werden sie seitens des

Bundesverfassungsgerichtes grundsätzlich nicht geprüft, da es sich bei den Unionsgrundrechten nicht um spezifisches Verfassungsrecht handelt. Selbst wenn die Unionsgrundrechte von der Prüfungskompetenz des Bundesverfassungsgerichts zur präzisen Abgrenzung von den nationalen Grundrechten umfasst sein sollten, kann aus ihnen jedenfalls keine Beschwerdebefugnis für eine Verfassungsbeschwerde abgeleitet werden, da es sich insoweit nicht um das Prüfungsspektrum des Bundesverfassungsgerichts handelt.

aa) Verhältnis der Unionsgrundrechte zu nationalen Grundrechten

Zunächst ist der Anwendungsvorrang des Unionsrechts relevant, falls eine Kollisionslage des Anwendungsbereiches der nationalen Grundrechte mit dem Anwendungsbereich der Unionsgrundrechte besteht.

Normenhierarchie (UnionsR/dt. Recht)

Art. 79 III GG
↓
Primäres Unionsrecht
Geltungsvorrang
↓
Sekundäres Unionsrecht

Anwendungsvorrang
↓

Nationales Verfassungsrecht (Grundgesetz)
Geltungsvorrang
↓
Nationales einfaches Recht

Schema 10

(1) Anwendungsvorrang des Unionsrechts

Das Unionsrecht als Europarecht im engen Sinne stellt einen eigenen Rechtskreis dar, der aus deutscher Sicht auf der Übertragung von Hoheitsgewalt i.S.d. Art. 23 GG im Rahmen der begrenzten Einzelermächtigung i.S.d. Art. 5 Abs. 1 S. 2 EUV i.V.m. Art. 5 Abs. 2 EUV auf die Europäische Union als supranationale Einrichtung basiert. Insoweit gilt der Anwendungsvorrang des Unionsrechts, der sich einerseits aus dem in den Verträgen der Europäischen Union verankerten Gebot der effektiven Durchführung des Unionsrechts – effet utile – ergibt, andererseits jedenfalls aus dem nationalen Zustimmungsgesetz zur Übertragung der Hoheitsgewalt auf die Europäische Union als Rechtsanwendungsbefehl, welches letztlich jedenfalls gemäß Art. 23 Abs. 1 S. 3 GG als deklaratorische Norm an Art. 79 Abs. 2, 3 GG zu messen ist.

Der Anwendungsvorrang des Unionsrechts kann allerdings nur insoweit maßgeblich sein, als auf Unionsebene Regelungen bestehen. Da es sich beim Unionsrecht um einen eigenständigen Rechtskreis handelt, ergibt sich aus einer Unvereinbarkeit des nationalen Rechts mit dem Unionsrecht nicht die Nichtigkeit des nationalen Rechts, sondern dessen Unanwendbarkeit. Besonders problematisch ist dies bezüglich des Grundgesetzes, da die Unionsgewalt im Rahmen begrenzter Einzelermächtigung nur besteht, soweit Hoheitsgewalt in mit dem Grundgesetz vereinbarer Weise auf die Europäische Union übertragen worden ist und Art. 79 Abs. 2, 3 GG i.V.m. Art. 23 Abs. 1 S. 3 GG letztendlich den maßgeblichen Maßstab für die Verfassungsmäßigkeit der Übertragung von Hoheitsgewalt auf die Europäische Union und damit für die letztverbindliche innerstaatliche Wirkung darstellt – unabhängig von einer Bindung im Außenverhältnis. Somit ist eine unionsrechtskonforme Auslegung des Grundgesetzes ebenso problematisch wie eine Kollision des Unionsrechts mit dem Grundgesetz.

Die Anwendbarkeit der nationalen Grundrechte aufgrund des Unionsrechts ist jedoch nur insoweit problematisch, als europäische Grundrechte i.S.d. EU-Grundrechte-Charta anwendbar sind. Auch in der Europäischen Menschenrechtskonvention enthaltene Grundrechte können relevant sein.

(2) Anwendbarkeit der Europäischen Menschenrechtskonvention

Die Europäische Menschenrechtskonvention ist auf einen völkerrechtlichen Vertrag zurückzuführen, der anders als das allgemeine Völkerrecht, welches gemäß Art. 25 S. 1 GG unmittelbar gilt, keine unmittelbare Wirkung in der Bundesrepublik Deutschland entfaltet, sondern transformiert werden musste. Durch die Transformation hat die Europäische Menschenrechtskonvention den Rang einfachen Rechts und steht nicht wie das allgemeine Völkerrecht zwischen dem einfachen Recht und dem Verfassungsrecht. Über die Auslegung der Europäischen Menschenrechtskonvention entscheidet grundsätzlich der Europäische Gerichtshof für Menschenrechte, nachdem gemäß Art. 35 Abs. 1 EMRK der nationale Rechtsweg erschöpft ist, zu dem auch die Anrufung des Bundesverfassungsgerichtes gehört, wobei Individualbeschwerden in Art. 34 EMRK geregelt sind. Der Europäische Gerichtshof für Menschenrechte, der ebenfalls nur aufgrund dieser völkerrechtlichen Basis agiert, gehört wiederum nicht zur supranationalen Einrichtung Europäische Union, sodass seine Entscheidungen nicht als Unionsrecht einzustufen sind. Es ist zwar korrekt, dass in Art. 6 Abs. 3 EUV auf die Europäische Menschenrechtskonvention ebenso wie auf die EU-Grundrechte-Charta in Art. 6

Abs. 1 EUV Bezug genommen wird, jedoch fehlt eine Bezugnahme auf Entscheidungen des Europäischen Gerichtshofs für Menschenrechte, sodass diese Urteile weder primäres noch sekundäres Unionsrecht darstellen. Selbst wenn die Europäische Menschenrechtskonvention aufgrund der Bezugnahme in Art. 6 Abs. 1 EUV als unmittelbarer Bestandteil des primären Europarechts einzustufen sein sollte, sind Entscheidungen des Europäischen Gerichtshofs für Menschenrechte vom Unionsrecht i.S.d. Art. 6 EUV nicht mehr erfasst, sondern können nur mittelbar maßgeblich sein, weil die Europäische Menschenrechtskonvention bei der Auslegung der EU-Grundrechte-Charta gemäß Art. 52 Abs. 3 EU-GR-Charta und auch im Allgemeinen gemäß Art. 6 Abs. 3 EUV auf Unionsebene zu berücksichtigen ist.

Gegebenenfalls wird der Gerichtshof der Europäischen Union auf Entscheidungen des Europäischen Gerichtshofs für Menschenrechte insoweit Bezug nehmen, als sie zur Auslegung der Europäischen Menschenrechtskonvention relevant sind. Die Europäische Menschenrechtskonvention könnte als Primärrecht über Art. 6 Abs. 1 EUV gleichrangig neben der EU-Grundrechte-Charta einzustufen sein, jedoch ist der Verweis auf die Europäische Menschenrechtskonvention anders als bezüglich der EU-Grundrechte-Charta in Art. 6 Abs. 3 EUV, in dem eine Gleichstellungsklausel bezüglich des europäischen Primärrechts enthalten ist. Daher ist die Europäische Menschenrechtskonvention nicht als primäres EU-Recht im engen Sinne, sondern als subsidiär gegenüber der EU-Grundrechte-Charta in ihren grundlegenden Rechtsinhalten einzustufen.

Beim Bundesverfassungsgericht kann die Europäische Menschenrechtskonvention als einfaches nationales Recht nur mittels des unter anderem in Art. 20 Abs. 3 GG verankerten Rechtsstaatsprinzips berücksichtigt werden. Das Rechtsstaatsprinzip ist bei verfassungsrechtlichen Prüfungen zu berücksichtigen und kann mittelbar durch einfaches Recht – die Europäische Menschenrechtskonvention ist national transformiert worden – beeinflusst werden. Somit können die Normen der Europäischen Menschenrechtskonvention und somit ebenso die Entscheidungen des Europäischen Gerichtshofs für Menschenrechte, welche auf die Europäische Menschenrechtskonvention bezogen sind, als Indiz für rechtsstaatliche Grundsätze bei der verfassungsrechtlichen Prüfung des Art. 20 Abs. 3 GG einfließen.

Während die EU-Grundrechte-Charta gemäß Art. 6 Abs. 1 EUV als den Verträgen gleichrangig eingestuft ist und daher als primäres Unionsrecht gilt, besteht auf die Europäische Menschenrechtskonvention kein Verweis, sondern sie gilt gemäß Art. 6 Abs. 3 EUV für die Europäische Union zunächst nur als allgemeiner Grundsatz, wenngleich die Europäische Union der Europäischen Menschenrechtskonvention i.S.d. Art. 6 Abs. 2 EUV beizutreten beabsichtigt. Aufgrund der Europäischen Menschenrechtskonvention können nationale Grundrechte nicht gesperrt werden, da sie mangels einer Gleichstellung mit den Verträgen wie in Art. 6 Abs. 1 EUV kein klassisches primäres Unionsrecht mit der Folge des Anwendungsvorranges des Unionsrechts darstellen.

(3) Anwendbarkeit der EU-Grundrechte-Charta

Der Anwendungsbereich der EU-GR-Charta gemäß Art. 51 Abs. 1 S. 1 EU-GR-Charta als primäres Unionsrecht (Art. 6 Abs. 1 EUV) ist nach dem EuGH insoweit weit auszulegen, als mitgliedstaatliches Handeln in den Geltungsbereich des Unionsrechts fällt (in allen unionsrechtlich geregelten Fallgestaltungen im gesamten Geltungsbereich des Unionsrechts; EuGH Rs. C-617/10 [Äckberg Fransson] vom 26. 2. 2013).

Die europäischen Grundrechte der EU-Grundrechte-Charta sind integraler Bestandteil der allgemeinen Rechtsgrundsätze und mittels des in Art. 6 Abs. 1 EUV enthaltenen Verweises und der dort geregelten Gleichsetzung mit den Verträgen der Europäischen Union primäres Unionsrecht.

Die EU-Grundrechte-Charta gilt gemäß Art. 51 Abs. 1 EU-GR-Charta für die Organe und Einrichtungen der Union unter Einhaltung des Subsidiaritätsprinzips und für Mitgliedstaaten ausschließlich bei der Durchführung des Rechts der Union, wobei gemäß Art. 51 Abs. 2 EU-GR-Charta weder neue Zuständigkeiten noch neue Aufgaben für die Union begründet werden. Auch die in den Verträgen festgelegten Zuständigkeiten und Aufgaben werden durch die EU-Grundrechte-Charta nicht geändert. Die EU-Grundrechte-Charta ist gemäß Art. 52 Abs. 3 EU-GR-Charta i.S.d. Europäischen Menschenrechtskonvention und gemäß Art. 52 Abs. 4 EU-GR-Charta i.S.d. nationalen Grundrechte auszulegen.

Zwar gilt die EU-Grundrechte-Charta gemäß Art. 51 Abs. 1 S. 1 EU-GR-Charta nur für die Organe und Einrichtungen der Union unter Einhaltung des Subsidiaritätsprinzips und für Mitgliedstaaten ausschließlich bei der Durchführung des Rechts der Union, wobei gemäß Art. 51 Abs. 2 EU-GR-Charta weder neue Zuständigkeiten noch neue Aufgaben für die Union begründet werden. Jedoch ist fraglich, wie die Durchführung des Rechts der Union zu verstehen ist. Bei weiter Auslegung der „Durchführung" wäre jedes mitgliedstaatliche Handeln im gesamten Geltungsbereich des Unionsrechts z. B. auch im weiten Geltungsbereich der Grundfreiheiten erfasst (vgl. EuGH Rs. C-617/10 [Äckberg Fransson] vom 26. 2. 2013). Bei einer derart weiten Auslegung würde der Europäischen Union durch die Rechtsprechung des Gerichtshofes der Europäischen Union allerdings eine Kompetenz-Kompetenz über den in Art. 51 Abs. 2 EU-GR-Charta geregelten Bereich hinaus zugesprochen werden mit der Folge, dass das Bundesverfassungsgericht im Rahmen der Ultra-vires-Kontrolle – unter Umständen nach einer Vorlage beim

Gerichtshof der Europäischen Union gemäß Art. 267 AEUV zwecks einer Selbst-korrektur – auf die nationalen Grundrechte abstellen würde. Somit kann die EU-Grundrechte-Charta gemäß Art. 51 Abs. 1 S. 1 EU-GR-Charta nicht bei jedem uni-onsrechtlichen Bezug angewendet werden, sondern nur soweit es um Unionsakte, eine Eins-zu-eins-Umsetzung des Unionsrechts oder eine Konstellation geht, die zumindest einen erheblichen Bezug zum Unionsrecht aufgrund dortiger Rege-lungen hat.

Gegenstand der Verfassungsbeschwerde ist das letztinstanzliche Urteil, also kein Unionsrechtsakt, wobei durch das Urteil lediglich die vorherigen Verwal-tungshandlungen bestätigt werden, die wiederum auf das ElektroG rückführbar sind. Das ElektroG ist kein Unionsrechtsakt, sodass die Unionsgrundrechte nicht anwendbar wären. Allerdings gelten die Unionsgrundrechte gemäß Art. 51 Abs. 1 EU-GR-Charta auch für nationale Rechtsakte der Mitgliedstaaten, soweit Uni-onsrecht durchgeführt wird. Es handelt sich bei nationalen Rechtsakten unter anderem in solchen Konstellationen ausschließlich um die Durchführung des Unionsrechts, soweit national gemäß Art. 288 Abs. 3 S. 1 AEUV in den Mitglied-staaten umzusetzende Richtlinien eins zu eins ihrem Inhalt nach national um-gesetzt werden. Insoweit ist bezüglich des „Ob" der Umsetzung des in einer eu-ropäischen Richtlinie enthaltenen Inhalts – diesbezüglich besteht gemäß Art. 288 Abs. 3 S. 1 AEUV eine Umsetzungspflicht eng am Wortlaut der Richtlinie – und bezüglich des „Wie" der Umsetzung zu differenzieren, welches den Mitglied-staaten überlassen ist.

Sollten Unionsgrundrechte anwendbar sein, sind nationale Grundrechte so-lange nicht Gegenstand der nationalen verfassungsgerichtlichen Prüfung – wenngleich sie nicht verdrängt werden und grundsätzlich anwendbar bleiben, als auf der Unionsebene hinreichender Grundrechtsschutz besteht, der mit dem na-tionalen Grundrechtsschutz vergleichbar ist.

„Solange"-Rechtsprechung des BVerfG: „Solange" auf Unionsebene ein hinreichender Grund-rechtsschutz besteht, „solange" prüft das BVerfG keine nationalen Grundrechte, soweit ein Konkurrenzverhältnis besteht.

Achtung: Zwar stellt die EU-GR-Charta primäres Unionsrecht dar, jedoch ist ihr Anwen-dungsbereich gemäß Art. 51 Abs. 2 EU-GR-Charta beschränkt. Geht es um nationale Rechtsakte ohne Bezug zum Unionsrecht, sind Unionsgrundrechte irrelevant.

Beachte für die Solange-Rechtsprechung die Entscheidung des BVerfG zum Datenschutz (vgl. BVerfG Beschluss vom 24.1.2012 – 1 BvR 1299/05 m.w.N.):

Bezüglich des § 113a TKG handelt es sich um eine 1:1-Umsetzung einer Richtlinie. Die Rechtsprechung des BVerfG in diesem Urteil ist nicht konsequent. Einerseits wird die Solange-Rechtsprechung aufgeweicht, indem nationale Grundrechte geprüft werden, obwohl es sich um eine 1:1-Umsetzung der Richtlinie handelt mit dem Hinweis, dass zumindest bei Rechtssatzver-fassungsbeschwerden eine Verlagerung auf die Verwerfungsebene erfolgt, sodass bei einem Verstoß gegen das Grundgesetz eine Vorlage beim EuGH bzgl. der Richtlinie notwendig ist und im Anschluss ggf. das nationale Gesetz verworfen wird. Andererseits stellt das BVerfG im Ergebnis die Verfassungswidrigkeit des § 113a TKG fest, ohne dem EuGH die Richtlinie vorzulegen. Zudem ist die Konstruktion mit dem nationalen rechtsstaatlichen Nichtigkeitsdogma bei Normen nicht vereinbar. Prüft das BVerfG als für die Verwerfung formeller nachkonstitutioneller Gesetze zuständiges Gericht und gelangt im Ergebnis zu einem Verfassungsverstoß, ist – es gibt keine höhere verfassungsrechtliche Prüfungsinstanz – eine Nichtigkeit des Gesetzes anzunehmen.

Die Feststellung des BVerfG hätte keine Gestaltungswirkung, sondern ist deklaratorisch, sodass die Verwerfung in der Prüfung enthalten wäre und es sich bei letzterer nur noch um einen formalen Akt handeln würde. Die Feststellung der Verfassungswidrigkeit des § 113a TKG durch das BVerfG trotz Nichtvorlage bzgl. der Richtlinie beim EuGH lässt sich allenfalls über die Artt. 20; 79 Abs. 3 GG i.V.m. Art. 23 Abs. 1 S. 3 GG erklären. Konsequent wäre es gewesen, sich von der Solange-Rechtsprechung vollständig abzukehren – kaum sinnvoll – oder einen nicht hinreichenden Grundrechtsschutz in der EU-GR-Charta anzunehmen und diese Möglichkeiten jeweils mit der Wesentlichkeit des Grundrechtseingriffes zu verknüpfen. Für die Examensklausur erscheint diese Aufweichung der Solange-Rechtsprechung nicht verallgemeinerungsfähig.

(a) Verhältnis nationaler Grundrechte zu Unionsgrundrechten bezüglich des „Ob"

Grundsätzlich sind in dem ElektroG bezüglich des „Ob" zunächst eins zu eins die Vorgaben der europäischen Richtlinie umgesetzt worden. Allerdings ist insoweit zwischen der Mitfinanzierungspflicht der Hersteller für die Altgeräteentsorgung i.S.d. Art. 8 Abs. 1 RL und der Mitfinanzierungspflicht der Hersteller für das Beratungsangebot i.S.d. § 22a Abs. 1 ElektroG zu differenzieren.

(aa) Mitfinanzierungspflicht der Hersteller für Entsorgung (Art. 8 Abs. 1 RL)

Gemäß den Artt. 5, 8 RL ist die Marktteilnahme eines Herstellers davon abhängig, dass er entsprechend seinem Produktionsanteil die Entsorgung der Altgeräte mitträgt. Jungunternehmer sind nach diesen Vorgaben anteilig an der Entsorgung von Uraltgeräten beteiligt, obwohl Lasten insoweit nicht von ihnen verursacht wurden. Somit wird der Marktzugang erheblich erschwert, sodass sie insoweit z.B. in ihrer Berufsfreiheit i.S.d. Art. 12 Abs. 1 GG betroffen sein könnten. Diese in der Richtlinie enthaltenen Vorgaben sind unter anderem in § 6 ElektroG im nationalen Recht umgesetzt worden mit der Folge, dass sie jedenfalls aufgrund der Umsetzung unmittelbar gelten.

Diesbezüglich sind aber lediglich die in der Richtlinie enthaltenen verbindlichen Vorgaben umgesetzt worden. Es handelt sich insoweit um eine Eins-zu-eins-Umsetzung der Richtlinie. Obwohl es sich zumindest bei dem ElektroG um einen nationalen Gesetzgebungsakt handelt, werden die nationalen Grundrechte nicht angewandt, soweit es um das „Ob" der bereits verbindlich in der Richtlinie enthaltenen Mitfinanzierungspflichten für die Entsorgung der Altgeräte geht und solange auf der Unionsebene diesbezüglich ein hinreichender Grundrechtsschutz besteht.

Anders kann die Konstellation bezüglich der Mitfinanzierungspflicht der Hersteller für das Beratungsangebot i.S.d. § 22a Abs. 1 ElektroG einzustufen sein.

(bb) Mitfinanzierungspflicht der Hersteller für Beratungsangebot (§ 22a ElektroG)

Die Mitfinanzierungspflicht der Hersteller für das Beratungsangebot an die Verbraucher zur Vermeidung und sachgerechten Entsorgung von Elektro- und Elektronikschrott ist in § 22a Abs. 1 ElektroG, also einem nationalen Gesetzgebungsakt geregelt. Insoweit werden die nationalen Grundrechte seitens des Bundesverfassungsgerichts nicht geprüft, soweit es sich um eine Eins-zu-eins-Umsetzung der Richtlinie handelt. Das im nationalen Elektrogesetz enthaltene Beratungsangebot und die damit verbundenen Finanzierungspflichten sind in der Richtlinie nicht enthalten, sodass insoweit nicht die Richtlinie umgesetzt wurde, sondern der nationale Gesetzgeber im Rahmen seiner legislativen Einschätzungsprärogative autark eine Regelung geschaffen hat. Soweit es also um die Mitfinanzierungspflicht der Hersteller für das in § 22a Abs. 1 ElektroG enthaltene Beratungsangebot geht, sind die nationalen Grundrechte auch bezüglich des „Ob" der Mitfinanzierungspflicht uneingeschränkt Prüfungsmaßstab.

(b) Verhältnis nationaler Grundrechte zu Unionsgrundrechten bezüglich des „Wie"

Bezüglich des „Wie" sind im Elektrogesetz in den §§ 16 – 18 ElektroG Regelungen enthalten, durch welche nationale Grundrechte ebenfalls betroffen sein können. Auch durch die Durchführung eines Gesetzes können Grundrechte verletzt werden. Wenngleich der tatsächliche Vollzug grundsätzlich lediglich von den Fachgerichten geprüft wird, die zu dem Bundesverfassungsgericht in einem Kooperationsverhältnis stehen, ist der durch das Gesetz betroffene spezifisch grundrechtliche Bereich Gegenstand der bundesverfassungsgerichtlichen Prüfung.

Sind in einer Richtlinie keine Vorgaben über das „Wie", also über die Durchführung derselben, enthalten – mangels insoweit auf die Europäische Union übertragener Hoheitsgewalt gemäß Art. 288 Abs. 3 AEUV dürfen derartige Vorgaben in einer Richtlinie auch nicht enthalten sein –, kann die Anwendbarkeit der nationalen Grundrechte bezüglich der in einem nationalen Gesetz enthaltenen Durchführungsvorschriften nicht ausgeschlossen sein, da das Gesetz insoweit nicht Ausdruck der Eins-zu-eins-Umsetzung einer Richtlinie ist (vgl. BVerfGE 113, 273, 300, Europäischer Haftbefehl; BVerfGE 125, 260, 308, Vorratsdatenspeicherung; BVerfGE 118, 79, 95 f.; BVerfGE 22, 293; BVerfGE 37, 271; BVerfGE 73, 339; BVerfGE 102, 147; BVerfGE 113, 273, 300).

In der Richtlinie sind die im Elektrogesetz enthaltenen Vorgaben über die Durchführung der in der Richtlinie enthaltenen Vorgaben nicht geregelt, sodass es sich insoweit nicht um eine Eins-zu-eins-Umsetzung, sondern um die Ausgestaltung der dem nationalen Gesetzgeber überlassenen Regelungsspielräume handelt mit der Folge, dass die nationalen Grundrechte bezüglich der Durchführung des Elektrogesetzes anwendbar sind.

(c) Zwischenergebnis

Bezüglich des „Ob" sind die nationalen Grundrechte nur bezüglich der Mitfinanzierungspflicht der Hersteller für das Beratungsangebot anwendbar, bezüglich der Mitfinanzierungspflicht der Hersteller für die Entsorgung insoweit nur, solange auf Unionsebene kein dem nationalen Grundrechtsschutz vergleichbarer Grundrechtsschutz besteht.

Bezüglich des „Wie", also bezüglich der Durchführung der Richtlinie, sind die nationalen Grundrechte jedenfalls Prüfungsmaßstab des Bundesverfassungsgerichts.

In einigen Konstellationen ist nicht eindeutig zu klären, inwieweit es um das „Ob" und inwieweit es um das „Wie" geht, um festzustellen, ob die nationalen Grundrechte als Prüfungsmaßstab maßgeblich sind. Insoweit besteht ein Auslegungsspielraum bezüglich der Abgrenzung, der gegebenenfalls zumindest auch klausurtaktisch auszufüllen ist.

---

(4) Grundfreiheiten

Durch die Grundfreiheiten i.S.d. Artt. 28 ff. AEUV wird die Prüfung der nationalen Grundrechte nicht ausgeschlossen, da einerseits keine Kollision ersichtlich ist, es andererseits am insoweit erforderlichen grenzüberschreitenden Element fehlt.

Die Grundfreiheiten sind für die Anwendbarkeit der nationalen Grundrechte unmittelbar irrelevant, da sie einerseits in der Regel nicht mit nationalen Grundrechten kollidieren, andererseits kein grenzüberschreitendes Element gegeben ist, welches erforderlich wäre. Die „Solange-Rechtsprechung" des Bundesverfassungsgerichts gilt für Unionsgrundrechte, nicht für die Grundfreiheiten

---

bb) Nationale Grundrechte

Im Rahmen des Anwendungsbereiches der nationalen Grundrechte muss nunmehr die Möglichkeit einer Grundrechtsverletzung bestehen.

(1) Beschwerdebefugnis des B trotz Nichtregistrierung

Fraglich ist insoweit zunächst, ob B beschwerdebefugt sein kann, obwohl er noch nicht registriert und somit von den Mitfinanzierungspflichten noch nicht betroffen ist. Eine Beschwerdebefugnis könnte abzulehnen sein, weil in einer rechtsstaatlichen Demokratie ein vorbeugender Rechtsschutz – abgesehen von begrenzten Ausnahmen – nicht vorgesehen ist, zumal das Bundesverfassungsgericht als Hüter der Verfassung schon aus Effektivitätsgründen i.S.d. Art. 20 Abs. 3 GG nur restriktiv mit Verfahren zu belasten ist.

Allerdings hat B gerichtlich einen Leistungsanspruch auf Erteilung einer Registrierung ohne die damit verbundene Pflicht zur Beibringung einer insolvenzsicheren Garantie unter eingeschränkten Mitfinanzierungspflichten geltend gemacht, nicht hingegen vorbeugenden Rechtsschutz. Aufgrund der mit der Ablehnung auch erfolgten verbindlichen Feststellung, dass B eine Registrierung unter Beibringung einer insolvenzsicheren Garantie und unter Mitfinanzierungspflichten benötigt, ist ein feststellender, also deklaratorischer Verwaltungsakt i.S.d. § 35 S. 1 VwVfG erlassen worden, der von der Verpflichtungsklage in Form der Versagungsgegenklage gemäß § 42 Abs. 1 S. 1 Alt. 2 VwGO erfasst ist, da in deren Rahmen durch die Aufhebung des Ablehnungsbescheides durch das Gericht gegebenenfalls auch gestaltet wird. Der feststellende Teil des ablehnenden Verwaltungsaktes in Form der Registrierungspflicht unter Beibringung einer insolvenzsicheren Garantie und vollständigen Mitfinanzierungspflichten kann einen unmittelbaren Grundrechtseingriff darstellen, der im letztinstanzlichen Urteil als insoweit ebenfalls erfolgter unmittelbarer Eingriff bestätigt worden ist.

B geht es zudem nicht nur um die Abwehr der verbindlichen Feststellung der Registrierungspflicht unter Beibringung einer insolvenzsicheren Garantie und unter Mitfinanzierungspflichten. B will registriert werden, weil die Nichtregistrierung nach Einführung der Registrierungspflicht insoweit einen Eingriff darstellen kann, als ein grundrechtlicher Anspruch auf Erteilung einer Registrierung ohne Beibringung einer insolvenzsicheren Garantie unter zumindest verminderten Registrierungspflichten bestehen kann. Auch die Versagung einer Leistung in Form der Registrierung ohne bzw. unter eingeschränkten Verbindlichkeiten ist als Eingriff in grundgesetzlich gewährleistete Freiheitsausübungen einzustufen, soweit ein grundrechtlich gewährter Anspruch besteht.

Obwohl B im verwaltungsgerichtlichen Verfahren Leistung verlangt hat, kann die durch das letztinstanzliche Urteil bestätigte Leistungsversagung einen Eingriff in Grundrechte beinhalten, insbesondere, weil B die Registrierung auf dem Hi-Fi-Markt benötigt, um als seriös zu gelten.

Nochmals: Es geht B nicht um einen bloßen Leistungsanspruch, sondern um die durch das erlassene Gesetz eingetretene Belastung, die auch ohne Vollzugsakt besteht. Da es aber nicht genügte, einen Verwaltungsakt in weiterer Ausführung des Gesetzes abzuwarten – ohne Registrierung wäre er auf dem Markt nicht als seriös eingestuft worden – musste B verwaltungsrechtlich Leistung oder Feststellung beantragen, um mittelbar eine Prüfung des Gesetzes zu erreichen. Anderenfalls wären andere Unternehmer registriert worden und B wäre als unseriös zumindest mittelfristig in die Insolvenz gegangen. Ist das Gesetz in der bestehenden Form verfassungswidrig, wirkt sich dies auf das Urteil aus, durch das die Versagung einer Befreiung von den mit der Registrierung verbundenen Lasten bestätigt wird.

Insoweit handelt es sich um spezifisch verfassungsrechtliche Aspekte. Eine Beschwerdebefugnis des B ist trotz bisheriger Nichtverletzung möglich.

(2) Art. 12 GG

Als einheitliches Grundrecht mit einem einheitlichen Schutzbereich und einer einheitlichen Schrankensystematik sind von Art. 12 Abs. 1 GG die Berufswahl und die Berufsausübung erfasst. Ein Beruf ist jede auf Dauer angelegte Tätigkeit, die der Schaffung bzw. Erhaltung einer Lebensgrundlage dient und welche nicht schlechthin gemeinschaftsschädlich ist. B ist im Hi-Fi Bereich als Unternehmer tätig und verdient damit seinen Lebensunterhalt, übt somit also einen Beruf aus.

Ob die durch das letztinstanzliche Urteil bestätigte Versagung der Registrierung einen unmittelbaren, einen mittelbaren oder einen unmittelbaren Eingriff lediglich mit Umfeldbezug darstellen kann und unabhängig davon, ob insoweit eine objektiv bzw. subjektiv berufsregelnde Tendenz gegeben ist, ist bezüglich der Beschwerdebefugnis irrelevant. Jedenfalls besteht die Möglichkeit, dass B durch das letztinstanzliche Urteil in seiner Berufsfreiheit i.S.d. Art. 12 Abs. 1 GG verletzt worden ist – einerseits bezüglich des „Ob" aufgrund der Mitfinanzierungspflicht für die Beratung, andererseits gegebenenfalls für das „Wie" im Übrigen. Auch wenn der Schwerpunkt der Grundrechtsverletzung auf ein anderes Grundrecht bezogen sein sollte, ist einerseits im Zweifel ohnehin von einer Idealkonkurrenz der Grundrechte auszugehen, andererseits zumindest im Rahmen der Beschwerdebefugnis zunächst die Möglichkeit einer Grundrechtsverletzung gegeben.

(3) Art. 14 Abs. 1 S. 1, 2 GG

Es kann die Möglichkeit bestehen, dass B in seinem Grundrecht auf Eigentum i.S.d. Art. 14 Abs. 1 S. 1 GG verletzt ist. Das Eigentum ist gemäß Art. 14 Abs. 1 S. 2 GG bereichsspezifisch definiert, wobei Chancen, Hoffnungen und Erwartungen bzw. das Vermögen als solches nicht geschützt sind. Es besteht aber zumindest die Möglichkeit, dass B durch das Urteil in seinem durch Art. 14 Abs. 1 S. 1, 2 GG geschützten eingerichteten und ausgeübten Gewerbebetrieb verletzt worden ist, weil er keine Registrierung in der von ihm beantragten Form erhalten hat, wobei im Rahmen der Ausgestaltung der Registrierung primär der nationale Gesetzgeber seinen Gestaltungsspielraum genutzt hat und es soweit um das „Wie" der Umsetzung der Richtlinie geht.

Es ist vertretbar, mangels konkreter Eigentumspositionen bereits die Möglichkeit der spezifischen Grundrechtsverletzung bezüglich des Art. 14 Abs. 1 GG abzulehnen.

---

(4) Art. 3 Abs. 1 GG i.V.m. Freiheitsrechten

Es besteht die Möglichkeit, dass B durch die Bestätigung der Versagung im Urteil in seinem allgemeinen Recht auf Gleichbehandlung gemäß Art. 3 Abs. 1 GG verletzt ist. Da in Art. 3 Abs. 1 GG ohne Verbindung zu einem subjektiven Recht noch kein subjektives Recht enthalten ist – Voraussetzung für die Anwendung des Art. 3 Abs. 1 GG ist eine gemeinsame Obergruppe bei verschiedenen Untergruppen, zu denen der Betroffene subjektiviert dazugehören muss –, wäre eine Gleichbehandlung von Ungleichem bezüglich der Berufsfreiheit und des Eigentums zumindest möglich.

(5) Art. 101 Abs. 1 S. 2 GG

In Art. 101 Abs. 1 S. 2 GG ist ein den Freiheitsrechten gleiches Recht, ein prozessuales Recht verankert (siehe Schema 10). Der gesetzliche Richter darf demnach nicht entzogen werden. Durch den Ausspruch des letztinstanzlichen Urteils durch das Bundesverwaltungsgericht könnte B der gesetzliche Richter entzogen worden sein. Die Möglichkeit besteht, wenn ein anderes Gericht hätte beteiligt werden müssen. Insoweit kommen bezüglich des B der Gerichtshof der Europäischen Union und das Bundesverfassungsgericht in Betracht. Sollte das für die Gerichtsentscheidungen maßgebliche Elektrogesetz mit dem Unionsrecht kollidieren, hätte gemäß Art. 267 Abs. 3 AEUV möglicherweise eine Auslegungs- bzw. Gültigkeitsvorlage bezüglich der Europäischen Richtlinie beim Gerichtshof der Europäischen Union als für Unionsrecht grundsätzlich maßgebliches gesetzliches Gericht erfolgen müssen. Soweit das Grundgesetz für das Elektrogesetz Prüfungsmaßstab ist, hätte seitens des Bundesverwaltungsgerichtes möglicherweise eine Vorlage beim Bundesverfassungsgericht als gesetzliches Gericht erfolgen müssen.

Art. 101 I 2 GG

Verletzung in folgenden Fällen:

– Vorlagepflicht grundsätzlich verkannt

– Bewusstes Abweichen von der Rechtsprechung des EuGH ohne
  Vorlagebereitschaft

– Eindeutige Unvollständigkeit der Rechtsprechung des EuGH

Schema 11

Da in § 22a Abs. 2 ElektroG eine Befreiung von der Registrierung mit insolvenzsicherer Garantie und von den Mitfinanzierungspflichten ausgeschlossen ist, besteht zumindest die Möglichkeit, dass aufgrund einer Kollision mit Unionsrecht gemäß Art. 267 Abs. 1, 3 AEUV beim Gerichtshof der Europäischen Union und wegen einer Kollision mit nationalem Verfassungsrecht gemäß Art. 100 GG beim Bundesverfassungsgericht hätte vorgelegt werden müssen. Es besteht somit die Möglichkeit, dass der gesetzliche Richter i.S.d. Art. 101 Abs. 1 S. 2 GG entzogen worden und B in diesem prozessualen Recht verletzt worden ist.

cc) Zwischenergebnis
B ist beschwerdebefugt.

4. Besonderes Rechtsschutzbedürfnis
B muss besonders rechtsschutzbedürftig sein.

a) Rechtswegerschöpfung
B hat den fachgerichtlichen Rechtsweg i.S.d. Regelung des § 90 Abs. 2 S. 1 BVerfGG erschöpft, da die beim letztinstanzlichen Gericht erforderliche Erschöpfung des Rechtswegs bedeutet, dass der Beschwerdeführer die prozessualen Möglichkeiten nicht versäumt haben darf und ausgeschöpft haben muss. Durch die letztinstanzliche Entscheidung hat B vorliegend den Rechtsweg des Hauptsacheverfahrens erschöpft.

b) Keine Subsidiarität

Die Subsidiarität ist bei Rechtssatzverfassungsbeschwerden ein Problem und ist bei Verordnungen und Gesetzen unterschiedlich zu beurteilen. Bei Verordnungen hat das Verwaltungsgericht innerhalb einer allgemeinen Feststellungsklage i.S.d. § 43 Abs. 1 VwGO (Nichtbestehen eines konkreten Rechtsverhältnisses) die Prüfungskompetenz und die Verwerfungskompetenz inter partes. Auch im Rahmen einer prinzipalen Normenkontrolle i.S.d. § 47 VwGO hat das Oberverwaltungsgericht die Prüfungskompetenz sowie gemäß § 47 Abs. 5 S. 2 VwGO die Verwerfungskompetenz inter omnes. In beiden Konstellationen bedarf es anders als bei einem Gesetz keiner Vorlage i.S.d. Art. 100 GG mit der Folge, dass die Verfassungsbeschwerde insoweit subsidiär ist.

Die Verfassungsbeschwerde darf nicht subsidiär sein. Zwar ist das Merkmal der Subsidiarität nicht ausdrücklich geregelt, jedoch ist § 90 Abs. 2 S. 1 BVerfGG verfassungskonform i.S.d. sich unter anderem aus Art. 20 Abs. 3 GG ergebenden Rechtsstaatsprinzips dahingehend auszulegen, dass das Bundesverfassungsgericht als Hüter der Verfassung nur angerufen werden soll, wenn es auch über die Rechtswegerschöpfung hinaus nicht möglich ist, das Beschwerdeziel mittels indirekten Rechtsschutzes zum Gegenstand eines Verfahrens zu machen und gegebenenfalls zumindest mit Wirkung zwischen zwei Parteien verwerfen zu lassen, vorausgesetzt, die Betreibung indirekten Rechtsschutzes ist dem Beschwerdeführer rechtsstaatlich zumutbar. Der Beschwerdeführer muss zunächst alle nach Lage der Sache zur Verfügung stehenden prozessualen Möglichkeiten ergreifen, um die geltend gemachte Grundrechtsverletzung in dem unmittelbar mit ihr zusammenhängenden sachnächsten Verfahren zu verhindern oder zu beseitigen (BVerfGE 112, 50/60; 114, 258, 279).

Der Grundsatz der Subsidiarität gilt grundsätzlich auch, wenn zwar ein Rechtsweg wie bei formellen Gesetzen prinzipiell nicht besteht, wenn aber Rechtsschutz auf andere Weise erreicht werden kann, insbesondere durch eine zulässige inzidente Normenkontrolle in einem fachgerichtlichen Verfahren (BVerfGE 72, 39, 44; 75, 246, 263 f.; 102, 26, 32) oder durch eine Feststellungsklage (BVerfGE 115, 81, 92 ff.). Da das Verwaltungsgericht bezüglich eines nachkonstitutionellen Gesetzes jedoch lediglich die Prüfungs-, nicht aber die Verwerfungskompetenz hat, muss das Fachgericht, soweit es bei der Prüfung eines Gesetzes dieses für verfassungswidrig hält und das Gesetz entscheidungserheblich ist, das Gesetz dem Bundesverfassungsgericht gemäß Art. 100 GG im Wege der konkreten Normenkontrolle vorlegen. Insoweit müsste das Bundesverfassungsgericht das Gesetz ohnehin prüfen und Ressourcen aufwenden, sodass es dem verbliebenen Beschwerdeführer unzumutbar wäre, zunächst den Instanzenrechtsweg zu beschreiten. Eine Subsidiarität kann zwar sogar bei der Erschöpfung des Rechtsweges anzunehmen sein, etwa wenn Eilrechtsschutz bei einem anderen Gericht möglich ist (BVerfGE, 95, 163, 171 f.). B hat jedenfalls alle ihm zumutbaren und ersichtlichen Rechtsbehelfe bzw. Rechtsmittel erhoben bzw. eingelegt, sodass die Verfassungsbeschwerde nicht subsidiär ist.

5. Form, Antrag und Frist

Die Verfassungsbeschwerde des B ist i.S.d. § 92 BVerfGG in dem i.S.d. § 23 BVerfGG gestellten Antrag begründet worden.

Ein Antrag i.S.d. § 23 BVerfGG ist eigentlich eine allgemeine Verfahrensvoraussetzung, jedoch kann sie im Zusammenhang mit der Begründung gemäß § 92 BVerfGG auch als verfahrensabhängige Voraussetzung mit erwähnt werden.

Ein schriftlicher Antrag i.S.d. § 23 BVerfGG wurde gestellt. Die Monatsfrist gemäß § 93 Abs. 1 S. 1 BVerfGG muss eingehalten worden sein. Die Frist beginnt bei Entscheidungen gemäß § 93 Abs. 1 S. 2 BVerfGG mit der Zustellung oder formlosen Mitteilung der in vollständiger Form abgefassten Entscheidung, wenn diese nach den maßgebenden verfahrensrechtlichen Vorschriften von Amts wegen vorzunehmen ist. In anderen Fällen beginnt die Frist gemäß § 93 Abs. 1 S. 3 BVerfGG mit der Verkündung der Entscheidung oder, wenn diese nicht zu verkünden ist, mit ihrer sonstigen Bekanntgabe an den Beschwerdeführer. Mangels spezieller Regelung im Bundesverfassungsgerichtsgesetz richtet sich die Berechnung aus rechtsstaatlichen Gründen i.S.d. Art. 20 Abs. 3 GG nach den im Zivilrecht hinreichend bestimmten §§ 187 ff. BGB (BVerfGE 102, 254, 295).

B hat zwei Tage nach Zustellung des Urteils des Bundesverwaltungsgerichts bzw. nach Bekanntgabe die Verfassungsbeschwerde erhoben, sodass die Monatsfrist eingehalten worden ist. Die Verfassungsbeschwerde des B ist somit nicht verfristet.

III. Zwischenergebnis

Die Verfassungsbeschwerde des B ist zulässig.

B. Begründetheit

Die Verfassungsbeschwerde des B ist begründet, soweit der Beschwerdeführer gemäß § 90 Abs. 1 BVerfGG ungerechtfertigt in seinen Grundrechten bzw. grundrechtsgleichen Rechten verletzt ist. Da das Bundesverfassungsgericht keine Superrevisionsinstanz, sondern Hüter der Verfassung ist, ist Prüfungsmaßstab bei gerichtlichen Entscheidungen nur Verfassungsrecht. Eine falsche Rechtsanwendung durch den Richter stellt nur eine Grundrechtsverletzung dar, wenn der Einfluss der Grundrechte ganz oder doch grundsätzlich verkannt wird, die Rechtsanwendung grob oder offensichtlich willkürlich ist oder die Grenzen der richterlichen Rechtsfortbildung überschritten werden. Sollte das Bundesverfassungsgericht der Verfassungsbeschwerde gegen die Entscheidung stattgeben, wird es gemäß § 95 Abs. 2 S. 1 BVerfGG die Entscheidung aufheben und an das zuständige Gericht zurückverweisen. Gegebenenfalls wird es auch das dem Eingriff zugrunde liegende Gesetz gemäß § 95 Abs. 3 S. 2 BVerfGG i.V.m. den §§ 95 Abs. 3 S. 1, 95 Abs. 1 S. 1 BVerfGG mit Gesetzeskraft gemäß § 31 Abs. 2 S. 2 BVerfGG i.V.m. Art. 94 Abs. 2 S. 1 GG für nichtig erklären.

I. Berufsfreiheit gemäß Art. 12 Abs. 1 GG

Durch das an B gerichtete letztinstanzliche Urteil des Bundesverwaltungsgerichts kann B in seiner Berufsfreiheit verletzt sein. Art. 12 GG wird seitens des Bundesverfassungsgerichts bezüglich des „Ob" der Umsetzung der Richtlinie im Elektrogesetz, welches die Urteilsgrundlage darstellt, allerdings nur im Hinblick auf die Mitfinanzierungspflicht der Beratung geprüft, während die Berufsfreiheit i.S.d. Art. 12 Abs. 1 GG nur bezüglich des „Wie" der Umsetzung der Richtlinie geprüft wird, weil im Übrigen in den Artt. 15, 16 EU-GR-Charta hinreichender Grundrechtsschutz besteht und eine Kollisionslage der Berufsfreiheit auf nationaler Ebene mit der Berufsfreiheit auf der Unionsebene gegeben ist.

1. Schutzbereich

Der Schutzbereich des Art. 12 Abs. 1 GG muss eröffnet sein. Durch die Berufsfreiheit werden die Berufsausübung und die Berufswahl geschützt.

Eine dezidierte Zuordnung der betroffenen Tätigkeit zur Berufsausübung oder zur Berufswahl ist im Schutzbereich nicht erforderlich.

Ein Beruf ist jede auf Dauer angelegte Tätigkeit, die in ideeller wie in materieller Hinsicht der Schaffung bzw. Erhaltung einer Lebensgrundlage dient, soweit sie nicht sozial- bzw. gemeinschaftsschädlich ihrem Wesen nach ist. B ist Unternehmer und vertreibt zur Erhaltung bzw. Schaffung seiner Lebensgrundlage Hi-Fi-Geräte. Der Schutzbereich der Berufsfreiheit ist eröffnet.

2. Eingriff

Es muss ein Eingriff in den Schutzbereich der Berufsfreiheit erfolgt sein. Staatliches Handeln stellt grundsätzlich einen Grundrechtseingriff dar, soweit dadurch grundrechtliche Schutzpositionen verkürzt werden. Um diesen weiten Eingriffsbegriff der Grundrechte mittels praktischer Konkordanz mit dem Rechtsstaatsprinzip in Einklang zu bringen, ist bezüglich der Anforderungen an einen Eingriff auf dessen Art abzustellen. Somit ist zwischen klassischen – also finalen unmittelbaren Eingriffen –, mittelbaren Eingriffen sowie bezüglich der Berufsfreiheit solchen unmittelbaren Eingriffen zu differenzieren, bei denen lediglich das Umfeld der Maßnahme betroffen ist. Ist ein Eingriff bei finalen unmittelbaren Eingriffen unproblematisch, ist ein mittelbarer Grundrechtseingriff nur bei Intention bzw. besonderer Intensität anzunehmen, wobei im Rahmen der Berufsfreiheit insofern die Termini subjektiv und objektiv berufsregelnde Tendenz gelten. Die Kriterien der subjektiv bzw. objektiv berufsregelnden Tendenz sind auch bei unmittelbaren Eingriffen, die lediglich das Umfeld der Maßnahme betreffen, entsprechend anwendbar.

Häufig wird auch bei finalen unmittelbaren Eingriffen der Terminus „berufsregelnde Tendenz" verwendet. Das ist überflüssig, weil ein zielgerichteter Eingriff in die Berufsfreiheit berufsregelnde Tendenz haben muss. Das Erfordernis der berufsregelnden Tendenz ersetzt für mittelbare Eingriffe die Intention (subjektive berufsregelnde Tendenz) bzw. Intensität (objektive berufsregelnde Tendenz). Erweitert werden diese Merkmale auf unmittelbare Eingriffe, die lediglich umfeldbezogen wirken, angewandt (z. B. Erdrosselungssteuerbescheid).

Durch das Urteil als letztlich maßgeblicher Eingriff wird zunächst weder die Berufsausübung noch die Berufswahl ausdrücklich betroffen, da lediglich die Versagung einer Registrierung ohne insolvenzsichere Garantie und ohne beschränkte Mitfinanzierungspflichten bestätigt und das Erfordernis einer Registrierung mit insolvenzsicherer Garantie sowie vollständiger Mitwirkungspflicht verbindlich festgestellt wird.

Der eigentliche Eingriff ist durch den Erlass des Elektrogesetzes mit dem Inhalt der Registrierungspflicht unter Beibringung einer insolvenzsicheren Garantie zuzüglich umfassender Mitfinanzierungspflichten erfolgt, wenngleich das Gesetz nicht Gegenstand des Verfahrens ist. Allerdings wird dieser Eingriff durch die verbindliche Feststellung sowie durch die Versagung einer Registrierung ohne Beibringung einer insolvenzsicheren Garantie und ohne vollständige Mitfinanzierungspflichten bestätigt – ebenso das gesetzgeberische, möglicherweise verfassungswidrige Unterlassen, einen Befreiungstatbestand von der insolvenzsicheren Garantie und den Mitfinanzierungspflichten zu schaffen. Somit wirkt die durch das Urteil bestätigte Versagung auch über die verbindliche Feststellung

hinaus wie ein Eingriff, da unter Umständen insoweit ein grundrechtlicher Anspruch auf eine Registrierung ohne Zusatzpflichten unter anderem aus der Berufsfreiheit i.S.d. Art. 12 Abs. 1 GG besteht, der durch die Versagung einer Registrierung ohne Zusatzpflichten verletzt wird.

Insoweit ist jedenfalls das Umfeld der Berufsfreiheit besonders intensiv in
Form der objektiv berufsregelnden Tendenz betroffen, sodass ein unmittelbarer,
das Umfeld des Grundrechts betreffender Eingriff gegeben ist.

3. Rechtfertigung

Es ist bei der Rechtfertigung von Grundrechtseingriffen zu trennen: einfacher Gesetzesvorbehalt,
einfach einschränkender oder qualifiziert einschränkender Gesetzesvorbehalt, qualifizierter
Gesetzesvorbehalt, ausdrückliche oder verfassungsimmanente Schranken.

Der Eingriff in die Grundrechte des B kann gerechtfertigt sein. Gemäß Art. 12 Abs. 1
S. 2 GG kann die Berufsausübung aufgrund eines Gesetzes geregelt werden, wobei
dieser Gesetzesvorbehalt wegen des einheitlichen weiten Schutzbereiches auf der
Rechtfertigungsebene einheitlich auch für die Berufswahl gilt.

Bei Gesetzesvorbehalten ist zwischen dem einfachen, dem einfach einschränkenden sowie dem qualifiziert einschränkenden und qualifizierten Gesetzesvorbehalt zu unterscheiden. Diese Gesetzesvorbehalte sind im Rahmen der
Schrankensystematik wiederum von Schranken im engen Sinne zu unterscheiden. Bei einfachen Gesetzesvorbehalten, zu denen auch ein Regelungsvorbehalt
gehört, bedarf es keiner besonderen Anforderungen an das Gesetz, während es bei
einfach einschränkenden und qualifiziert einschränkenden Gesetzesvorbehalten
der zusätzlichen Anforderungen des Art. 19 Abs. 1 GG bedarf. Bei qualifiziert
einschränkenden Gesetzesvorbehalten sind über Art. 19 Abs. 1 GG hinausgehende
Gesetzesinhalte vorgegeben. Bei Schranken im engen Sinne darf hingegen nur
eine zufällige Kollision mit dem betroffenen Grundrecht erfolgen, während es sich
beim qualifizierten Gesetzesvorbehalt um ein Gesetz handeln muss, das trotz
zufälliger Kollision mit dem betroffenen Grundrecht im Übrigen einem bestimmten Zweck dient, dem aber anders als beim qualifiziert einschränkenden
Gesetzesvorbehalt die einschränkende Intention fehlt.

Zwar ist die auch in Art. 12 Abs. 1 S. 2 GG enthaltene Formulierung „aufgrund"
eines Gesetzes typisch für einen einschränkenden Gesetzesvorbehalt, jedoch
enthält Art. 12 Abs. 1 S. 2 GG den Terminus „geregelt". Das bedeutet, dass es anders
als bei den Termini „eingeschränkt" bzw. „beschränkt" an der Zielrichtung fehlt,
sodass der Regelungsvorbehalt wie ein einfacher Gesetzesvorbehalt zu behandeln
ist mit der Folge, dass die zusätzlichen Voraussetzungen des Art. 19 Abs. 1 GG oder

zusätzliche Qualifizierungen zur Rechtfertigung eines Eingriffes in Art. 12 Abs. 1 GG nicht erfüllt sein müssen. Somit gilt parallel zum einheitlichen Schutzbereich der Berufsfreiheit des Art. 12 Abs. 1 S. 1 GG die einheitliche Rechtfertigungssystematik des Regelungsvorbehaltes als einfacher Gesetzesvorbehalt.

Der Eingriff ist letztlich maßgeblich durch das letztinstanzliche Urteil erfolgt, durch welches das Verwaltungshandeln bestätigt wird, welches wiederum auf das Elektrogesetz rückführbar ist, welches somit die formell gesetzliche Grundlage für den Eingriff im Rahmen der Rechtfertigung darstellt.

Das Elektrogesetz muss objektiv verfassungsgemäß sein, weil nur ein objektiv verfassungsgemäßes Gesetz wirksam ist und somit für die Rechtfertigung eines Grundrechtseingriffes maßgeblich sein kann.

Zwar ist die Verfassungsbeschwerde ein subjektives Beanstandungsverfahren, jedoch gilt für nationale abstrakt-generelle Regelungen aus rechtsstaatlichen Gründen ein Normennichtigkeitsdogma, sodass sie bei objektiver Rechtswidrigkeit auch unwirksam sind und durch sie somit kein Grundrechtseingriff gerechtfertigt werden kann. Das Gesetz muss daher objektiv (auch bzgl. Grundrechte anderer) überprüft werden.

---

a) Formelle Verfassungsmäßigkeit des ElektroG
Das Elektrogesetz muss formell verfassungsgemäß sein.

aa) Zuständigkeit
Bezüglich der Zuständigkeit ist mangels weiterer Anhaltspunkte lediglich die Verbandskompetenz maßgeblich. Gemäß Art. 30 GG ist die Ausübung der staatlichen Befugnisse und der staatlichen Aufgaben Sache der Länder, soweit im Grundgesetz keine andere Regelung enthalten ist. Die Generalklausel des Art. 30 GG ist bezüglich der Gesetzgebungskompetenzen durch die spezielleren Regelungen der Artt. 70 ff. GG verdrängt. Gemäß Art. 70 GG sind die Länder für die Gesetzgebung zuständig, soweit nicht dem Bund durch das Grundgesetz die Gesetzgebungsbefugnis zugewiesen ist.

Insoweit ist eine konkurrierende Gesetzgebungskompetenz i.S.d. Artt. 72 Abs. 1, 74 GG sowie eine ausschließliche Gesetzgebungskompetenz des Bundes i.S.d. Artt. 71, 73 GG möglich. Bezüglich der Entsorgung von Elektroaltgeräten ist ein Titel für die ausschließliche Gesetzgebungskompetenz i.S.d. Artt. 71, 73 GG nicht ersichtlich. In Betracht kommt eine konkurrierende Gesetzgebungskompetenz i.S.d. Artt. 72 Abs. 1, 74 GG.

Gemäß Art. 72 Abs. 1 GG haben die Länder im Bereich der konkurrierenden Gesetzgebung die Befugnis zur Gesetzgebung, solange und soweit der Bund von seiner Gesetzgebungszuständigkeit nicht durch ein Gesetz Gebrauch macht. Als Kompetenztitel für die Beseitigung für Elektroaltgeräte kommen die Nummern 11, 24 des Art. 74 Abs. 1 GG in Betracht. Soweit eine präzise bzw. schwerpunktmäßige Zuordnung zu den Kompetenztiteln problematisch ist, ist es möglich, dass sie nebeneinander gelten. Soweit das Recht der Abfallwirtschaft betroffen ist, kann der Bund im Rahmen der Vorranggesetzgebung des Art. 72 Abs. 1 GG von seiner Gesetzgebungskompetenz Gebrauch machen.

Soweit das Recht der Wirtschaft i.S.d. Art. 74 Abs. 1 Nr. 11 GG betroffen ist, besteht die Gesetzgebungskompetenz des Bundes gemäß Art. 72 Abs. 2 GG nur, wenn und soweit die Herstellung gleichwertiger Lebensverhältnisse im Bundesgebiet oder die Wahrung der Rechts- und Wirtschaftseinheit im gesamtstaatlichen Interesse eine bundesgesetzliche Regelung erforderlich macht.

Das Elektrogesetz ist zur Wahrung der Wirtschaftseinheit insoweit erforderlich, als bei unterschiedlichen Registrierungen und Mitfinanzierungspflichten eine Zersplitterung bestimmter Wirtschaftszweige erfolgen würde, da eine Ansiedlung der Wirtschaft sich auf Bundesländer beschränken würde, in denen es geringere Pflichten gibt. Dies wäre zudem hinsichtlich einer bundeseinheitlichen Umsetzung der Richtlinie problematisch, wenngleich nicht jegliche Umsetzung des Unionsrechts auf Bundesebene erfolgen muss. Eine abwechselnde Gesetzgebung durch Bund und Länder i.S.d. Art. 72 Abs. 3 GG ist nicht vorgesehen und droht daher nicht. Der Bund war zur Wahrung der Wirtschaftseinheit gemäß Artt. 72 Abs. 1, 2; 74 Abs. 1 Nr. 11, 24 GG zum Erlass des Elektrogesetzes zuständig.

bb) Verfahren und Form
Bezüglich des Verfahrens sind Bundesgesetze gemäß den Artt. 77, 78 GG grundsätzlich Einspruchsgesetze, soweit das Erfordernis der Zustimmung des Bundesrates nicht ausdrücklich geregelt ist. Beim Elektrogesetz ist die Zustimmung des Bundesrates jedenfalls erfolgt. Verfahrensfehler sind ebenso wie Formfehler nicht ersichtlich.

b) Materielle Verfassungsmäßigkeit des Gesetzes
Das Elektrogesetz muss materiell verfassungsgemäß sein, wobei zwischen den §§ 16 – 21 ElektroG – bezüglich derer sind die nationalen Grundrechte nur bezüglich des „Wie" zu prüfen – und § 22a ElektroG, bezüglich dessen nationale Grundrechte auch bezüglich des „Ob" zu prüfen sind, zu differenzieren ist. Das Gesetz ist nur wirksam, wenn es objektiv verfassungsgemäß ist.

Wichtig ist es, präzise zwischen der Einzelfallebene und der Gesetzesebene zu unterscheiden. Ein Gesetz muss objektiv verfassungsgemäß sein, damit dadurch ein Grundrechtseingriff gerechtfertigt werden kann, weil es anderenfalls nichtig ist. Die auf B bezogenen Grundrechte sind also auch auf der Gesetzesebene objektiv auf das Gesetz bezogen zu prüfen – zum Teil sogar insoweit doppelt, als zwischen unterschiedlichen Paragraphen des Gesetzes zu differenzieren ist.

---

aa) Materielle Verfassungsmäßigkeit der §§ 16 – 21 ElektroG

Durch den Erlass der §§ 16 – 21 ElektroG kann bezüglich des „Wie" gegen die Verwaltungskompetenzen i.S.d. Artt. 83 ff. GG verstoßen worden sein.

(1) Übertragung auf das Umweltbundesamt

Die Übertragung verwaltungsrechtlicher Aufgaben auf das Umweltbundesamt gemäß § 16 Abs. 1 ElektroG kann mit den Artt. 83 ff. GG unvereinbar sein. Das ist anzunehmen, soweit die verwaltungsrechtlichen Aufgaben nicht vom Bundesumweltamt wahrgenommen werden dürften, weil eine Landesbehörde handeln müsste. Landesgesetze werden gemäß Art. 30 GG durch die Landesbehörden verwaltet. Bundesgesetze werden gemäß den Artt. 83, 84 GG durch die Länder als eigene Angelegenheit verwaltet. Insoweit darf durch den Bund gemäß Art. 84 Abs. 3 S. 1 GG vorbehaltlich von Ausnahmen i.S.d. Art. 84 Abs. 5 GG nur eine Rechtsaufsicht ausgeübt werden.

Gemäß Art. 85 Abs. 1 GG können Bundesgesetze durch die Länder auch im Auftrag des Bundes ausgeführt werden. Diesbezüglich besteht gemäß Art. 85 Abs. 3, 4 GG auch eine Fachaufsicht des Bundes, sodass neben der Aufsicht über die Rechtmäßigkeit des Handelns der ausführenden Landesbehörde gemäß Art. 85 Abs. 4 GG eine Vorgabe zur Zweckmäßigkeit des Verwaltungshandelns erfolgt. Auch bei der Verwaltung von Bundesgesetzen durch die Länder im Auftrag des Bundes werden aber die Landesbehörden tätig, da ein Selbsteintrittsrecht der Bundesbehörden in Art. 85 GG nicht vorgesehen ist.

Lediglich in den Materien der bundeseigenen Verwaltung i.S.d. Artt. 86, 87 GG dürfen Bundesbehörden die Bundesgesetze selbst ausführen. Nur wenn es sich bei der dem Umweltbundesamt zugewiesenen Materie um bundeseigene Verwaltung handelt, ist die Regelung des § 16 Abs. 1 ElektroG mit dem Grundgesetz vereinbar. Die Norm ist auf die Verwaltung von Elektroaltgeräten und Mitfinanzierungspflichten bezogen.

Es handelt sich dabei nicht um eine Materie der bundeseigenen Verwaltung gemäß Art. 87 Abs. 1 GG. Das Umweltbundesamt kann daher nur gemäß Art. 87 Abs. 3 S. 1 GG mit der Verwaltung betraut werden. Gemäß Art. 87 Abs. 3 S. 1 GG können selbständige Bundesoberbehörden und neue bundesunmittelbare Körperschaften und Anstalten des öffentlichen Rechts durch ein Bundesgesetz in solchen Rechtsbereichen errichtet werden, in denen der Bund die Gesetzgebungskompetenz hat. Die Entsorgung der Elektroaltgeräte gehört gemäß Art. 74 Abs. 1 Nr. 11, 24 GG zur konkurrierenden Gesetzgebung. Es handelt sich aufgrund der Wahrnehmung der Gesetzgebungskompetenz durch den Bund unter Erfüllung der Voraussetzungen des Art. 72 Abs. 2 GG somit um eine Gesetzgebungsmaterie des Bundes. Selbständige Bundesoberbehörden sind den Bundesministerien nachgeordnete Bundesbehörden ohne eigenen Verwaltungsunterbau mit Zuständigkeit für das gesamte Bundesgebiet (BVerfGE 14, 197, 211), die organisatorisch aus den Ministerien ausgegliedert und in bestimmtem, allerdings unterschiedlichem Maß weisungsfrei gestellt sind. Das Umweltbundesamt ist als selbständige Bundesoberbehörde organisiert.

Eine Errichtung setzt voraus, dass die Aufgabe nicht auf eine bereits bestehende Behörde übertragen wird. Das Umweltbundesamt besteht schon länger, ist somit nicht neu errichtet worden. Dies steht im Widerspruch zum Wortlaut des Art. 87 Abs. 3 S. 1 GG. Fraglich ist, ob abweichend vom Wortlaut des Art. 87 Abs. 3 S. 1 GG Verwaltungskompetenzen auch auf bestehende Bundesoberbehörden oder sogar auf oberste Bundesbehörden übertragen werden dürfen. Oberste Behörden sind – anders als Oberbehörden – solche, die in der jeweiligen Verbandsverfassung benannt sind – auf Bundesebene also im Grundgesetz. Gegen eine Übertragung auf bereits bestehende Behörden ist anzuführen, dass dadurch die Länderkompetenzen massiv beeinträchtigt werden könnten. Im Grundgesetz wurde den Ländern gemäß Art. 83 GG grundsätzlich die Verwaltung von Bundesgesetzen übertragen, um mittels dieser Gewaltenverzahnung eine horizontale Gewaltenteilung im föderalistischen zweigliedrigen Bundesstaat, in dem Bund und Länder zumindest verfassungsrechtlich Staatsqualität haben, zu gewährleisten. Allerdings soll durch die dem Bund in Art. 87 Abs. 3 S. 1 GG eingeräumte Möglichkeit, Aufgaben durch Bundesbehörden zu verwalten, eine effektive und rechtsstaatliche Verwaltung sichergestellt werden. Wenngleich die Verwaltungskompetenzen der Länder durch eine Übertragung auf Bundesbehörden beeinträchtigt werden, erscheint es zu formalistisch, in Konstellationen des Art. 87 Abs. 3 S. 1 GG stets neue Behörden errichten zu müssen. Das ergibt sich bei Berücksichtigung der in praktischer Konkordanz maßgeblichen Verfassungsprinzipien wie dem in der Verfassung unter anderem in Art. 20 Abs. 3 GG verankerten Rechtsstaats- sowie dem in Art. 20 Abs. 1 GG enthaltenen Bundesstaatsprinzip.

Entscheidend ist, dass nicht die Gefahr besteht, dass der Bund übermäßig umfangreich Verwaltungsaufgaben über Art. 87 Abs. 3 S. 1 GG übernehmen wird. Zu einer effektiven Verwaltung bedarf es nämlich eines Verwaltungsmittel- bzw. Verwaltungsunterbaus. Eine Erweiterung desselben ist nur eingeschränkt und unter erhöhten Anforderungen möglich. Erwachsen dem Bund auf Gebieten, für die ihm die Gesetzgebung zusteht, neue Aufgaben, können gemäß Art. 87 Abs. 3 S. 2 GG nur bei dringendem Bedarf bundeseigene Mittel- und Unterbehörden mit Zustimmung des Bundesrates und der Mehrheit der Mitglieder des Bundestages i.S.d. Art. 121 GG errichtet werden. Zwar ist der Bundesrat ein Bundesorgan, jedoch ist dieses zumindest mit Vertretern der Länder besetzt, sodass bei der Errichtung eines Mittel- und Unterbaus für die Verwaltung i.S.d. Art. 87 Abs. 3 S. 2 GG die Länder zumindest mittelbar mitwirken könnten und somit geschützt bleiben.

Zudem entstehen dem Bund im Rahmen der bundeseigenen Verwaltung gemäß Art. 104a Abs. 1 GG zusätzliche Kosten, weshalb Aufgaben nicht in großem Umfang unnötig den Ländern entzogen werden dürften. Nach alledem darf gemäß Art. 87 Abs. 3 S. 1 GG auch auf bereits bestehende Behörden übertragen werden. Das gilt allerdings nur für Bundesoberbehörden, nicht für oberste Behörden wie z.B. die Bundesminister, weil sich dies einerseits aus dem Wortlaut des Art. 87 Abs. 3 S. 1 GG ergibt, andererseits die Gefahr des Machtmissbrauches durch Entziehung der Verwaltungskompetenzen bei den Ländern in Bundesmaterien anders als bei Oberbehörden zu groß wäre.

Die Verwaltungskompetenz durfte gemäß Art. 87 Abs. 3 S. 1 GG auf das Bundesumweltamt übertragen werden, zumal der Bundesrat dem Elektrogesetz zugestimmt hatte.

(2) Beleihung der juristischen Person

Fraglich ist, ob das im Gesetz enthaltene Modell zur Einschaltung einer juristischen Person des Privatrechts und deren Beleihung verfassungsgemäß ist. Insoweit könnte gegen das unter anderem in Art. 20 Abs. 2 S. 1 GG enthaltene Demokratieprinzip verstoßen worden sein. Demnach geht alle Staatsgewalt vom Volk aus. Vom Demokratieprinzip ist auch die personelle Legitimation umfasst, sodass jeglicher Amtswalter mittels einer je nach Gewichtigkeit mehr oder minder engen Legitimationskette über das Parlament als Repräsentativorgan auf das Volk rückführbar sein muss.

Durch eine Privatisierung wird die Legitimationskette durchbrochen, da Personen des Privatrechts im Vergleich zu öffentlich-rechtlich Bediensteten nur eine vergleichsweise geringe Legitimation vom Volk erhalten haben, wenngleich die Privatisierung auf von öffentlich-rechtlich Bediensteten geschaffene Regelungen rückführbar ist. Beim Verwaltungsprivatrecht, also einer Organisationsprivatisierung, wird eine juristische Person des Privatrechts mit öffentlichen Aufgaben betraut, wobei sie durch einen Beherrschungsvertrag oder durch Mehrheiten staatlich beherrscht wird, sodass zumindest ein gemischt-wirtschaftliches Unternehmen oder sogar eine staatliche Eigengesellschaft entsteht.

Für die juristische Person des Privatrechts gilt das Zivilrecht, zur Verhinderung einer Flucht des Staates in das Privatrecht allerdings zusätzlich eine unmittelbare Grundrechtsbindung.

Im Fiskalbereich handelt der Staat wie ein Bürger in Form der Bedarfsdeckung, Bestandsverwaltung und der wirtschaftlichen Tätigkeit – soweit erlaubt –, sodass das Zivilrecht zuzüglich eines sich unter anderem aus Art. 20 Abs. 3 GG ergebenden Willkürverbotes gilt, welches bei einem bestimmten Geschäftsvolumen durch vergaberechtliche Vorschriften spezifiziert wird.

Das Elektrogesetz wird von der EAR-GmbH verwaltet, welche von den Herstellern als gemeinsame Stelle i.S.d. § 17 ElektroG errichtet worden ist. Es handelt sich weder um eine staatliche Eigengesellschaft noch um eine durch einen Beherrschungsvertrag oder durch Mehrheitsanteile seitens des Staates beherrschte Gesellschaft. Da seitens der GmbH Hoheitsaufgaben wahrgenommen werden, sind ihr nicht lediglich private Handlungsformen zugewiesen, sodass es sich nicht lediglich um eine fiskalische Ausgestaltung handelt.

Vielmehr ist sie gemäß § 18 ElektroG mit hoheitlichen Befugnissen beliehen worden. Zwar sind öffentliche Aufgaben gemäß Art. 33 Abs. 4 GG in der Regel von Angehörigen des öffentlichen Dienstes auszuführen, jedoch wird die Regel durch Ausnahmen bestätigt, sodass eine Beleihung durch ein Gesetz bei hinreichender Bestimmtheit zulässig ist, wobei genuin staatliche Aufgaben nicht auf Private übertragen werden dürfen, weil dies mit dem Rechtsstaats- und Demokratieprinzip nicht vereinbar wäre.

(3) Kombination des Art. 87 Abs. 3 S. 1 GG mit der Beleihung

Fraglich ist, ob die Kombination der Übertragung der Verwaltungsaufgaben auf das Umweltbundesamt mit der Beleihungsmöglichkeit für die juristische Person verfassungsgemäß und somit mit dem sich unter anderem aus Art. 20 Abs. 2 S. 1 GG ergebenden Demokratieprinzip und dem sich unter anderem aus Art. 20 Abs. 3 GG ergebenden Rechtsstaatsprinzip vereinbar ist.

Einerseits müssen eine personelle Legitimation in Form einer Legitimationskette vom Amtswalter bis zum Volk und eine Rückkopplung zwischen Volk und Amtswalter gewährleistet sein, andererseits ist Exekutivgewalt zwischen Bund und Ländern horizontal aufzuteilen, wobei auch Bundesgesetze gemäß Art. 83 GG grundsätzlich von Landesbehörden verwaltet werden. Eine Beleihung muss insoweit die Ausnahme bleiben. Durch den Wortlaut des Art. 87 Abs. 3 S. 1 GG wird die Beleihung als solche nicht bereits ausgeschlossen, da juristische Personen des Privatrechts zwar nicht genannt sind, die Entscheidungskompetenz jedoch dem Bundesumweltamt, nicht aber einer juristischen Person des Privatrechts zusteht.

Durch das im Elektrogesetz vorgesehene Verwaltungsmodell könnte die Gefahr bestehen, dass der Bund zunächst Verwaltungsaufgaben auf Bundesbehörden überträgt, um anschließend zu beleihen und damit einen Verwaltungsunterbau zu vermeiden, zu dessen Errichtung es gemäß Art. 87 Abs. 3 S. 2 GG einer Mitwirkung des Bundesrates bedürfte, der zwar als Organ des Bundes einzuordnen ist, bei dessen Beschlüssen jedoch Ländervertreter beteiligt sind. Zudem besteht gemäß § 18 Abs. 1 ElektroG ein Weisungsrecht des Umweltbundesamtes gegenüber der beliehenen juristischen Person in Form einer Rechtsaufsicht. In § 18 Abs. 2 ElektroG sind ein Selbsteintritts- und ein Widerrufsrecht der beleihenden Bundesrepublik Deutschland vorgesehen, welche mittels des Umweltbundesamtes handelt. Dadurch wird es der Bundesrepublik Deutschland erleichtert, Aufgaben zu übernehmen, ohne einen Verwaltungsunterbau schaffen zu müssen.

Dennoch wird der Rechtsschutz der Hersteller durch das gewählte Verwaltungsmodell nicht verkürzt. Vielmehr wird ihnen gemäß § 17 Abs. 1 ElektroG eine Mitwirkung an der Verwaltung durch die Gründung der juristischen Person gewährt. Somit erfolgt eine rechtsstaatlich i.S.d. Art. 20 Abs. 3 GG erforderliche Bündelung der Kompetenzen, weil eine einheitliche zentrale Verwaltungsstelle geschaffen wird, an die sich die Hersteller wenden können. Durch die Mitwirkung der Hersteller in der GmbH besteht auch die Möglichkeit, dass Entscheidungen nicht vollständig den Vorgaben des Umweltbundesamtes entsprechen. Eine Weisungsgebundenheit besteht nicht, weil keine Fachaufsicht geregelt ist, sondern gemäß § 18 Abs. 1 ElektroG nur eine Rechtsaufsicht. Durch das Selbsteintrittsrecht i.S.d. § 18 Abs. 2 ElektroG wird keine Fachaufsicht begründet mit der Folge, dass das Bundesamt die Verwaltungsaufgaben zwar selbst wahrnehmen, jedoch die GmbH nicht als fachweisungsgebundenen Mittel- und Unterbau missbrauchen kann.

Inzwischen sieht § 40 Abs. 1 ElektroG (neue Fassung) eine Rechts- und Fachaufsicht vor, womit der Gesetzgeber die Einwirkungsmöglichkeiten des Umweltbundesamts auf die beliehenen gemeinsamen Stellen zugunsten der demokratischen Legitimation des Handelns deutlich ausgedehnt hat.

Zwar ergibt sich aus der Gewährung effektiven Rechtsschutzes nicht bereits die Verfassungsmäßigkeit der gewählten Konstruktion – bei Art. 87 Abs. 3 GG ist primär die bundesstaatliche Verteilung zwischen Bund und Ländern, nicht aber der Rechtsschutz des Bürgers maßgeblich –, jedoch hatte der Bundesrat als Organ des Bundes, in dem die Länder ihre Interessen vertreten, dem Elektrogesetz zugestimmt. Die Interessen der Länder sind somit – wie in Art. 87 Abs. 3 S. 2 GG angedacht – hinreichend berücksichtigt.

Nach Abwägung der demokratisch und rechtsstaatlich maßgeblichen Aspekte ist das Verwaltungsmodell verfassungsgemäß.

Es ist vertretbar, im Rahmen der praktischen Konkordanz zwischen Demokratie- und Rechtsstaatsprinzip die Verfassungswidrigkeit des Verwaltungsmodells anzunehmen.

---

(4) Art. 12 GG (Gesetz)

Da das Gesetz objektiv nur wirksam ist, soweit es objektiv verfassungsgemäß ist, muss es mit der Berufsfreiheit i.S.d. Art. 12 Abs. 1 GG vereinbar sein.

(a) Schutzbereichseingriff

Bezüglich des Schutzbereichseingriffes durch das Elektrogesetz ist ebenso wie für B im Einzelfall zwischen dem „Ob" und dem „Wie" zu differenzieren. Bezüglich der §§ 16 – 21 ElektroG ist Art. 12 GG hinsichtlich des „Wie" der Umsetzung der Richtlinie maßgeblich, da in den Normen mit dem „Ob" lediglich eins zu eins die Vorgaben der Richtlinie umgesetzt worden sind. Da bezüglich einer Person – B – ein auf die §§ 16 – 21 ElektroG gestützter Schutzbereichseingriff erfolgt ist, ist dieser auf das gesamte Elektrogesetz zu übertragen, wenngleich durch das Gesetz auch weitere Eingriffe bei weiteren Herstellern erfolgt sind.

(b) Rechtfertigung

Rechtfertigend ist das Elektrogesetz den Vorgaben des in Art. 12 Abs. 1 GG enthaltenen Gesetzesvorbehaltes entsprechend verfasst worden. Allerdings ist Art. 12 GG im Rahmen der sich aus anderen Verfassungsgütern ergebenden praktischen Konkordanz im Rahmen einer Wechselwirkung in Einklang zu bringen, sodass der Eingriff durch das Gesetz bezüglich des Art. 12 GG verhältnismäßig sein muss.

Zunächst kommt es nur auf die Verhältnismäßigkeit bezüglich der Berufsfreiheit an, da weitere Schutzbereiche noch nicht erörtert worden sind.

Da der Anwendungsbereich des Art. 12 GG bezüglich des „Wie" aufgrund der bezüglich des „Ob" in Betracht kommenden Unionsgrundrechte begrenzt ist, könnte nur die Art der Verwaltung bezüglich der Berufsfreiheit unverhältnismäßig sein. Diesbezüglich bestehen jedoch keine Anhaltspunkte, sodass eine Unverhältnismäßigkeit des Gesetzes bezüglich der Berufsfreiheit aus Art. 12 Abs. 1 GG nicht ersichtlich ist.

(5) Art. 14 GG (Gesetz)

Das Grundrecht auf Eigentum i.S.d. Art. 14 GG kann durch das Gesetz ungerechtfertigt beeinträchtigt werden.

(a) Schutzbereichseingriff

Der Schutzbereich des Art. 14 Abs. 1 GG kann eröffnet sein. Bezüglich der §§ 16 – 21 ElektroG ist Art. 14 GG nur bezüglich des „Wie" anwendbar.

Das Eigentum ist gemäß Art. 14 Abs. 1 S. 2 GG bereichsspezifisch definiert, wobei subsidiär die Eigentumsdefinition gemäß § 903 BGB maßgeblich ist. Chancen, Hoffnungen und Erwartungen werden durch Art. 14 Abs. 1 GG nicht geschützt, sondern lediglich Erworbenes und konkrete Eigentumspositionen als Bestand. Zwar ist das Vermögen als solches im Hinblick auf z.B. Zahlungspflichten grundsätzlich nicht als Eigentum geschützt, jedoch kann der vom Eigentum umfasste eingerichtete und ausgeübte Gewerbebetrieb bei Gesetzesadressaten wie z.B. B im Rahmen des objektiven Prüfungsmaßstabes betroffen sein. Da Art. 14 Abs. 1 GG jedoch nur bezüglich des „Wie", also der Umsetzung der Richtlinie maßgeblich ist, kommt allenfalls eine lastenungleiche Verteilung i.S.d. Eigentumsdefinition zulasten wirtschaftsschwacher Unternehmer in Betracht. Der Fokus der Betroffenheit ist somit bezüglich des „Wie" nicht auf das Eigentum, sondern auf den Gleichheitsgrundsatz gerichtet, sodass für die vom Gesetz betroffenen Hersteller bezüglich des „Wie" kein Schutzbereichseingriff ersichtlich ist.

(b) Zwischenergebnis

Ein Schutzbereichseingriff ist bezüglich des Art. 14 GG mittels der §§ 16 – 21 ElektroG bezüglich des „Wie" nicht erfolgt.

Bezüglich des Schutzbereichseingriffes ist eine Annahme desselben vertretbar. Dann müsste die Gleichbehandlungsproblematik im Rahmen des Art. 14 GG erörtert werden.

---

(6) Art. 3 Abs. 1 GG (Gesetz)

Das Gesetz kann mit dem allgemeinen Gleichheitsgrundsatz gemäß Art. 3 Abs. 1 GG bezüglich des „Wie" unvereinbar sein, da die Mitfinanzierungspflicht für Elektrogeräte für alle Hersteller gleichermaßen gilt und besondere Gleichheitssätze i.S.d. Artt. 3 Abs. 2, 3; 6 Abs. 5, 33 Abs. 1 – 3, 38 Abs. 1 GG nicht anwendbar sind.

Bezüglich des Schutzbereichseingriffes ist eine Annahme desselben vertretbar. Dann müsste die Gleichbehandlungsproblematik im Rahmen des Art. 14 GG erörtert werden.

Insoweit handelt es sich um die Ausgestaltung der Mitfinanzierungspflicht durch den nationalen Gesetzgeber, der Abstufungen im Einzelfall hätte schaffen können, dies aber unterließ. Eine Vorgabe über das „Wie" der genauen Verteilung der Finanzierungspflicht ist in Art. 8 Abs. 1 RL nicht geregelt. Soweit das „Wie" insoweit in das „Ob" übergehen sollte, fehlt es für eine Sperrwirkung durch unionale Grundrechte jedenfalls an einer unionsrechtlichen Regelung.

„Durch Art. 3 Abs. 1 GG wird der Gesetzgeber verpflichtet, wesentlich Gleiches gleich und wesentlich Ungleiches ungleich zu behandeln. Damit ist dem Gesetzgeber allerdings nicht jede Differenzierung verwehrt. Aus dem allgemeinen Gleichheitssatz ergeben sich vielmehr je nach Regelungsgegenstand und Differenzierungsmerkmalen unterschiedliche Grenzen, die vom bloßen Willkürverbot bis zu einer strengen Bindung an Verhältnismäßigkeitserfordernisse reichen. Da durch den Grundsatz, dass alle Menschen vor dem Gesetz gleich sind, primär eine ungerechtfertigte Verschiedenbehandlung von Personen verhindert werden soll, unterliegt der Gesetzgeber bei einer Ungleichbehandlung von Personengruppen regelmäßig einer strengen Bindung.

Daher ist das Gleichheitsgrundrecht verletzt, wenn der Gesetzgeber bei Regelungen, die Personengruppen betreffen, eine Gruppe von Normadressaten im Vergleich zu einer anderen Gruppe anders behandelt, obwohl zwischen beiden Gruppen keine Unterschiede von solcher Art und solchem Gewicht bestehen, dass sie die ungleiche Behandlung rechtfertigen könnten. Diese Grundsätze gelten aber auch dann, wenn eine Ungleichbehandlung von Sachverhalten mittelbar eine Ungleichbehandlung von Personengruppen bewirkt. Deshalb sind dem Gestaltungsspielraum des Gesetzgebers umso engere Grenzen gesetzt, je belastender sich die Ungleichbehandlung auf die Ausübung grundrechtlich geschützter Freiheiten nachteilig auswirken kann." (Vgl. zum Ganzen BVerfG 92, 53 m.w.N.). Der allgemeine Gleichheitssatz bei ungleichen Belastungen ist bei ungleichen Begünstigungen anwendbar. Verboten ist auch ein gleichheitswidriger Begünstigungsausschluss, bei dem eine Begünstigung einem Personenkreis gewährt, einem anderen Personenkreis aber vorenthalten wird.

(a) Ungleichbehandlung/Gleichbehandlung

Die Vergleichsobergruppe besteht aus allen Herstellern i.S.d. Elektrogesetzes, die gleich behandelt werden. Kapitalschwache Kleinunternehmen und kapitalstarke Großunternehmen müssen einen gleichhohen Pauschalbetrag zahlen, sodass

Untergruppen bestehen und Ungleiches im Rahmen des „Wie" gleich behandelt wird. Außerdem werden juristische Personen gegebenenfalls so behandelt wie natürliche Personen.

(b) Rechtfertigung

Eine Gleichbehandlung von wesentlich Ungleichem und eine Ungleichbehandlung von wesentlich Gleichem dürfen jedenfalls nicht willkürlich erfolgen. Je mehr ein Eingriff in den Gleichheitsgrundsatz personenbezogen ist bzw. je mehr er auf ein wesentliches Freiheitsrecht bezogen ist, desto eher ist eine Verhältnismäßigkeit erforderlich (BVerfGE 95, 267, 317 f.).

Im Examen ist jedenfalls eine Willkürprüfung maßgeblich (willkürliches Handeln ist stets unverhältnismäßig), gegebenenfalls eine Verhältnismäßigkeitsprüfung i.S.d. sogenannten „Neuen Formel". Eine Zwischenstufe ist nicht darstellbar.

Da durch den Grundsatz, dass alle Menschen vor dem Gesetz gleich sind, in erster Linie eine ungerechtfertigte Verschiedenbehandlung von Personen verhindert werden soll, besteht bei einer Ungleichbehandlung von Personengruppen regelmäßig eine strenge Bindung des Gesetzgebers (vgl. BVerfGE 55, 72, 88). Die engere Bindung ist jedoch nicht auf personenbezogene Differenzierungen beschränkt. Sie gilt auch, soweit durch eine Ungleichbehandlung von Sachverhalten mittelbar eine Ungleichbehandlung von Personengruppen bewirkt wird. Bei lediglich verhaltensbezogenen Unterscheidungen ist der Maßstab der Bindung davon abhängig, inwieweit die Betroffenen in der Lage sind, durch ihr Verhalten die Verwirklichung der Merkmale zu beeinflussen, nach denen unterschieden wird (vgl. BVerfGE 55, 72, 89). Überdies sind dem Gestaltungsspielraum des Gesetzgebers umso engere Grenzen gesetzt, je stärker sich die Ungleichbehandlung von Personen oder Sachverhalten auf die Ausübung grundrechtlich geschützter Freiheiten nachteilig auswirken kann (vgl. BVerfGE 60, 123, 134; 82, 126, 146).

Juristische Personen können gemäß Art. 19 Abs. 3 GG Träger von Grundrechten sein, wobei viele juristische Personen nichts anderes als einen Zusammenschluss natürlicher Personen darstellen. Insofern kann eine Ungleichbehandlung juristischer Personen nicht von vornherein als sachverhaltsbezogen behandelt werden, wobei das Ausmaß der individuellen Betroffenheit juristischer Personen durch hoheitliche Akte aber nach Rechtsform und Größe des Zusammenschlusses sehr unterschiedlich ausfallen kann.

Die Gleichbehandlung aller Hersteller ist personenbezogen und bezüglich der Berufsfreiheit freiheitsrechtsbezogen, sodass sie verhältnismäßig sein muss.

(aa) Verfassungsrechtlich legitimer Zweck

Es muss ein verfassungsrechtlich legitimer Zweck mit den §§ 16 – 21 ElektroG verfolgt werden, wobei ein solcher Zweck wegen der weiten Einschätzungsprärogative des Gesetzgebers lediglich nicht willkürlich sein darf. Mit dem Elektrogesetz soll der Umweltschutz als in Art. 20a GG enthaltenes Staatsziel gefördert werden. Dies ist ein legitimer Zweck, da er zumindest nicht willkürlich ist.

(bb) Eignung

Die §§ 16 – 21 ElektroG müssen im Hinblick auf den verfolgten Zweck geeignet sein. Es muss also der gewünschte Erfolg gefördert werden (BVerfGE 96, 10, 23; 67, 157, 173; 100, 313, 373; Jarass/Pieroth, 11. Aufl., Art. 20 GG, Rn 84). Dabei genügt es auf Gesetzesebene, wenn die abstrakte Möglichkeit der Zweckerreichung besteht (BVerfGE 100, 313, 373). Zum Schutz der Umwelt erfolgt eine präzise Koordination durch Registrierung, während durch die nur bezüglich des „Wie" zu berücksichtigende Mitfinanzierung der Entsorgung die Vermeidung der Umweltbelastung in Umsetzung der Richtlinie gefördert wird.

(cc) Erforderlichkeit und Verhältnismäßigkeit i. e. S.

Die getroffene Regelung darf nicht über das zur Verfolgung ihres Zweckes notwendige Maß hinaus-, also nicht weitergehen, als der mit ihr intendierte Schutzzweck reicht (BVerfGE 79, 179, 198; 100, 226, 241; 110, 1, 28). Es darf für die Erforderlichkeit zur Erreichung des Zwecks kein gleich geeignetes milderes Mittel ersichtlich sein. Um verhältnismäßig im engen Sinne zu sein, darf eine Regelung nicht disproportional zum angestrebten Zweck sein und somit nicht in einem erheblichen Missverhältnis dazu stehen. Voraussetzung für die Verhältnismäßigkeit i. e. S. ist es, dass der Eingriff in angemessenem Verhältnis zu dem Gewicht und der Bedeutung des Grundrechts steht (BVerfGE 67, 157, 173).

---

§ 31 Abs. 5 ElektoG (n. F.) sieht daher eine mehrgliedrige Berechnungsmethode für die Kostentragung der Entsorgung durch die Hersteller einer gemeinsamen Stelle vor:
- die Entsorgungskosten für historische Altgeräte tragen Hersteller nur entsprechend des von Ihnen in dem Meldezeitraum in Verkehr gebrachten Gewichts;
- und für (neuere) Altgeräte entsprechend der Anzahl bzw. des Gewichts der eigens in Verkehr gebrachten Geräte.

Während durch die Mitfinanzierungspflicht der Entsorgung und die Beibringung einer insolvenzsicheren Garantie für kapitalschwache Unternehmen im Vergleich zu kapitalstarken Unternehmen eine übermäßig starke Belastung entsteht, wäre ein milderes Mittel z. B. eine Verteilung der bezüglich des „Wie" zu berücksichtigenden Mitfinanzierungspflicht nach Marktmacht. Somit könnten Wettbewerbsverzerrungen vermieden werden, zumal auch im Übrigen Abgaben grundsätzlich nach Leistungsfähigkeit verteilt werden. Zudem profitieren umsatzstarke und somit in der Regel kapitalstarke Unternehmen durch größere Absatzzahlen mehr von der Registrierung als leistungsschwache und damit regelmäßig kapitalschwache Unternehmen. Durch eine vom Herstellerumsatz abhängige Abgabepflicht würde das Ziel ebenso erreicht werden – jedoch für die leistungsschwachen Unternehmen in grundrechtsschonenderer Weise.

Bezüglich des „Wie" ist die in § 17 Abs. 2 ElektroG enthaltene Gleichbehandlung des Ungleichen verfassungswidrig.

c) Zwischenergebnis
Die §§ 16 – 21 ElektroG sind mit dem allgemeinen Gleichheitsgrundsatz des Art. 3 Abs. 1 GG bezüglich des „Wie" unvereinbar.

bb) Materielle Verfassungsmäßigkeit des § 22a ElektroG
Die über die Vorgaben der europäischen Richtlinie hinausgehende Regelung des § 22a ElektroG kann verfassungswidrig sein, wobei die nationalen Grundrechte insoweit bezüglich des „Ob" und bezüglich des „Wie" maßgeblich sind.

(1) Art. 12 GG
(a) Schutzbereichseingriff
Bezüglich des Schutzbereichseingriffes durch das Elektrogesetz ist bezüglich des § 22a ElektroG nicht zwischen dem „Ob" und dem „Wie" zu differenzieren, da die nationale Regelung insoweit über die in der Richtlinie enthaltene unionsrechtliche Vorgabe hinausgeht.

Durch die Berufsfreiheit i.S.d. Art. 12 Abs. 1 GG werden die Berufsausübung und die Berufswahl geschützt. Ein Beruf ist jede auf Dauer angelegte Tätigkeit, die in ideeller wie in materieller Hinsicht der Schaffung bzw. Erhaltung einer Lebensgrundlage dient, soweit sie nicht sozial- bzw. gemeinschaftsschädlich ist. Dazu gehört auch die Tätigkeit der Hersteller elektronischer Geräte.

Es muss ein Eingriff in den Schutzbereich der Berufsfreiheit erfolgt sein. Staatliches Handeln stellt grundsätzlich einen Grundrechtseingriff dar, soweit dadurch grundrechtliche Schutzpositionen verkürzt werden. Um diesen weiten Eingriffsbegriff der Grundrechte mittels praktischer Konkordanz mit dem Rechtsstaatsprinzip in Einklang zu bringen, ist bezüglich der Anforderungen an einen Eingriff auf dessen Art abzustellen. Somit ist zwischen klassischen – also finalen unmittelbaren Eingriffen durch Rechtssetzungsakte – und unmittelbaren Eingriffen im Übrigen durch Realhandeln, mittelbaren Eingriffen sowie bei der Berufsfreiheit solchen unmittelbaren Eingriffen zu differenzieren, die lediglich das Umfeld der Maßnahme betreffen. Ist ein Eingriff bei finalen unmittelbaren Eingriffen nicht näher zu erörtern, ist ein mittelbarer Grundrechtseingriff nur bei Intention bzw. besonderer Intensität anzunehmen, wobei im Rahmen der Berufsfreiheit insofern die Termini subjektiv und objektiv berufsregelnde Tendenz gelten. Die Kriterien der subjektiv bzw. objektiv berufsregelnden Tendenz sind bei unmittelbaren Eingriffen, die lediglich das Umfeld der Maßnahme betreffen, entsprechend anwendbar.

Durch § 22a Abs. 1 S. 2 ElektroG wird eine gleich hohe Mitfinanzierungspflicht für die vorgesehenen Beratungen begründet, durch welche zwar nicht die berufliche Tätigkeit als solche verändert wird, jedoch unmittelbar eine Pflicht begründet wird, innerhalb des beruflichen Umfeldes Beratungen undifferenziert mitzufinanzieren. Insoweit ist ein unmittelbarer Eingriff in das Umfeld des Grundrechtes in Form der Intensität, also der objektiv berufsregelnden Tendenz erfolgt, da durch die Mitfinanzierungspflicht zumindest einige Hersteller derart schwer und unerträglich getroffen werden, dass sie ihrem Beruf mangels Solvenz nicht weiter nachgehen können. Auch der Ausschluss der Befreiungsmöglichkeit von der Pflicht zur Beibringung einer insolvenzsicheren Garantie in § 22a Abs. 2 ElektroG stellt einen ebensolchen Eingriff dar.

(b) Rechtfertigung

Das Elektrogesetz – auch § 22a ElektroG – ist ein formelles Gesetz, welches hinreichend bestimmt formuliert ist und dem in Art. 12 GG enthaltenen Regelungsvorbehalt entspricht. Das Gesetz kann bezüglich der Berufsfreiheit i.S.d. Art. 12 GG verhältnismäßig sein.

(aa) Zweck

Hinsichtlich des legitimen Zwecks des Eingriffs in die Berufsfreiheit ist in Art. 12 GG die Differenzierung vorgesehen zwischen:

    Stufe 1 (Berufsausübung): jeder legitime Zweck genügt; und

    Stufe 2+3 (subjektive und objektive Berufswahl): der Schutz eines besonders wichtigen Gemeinschaftsgutes muss bezweckt sein.

Dem Gesetz muss ein legitimer Zweck zugrunde liegen. Wegen der weiten Einschätzungsprärogative des Gesetzgebers als Repräsentant des Volkes ist der Zweck grundsätzlich nur insoweit überprüfbar, als er nicht willkürlich bzw. offensichtlich verfassungswidrig sein darf. Im Rahmen der Berufsfreiheit genügt hinsichtlich eines Eingriffes in die Berufsausübung als Zweck jeglicher Gemeinwohlbelang. Ist allerdings die Berufswahl betroffen, muss die Regelung zum Schutz eines besonders wichtigen Gemeinschaftsgutes zwingend sein. Eine Erweiterung der Prüfbarkeit des Gesetzeszweckes zulasten der Einschätzungsprärogative des Gesetzgebers bei der Berufswahl ist bezüglich des Demokratieprinzips nicht verfassungswidrig, weil der Handlungsspielraum des Gesetzgebers durch die weite Auslegung im Rahmen der Rechtfertigungssystematik des Art. 12 Abs. 1 S. 2 GG für die Berufswahl erweitert worden ist. Insoweit hätte der Gesetzgeber Eingriffe in die Berufswahl nur mittels verfassungsimmanenter Schranken rechtfertigen können. Wurde der Spielraum des Gesetzgebers aber zunächst erweitert, darf die Einschätzungsprärogative beim Gesetzeszweck wieder verkürzt werden. Soweit alle Hersteller betroffen sind, wirken sich die in § 22a ElektroG enthaltenen Vorgaben als Berufsausübungsregelungen aus. Der legitime Gesetzeszweck ist der Schutz der Umwelt durch Organisation und Finanzierung der Elektroaltgeräteentsorgung sowie durch Aufklärung in Form der Verbraucherberatung als Gemeinwohlbelang.

(bb) Eignung
Eine Maßnahme ist geeignet, wenn durch sie der Zweck gefördert wird, wobei auch insoweit die Einschätzungsprärogative des Gesetzgebers zu berücksichtigen ist. Durch Organisation, Mitfinanzierung und Beratung wird die Elektroaltgeräteentsorgung kanalisiert und kontrolliert, sodass eine effizientere Entsorgung erfolgt. § 22a ElektroG ist zur Förderung des Zwecks geeignet.

(cc) Erforderlichkeit
Die Regelung muss auch erforderlich sein. Eine Regelung ist erforderlich, wenn kein gleich geeignetes milderes Mittel denkbar ist, wobei wiederum die Einschätzungsprärogative des Gesetzgebers zu berücksichtigen ist. Jegliche Ausnahmen von den in § 22a ElektroG begründeten Pflichten würden zu einer Verwässerung der klaren Organisationsstrukturen und Entsorgungsstrategien führen und wären als repressive Verbote mit Befreiungsvorbehalt zwar mildere Mittel als das repressive Verbot ohne Befreiung, jedoch nicht gleich geeignet. Gleiches gilt für ebenfalls mildere präventive Verbote mit Erlaubnisvorbehalt, zumal letztere wegen der in Art. 8 der europäischen Richtlinie enthaltenen und

umzusetzenden Vorgaben unionsrechtswidrig wären. Die Regelung des § 22a ElektroG war erforderlich.

(dd) Verhältnismäßigkeit i. e. S. bzgl. der Berufsfreiheit

In der Verhältnismäßigkeit ist zu differenzieren zwischen:
  Stufe 2 (subjektive Berufswahl) und
  Stufe 3 (objektive Berufswahl).
Als Ausprägung der Verhältnismäßigkeit sind zudem die Auswirkungen auf (Berufs-)Unter-gruppen zu berücksichtigen.

---

§ 22a ElektroG kann als im engen Sinne verhältnismäßige Regelung ausgestaltet sein. Das setzt voraus, dass zwischen Mittel und Zweck keine Disproportionalität besteht. Ist nicht nur die subjektive Berufswahl, die auf subjektive Kriterien des Einzelnen abzielt, betroffen, sondern die objektive Berufswahl, welche an vom Einzelnen nicht beeinflussbare Kriterien anknüpft, bedarf es für die Verhältnis-mäßigkeit der Regelung im engen Sinne einer schweren Gefahr für ein überragend wichtiges Gemeinschaftsgut, die mittels der Regelung abgewehrt werden soll.

Während Hersteller von Elektrogeräten allgemein lediglich in ihrer Berufs-ausübung betroffen sind, wirkt § 22a ElektroG bezüglich finanzschwacher Klein-unternehmen mittels der Beibringungspflicht bezüglich einer insolvenzsicheren Garantie und der Mitfinanzierungspflicht wie eine objektive Berufswahlregelung, sodass die Regelung zur Abwehr schwerer Gefahren für überragend wichtige Gemeinschaftsgüter zwingend sein muss. Zwar ist der Umweltschutz ein wichtiges Gemeinschaftsgut, jedoch ist es zur Erreichung eines angemessenen Schutzum-fanges nicht notwendig, sämtliche Kleinunternehmer ohne Befreiungsmöglich-keit zur Beibringung einer insolvenzsicheren Garantie unter Mitfinanzierung von Beratungsgesprächen zu verpflichten. Während die Garantie in der Richtlinie ohne Befreiungsmöglichkeit vorgesehen und daher im Rahmen des Art. 12 GG nicht Prüfungsgegenstand ist, bedarf es der Mitfinanzierungspflicht für Bera-tungsgespräche nicht. Durch die Mitfinanzierungspflicht für Beratungsgespräche werden umsatzschwache Unternehmen bzw. Kleinunternehmen verstärkt belas-tet, sodass sich die Regelung wie eine objektive Berufswahlregelung auswirkt. Die Regelung § 22a Abs. 1 ElektroG ist mit der Berufsfreiheit i.S.d. Art. 12 GG nicht vereinbar.

Im Rahmen der Disproportionalität sind andere Positionen vertretbar, da es um Wertungsfragen geht.

---

(2) Art. 14 GG (Gesetz)

Das Grundrecht auf Eigentum i.S.d. Art. 14 GG kann durch das § 22a ElektroG ungerechtfertigt beeinträchtigt werden.

(a) Schutzbereichseingriff

Der Schutzbereich des Art. 14 Abs. 1 GG kann eröffnet sein. Bezüglich des § 22a ElektroG ist Art. 14 GG bezüglich des „Ob" und des „Wie" anwendbar.

Das Eigentum ist gemäß Art. 14 Abs. 1 S. 2 GG bereichsspezifisch definiert, wobei subsidiär die Eigentumsdefinition gemäß § 903 BGB maßgeblich ist. Chancen, Hoffnungen und Erwartungen werden durch Art. 14 Abs. 1 GG nicht geschützt, sondern lediglich Erworbenes und konkrete Eigentumspositionen als Bestand. Zwar ist das Vermögen als solches im Hinblick auf z. B. Zahlungspflichten grundsätzlich nicht als Eigentum geschützt, jedoch kann der vom Eigentum umfasste eingerichtete und ausgeübte Gewerbebetrieb bei Gesetzesadressaten wie z. B. B im Rahmen des objektiven Prüfungsmaßstabes betroffen sein.

Bezüglich des „Wie" im Hinblick auf Art. 14 Abs. 1 GG kommt wie bezüglich der §§ 16 – 21 ElektroG nur eine lastenungleiche Verteilung i.S.d. Eigentumsdefinition zulasten wirtschaftsschwacher Unternehmer in Betracht. Schwerpunktmäßig steht bezüglich des „Wie" somit nicht das Eigentum im Sinne konkreter Eigentumspositionen im Fokus, sondern der Gleichbehandlungsgrundsatz, sodass für die vom Gesetz betroffenen Hersteller bezüglich des „Wie" kein Schutzbereichseingriff ersichtlich ist.

Hinsichtlich des „Ob" fehlen Anhaltspunkte dafür, dass tatsächlich eingerichtete und ausgeübte Gewerbebetriebe als konkreter Eigentumsbestand betroffen sind, weil die Beratungspflicht nicht die Hersteller selbst trifft – anders als die unionsrechtlich vorgegebene Registrierungspflicht. Aus der Mitfinanzierungspflicht der Beratung durch die EAR ergibt sich kein Eingriff in konkrete Eigentumspositionen, da das Vermögen als solches nicht geschützt ist.

(b) Zwischenergebnis

Ein Schutzbereichseingriff ist bezüglich des Art. 14 GG mittels des § 22a ElektroG bezüglich des „Wie" und des „Ob" nicht erfolgt.

(3) Art. 3 Abs. 1 GG (§ 22a ElektroG)

Bezüglich des allgemeinen Gleichheitsgrundsatzes aus Art. 3 Abs. 1 GG ist ein ungerechtfertigter Eingriff bezüglich des „Ob" des § 22a ElektroG nicht ersichtlich, weil die in Betracht kommende ungerechtfertigte Gleichbehandlung von wesentlich Gleichem nicht das „Ob" der Mitfinanzierungspflicht, sondern das „Wie" derselben betrifft. Bezüglich des „Wie" ist die Mitfinanzierungspflicht für die Beratungsgespräche mit dem allgemeinen Gleichheitsgrundsatz i.S.d. Art. 3 Abs. 1 GG ebenso unvereinbar wie die Mitfinanzierungspflicht für die Altgeräteentsorgung, sodass darin ein Verstoß gegen Art. 3 Abs. 1 GG besteht.

c) Zwischenergebnis

Das Elektrogesetz ist verfassungswidrig, sodass die durch das Gesetz und den Gesetzesvollzug in die Berufsfreiheit aus Art. 12 Abs. 1 GG erfolgten Schutzbereichseingriffe nicht gerechtfertigt sind.

II. Art. 101 Abs. 1 S. 2 GG (Einzelfall)

Durch das letztinstanzliche und die übrigen Behördenentscheidungen bestätigende Urteile kann B in seinem in Art. 101 Abs. 1 S. 2 GG verfassungsrechtlich garantierten Recht auf den gesetzlichen Richter verletzt sein. Das Recht auf den gesetzlichen Richter ist ungerechtfertigt entzogen worden, soweit wegen des Bezuges zum Unionsrecht als Europarecht im engen Sinne gegenüber dem Gerichtshof der Europäischen Union eine Auslegungs- bzw. eine Gültigkeitsvorlage i.S.d. Art. 267 AEUV hätte erfolgen müssen. Ebenso wäre der gesetzliche Richter entzogen worden, wenn eine Vorlage des Elektrogesetzes beim Bundesverfassungsgericht als konkrete Normenkontrolle gemäß Art. 100 GG hätte erfolgen müssen.

Soweit eine Vorabentscheidung i.S.d. Art. 267 AEUV erforderlich gewesen wäre, wird das Bundesverfassungsgericht die Entziehung des gesetzlichen Richters feststellen und im Rahmen der Urteilsverfassungsbeschwerde gemäß § 95 Abs. 2 HS. 2 BVerfGG i.V.m. § 90 Abs. 2 BVerfGG an das Fachgericht zurückverweisen, welches dann beim Gerichtshof der Europäischen Union im Wege der Vorabentscheidung vorlegen wird. Nur in Ausnahmekonstellationen und bei Entscheidungserheblichkeit des Unionsrechts für die Entscheidung des Bundesverfassungsgerichts – z.B. in Grenzbereichen der Reichweite der Unionsgrundrechte, durch welche der Anwendungsbereich des Unionsrechts verkürzt werden kann – wird das Bundesverfassungsgericht dem Gerichtshof der Europäischen Union bezüglich des Unionsrechts vorlegen, wenngleich insoweit ein relativer weiter rechtlicher Spielraum besteht.

1. Vorlage beim Gerichtshof der Europäischen Union

Beim EuGH wird kein nationales Recht vorgelegt, sondern lediglich bezüglich der Auslegung primären Unionsrechts oder der Auslegung bzw. Gültigkeit sekundären Unionsrechts vorgelegt.

Eine Vorabentscheidung des Gerichtshofes der Europäischen Union ist gemäß Art. 267 Abs. 1 lit. a AEUV bezüglich der Auslegung des primären Unionsrechts und gemäß Art. 267 Abs. 1 lit. b AEUV bezüglich der Gültigkeit und der Auslegung des sekundären Unionsrechts möglich. Die Richtlinie bezüglich der Entsorgung der Elektroaltgeräte ist im ordentlichen Gesetzgebungsverfahren i.S.d. Artt. 46 ff. EUV i.V.m. Art. 294 AEUV erlassen worden und stellt somit einen Gesetzgebungsakt i.S.d. Art. 289 Abs. 3 AEUV dar. Die Richtlinie ist gemäß Art. 288 Abs. 3 AEUV sekundäres Unionsrecht, welches von den Mitgliedstaaten umzusetzen ist und grundsätzlich nicht unmittelbar gilt.

Wird eine Unionsrichtlinie nicht umgesetzt, kann sie unmittelbar gelten, soweit sie hinreichend bestimmt und unbedingt ist.

Gemäß Art. 267 Abs. 2 AEUV besteht bei Gerichten grundsätzlich eine Einschätzungsprärogative bezüglich des Erfordernisses der Vorlage beim Gerichtshof der Europäischen Union. Lediglich Gerichte, deren Entscheidung nicht mit Mitteln innerstaatlichen Rechts angefochten werden kann, sind gemäß Art. 267 Abs. 3 AEUV zur Vorlage beim Gerichtshof der Europäischen Union verpflichtet, wobei eine Vorlage i.S.d. effet utile in Verbindung mit dem Anwendungsvorrang des Unionsrechts auch erfolgen muss, soweit ein Instanzenzug zwar vorgesehen, jedoch faktisch mangels Einschränkungen wie z.B. der Nichtzulassung der Berufung i.S.d. §§ 124 ff. VwGO oder der Nichtzulassung der Revision i.S.d. §§ 132 ff. VwGO nicht möglich ist.

Bei einer Verkürzung der Berufung bzw. Revision gilt das zuvor entscheidende Gericht als solches i.S.d. Art. 267 Abs. 3 AEUV.

Jedenfalls das von B angerufene Bundesverwaltungsgericht war die letzte Instanz, sodass bei der Vorfrage des Unionsrechts bezüglich des in der Europäischen Richtlinie geregelten „Ob" der Entsorgungs- und der Mitfinanzierungspflicht bezüglich der Entsorgung gegebenenfalls der Gerichtshof der Europäischen Union hätte angerufen werden müssen (zum Ganzen: BVerfG vom 25. 2. 2010 – 1 BvR 230/09, Rn 14, 18, 19).

a) Vertretbarkeitskontrolle

Einerseits kommt eine Vertretbarkeitskontrolle in Betracht. Insoweit bestünde ein weiter Prüfungsspielraum für das Bundesverfassungsgericht. Die Vorlagepflicht i.S.d. Art. 267 AEUV zur Klärung der Auslegung unionsrechtlicher Vorschriften wird danach in verfassungswidriger Weise gehandhabt, wenn ein letztinstanzliches Gericht eine Vorlage trotz der – seiner Auffassung nach bestehenden – Entscheidungserheblichkeit der unionsrechtlichen Frage nicht erwägt, obwohl es Zweifel hinsichtlich der richtigen Beantwortung der Frage hat (grundsätzliche Verkennung der Vorlagepflicht; vgl. BVerfGE 82, 159, 195). Gleiches gilt in Konstellationen, in denen das letztinstanzliche Gericht in seiner Entscheidung bewusst von der Rechtsprechung des Gerichtshofes der Europäischen Union zu entscheidungserheblichen Fragen abweicht und gleichwohl nicht oder nicht neuerlich vorlegt (bewusstes Abweichen von der Rechtsprechung des Gerichtshofs ohne Vorlagebereitschaft; vgl. BVerfGE 75, 223, 245; BVerfGE 82, 159, 195).

Besteht bezüglich einer entscheidungserheblichen Frage des Unionsrechts noch keine Rechtsprechung des Gerichtshofs der Europäischen Union oder hat er die entscheidungserhebliche Frage möglicherweise noch nicht erschöpfend beantwortet oder erscheint eine Fortentwicklung der Rechtsprechung des Europäischen Gerichtshofs nicht nur als entfernte Möglichkeit, so wird Art. 101 Abs. 1 S. 2 GG verletzt, wenn das letztinstanzliche Hauptsachegericht den ihm in solchen Fällen notwendig zukommenden Beurteilungsrahmen in unvertretbarer Weise überschritten hat. Dies ist in der Regel anzunehmen, wenn mögliche Gegenauffassungen zu der entscheidungs-erheblichen Frage des Unionsrechts gegenüber der Auffassung des Gerichts eindeutig vorzuziehen sind (vgl. BVerfGE 82, 159, 195 f.; BVerfGK 10, 19, 29).

Insoweit ist es auch maßgeblich, ob das Gericht hinsichtlich des europäischen Rechts ausreichend kundig ist. Soweit dem nicht so ist, verkennt das Gericht regelmäßig die Bedingungen für die Vorlagepflicht. Zudem hat das Fachgericht Gründe anzugeben, die dem Bundesverfassungsgericht eine Kontrolle am Maßstab des Art. 101 Abs. 1 S. 2 GG ermöglichen (vgl. BVerfGK 8, 401, 405; 10, 19, 31; BVerfG, Beschluss der 3. Kammer des Ersten Senats vom 20. 2. 2008 – 1 BvR 2722/ 06 –, NVwZ 2008, 780 f.; Beschluss der 2. Kammer des Ersten Senats vom 9.1. 2001 – 1 BvR 1036/99 –, juris, Rn 21).

b) Willkürkontrolle

Anstelle der Vertretbarkeitskontrolle kommt auch eine bloße Willkürkontrolle bezüglich der Verletzung der Vorlagepflicht i.S.d. Art. 267 Abs. 3 GG in Betracht, bei welcher der Prüfungsmaßstab des Bundesverfassungsgerichts eingeengt wäre (BVerfG, 6. 7. 2010 – 2 BvR 2661/06 – [Honeywell], Rn 89, 90).

Bezüglich der Vertretbarkeits- bzw. der Willkürkontrolle bestehen innerhalb des BVerfG unterschiedliche Auffassungen.

Das Bundesverfassungsgericht ist demnach unionsrechtlich nicht verpflichtet, die Verletzung der unionsrechtlichen Vorlagepflicht zu kontrollieren und an der Rechtsprechung des Gerichtshofs der Europäischen Union zu Art. 267 Abs. 3 AEUV auszurichten (vgl. BVerfG, Beschluss der 1. Kammer des Zweiten Senats vom 6.5.2008 – 2 BvR 2419/06 –, NVwZ-RR 2008, 658, 660; anders BVerfG, Beschluss der 3. Kammer des Ersten Senats vom 25.2.2010 – 1 BvR 230/09 –, NJW 2010, 1268, 1269). In Art. 267 Abs. 3 AEUV wird kein zusätzliches Rechtsmittel zur Überprüfung der Einhaltung der Vorlagepflicht gefordert (vgl. Kokott/Henze/Sobotta JZ 2006, S. 633, 635). Ein letztinstanzliches Gericht i.s.d. Art. 267 Abs. 3 AEUV ist definitionsgemäß die letzte Instanz, vor welcher der Einzelne Rechte geltend machen kann, die ihm aufgrund des Unionsrechts zustehen (vgl. EuGH, Urteil vom 30.9.2003, Rs. C-224/01, Köbler, Slg. 2003, S. I-10239, Rn 34). So behalten die Fachgerichte bei der Auslegung und Anwendung von Unionsrecht einen Spielraum eigener Einschätzung und Beurteilung, der demjenigen bei der Handhabung einfachrechtlicher Bestimmungen der deutschen Rechtsordnung entspricht. Das Bundesverfassungsgericht, das nur über die Einhaltung der Grenzen dieses Spielraums wacht, wird seinerseits nicht zum „obersten Vorlagenkontrollgericht" (vgl. BVerfG, Beschluss der 1. Kammer des Zweiten Senats vom 9.11.1987 – 2 BvR 808/82 –, NJW 1988, 1456, 1457).

c) Grundlegende Maßstäbe

Eine Verletzung des Art. 101 Abs. 1 S. 2 GG ist typischerweise anzunehmen bei:
- Verkennung der Vorlagemöglichkeit i.S.d. Art. 267 AEUV
- bewusster Abweichung von der Rechtsprechung des EuGH
- eindeutiger Unvollständigkeit der Rechtsprechung des EuGH

Unabhängig von der Reichweite des Prüfungsmaßstabes des Bundesverfassungsgerichts im Rahmen einer Vertretbarkeits- bzw. Willkürkontrolle ist die Vorlagepflicht jedenfalls verletzt worden, soweit die Vorlagepflicht grundsätzlich verkannt oder bewusst von der Rechtsprechung des Gerichtshofes der Europäischen Union abgewichen wurde bzw. die Rechtsprechung des Gerichtshofes der Europäischen Union unvollständig ist.

d) Unionsrechtswidrigkeit der Richtlinie

Das Bundesverfassungsgericht ist zwar nicht primär für die Verwerfung von Unionsrecht zuständig, jedoch muss es zumindest im Rahmen seiner Prüfungskompetenz bezüglich des Art. 101 Abs. 1 S. 2 GG prüfen.

Ob seitens des Bundesverwaltungsgerichts als letztinstanzliches Gericht eine Vorlagepflicht bezüglich des Gerichtshofes der Europäischen Union verletzt worden ist, ist davon abhängig, ob die Richtlinie als Sekundärrechtsakt i.S.d. Art. 288 Abs. 3 AEUV mit dem primären Unionsrecht unvereinbar ist. Sollten zumindest erhebliche Zweifel an der Vereinbarkeit der Richtlinie mit dem primären Unionsrecht bestehen und sollten seitens des Bundesverwaltungsgerichts die Grenzen der Einschätzungsprärogative überschritten worden sein, ist die Verletzung der Vorlagepflicht i.S.d. Art. 267 Abs. 3 AEUV und damit die Entziehung des gesetzlichen Richters gemäß Art. 101 Abs. 1 S. 2 GG festzustellen. Die Richtlinie kann unionsrechtswidrig sein.

Aufbauhinweis: Die Prüfungsfolge für die Unionsrechtmäßigkeit von Verordnungen, Richtlinien und Beschlüsse auf Unionsebene ergibt sich aus Art. 263 Abs. 2 AEUV:
1. Zuständigkeit
2. Form
3. Inhalt

---

aa) Zuständigkeit
Die Zuständigkeiten sind bei der Gesetzgebung gewahrt worden, zumal die Umweltpolitik der Europäischen Union gemäß Art. 191 AEUV im Rahmen der begrenzten Einzelermächtigung i.S.d. Artt. 4 Abs. 1, 5 Abs. 1 EUV zugewiesen ist. Als Organe haben zudem der Rat und das Europäische Parlament i.S.d. Art. 294 AEUV im Rahmen der Organkompetenz zusammengewirkt.

bb) Form
Organinterne sowie organexterne Verfahrensvorschriften sowie Formvorschriften im engen Sinne sind eingehalten worden. Die Richtlinie ist somit formgerecht zustande gekommen.

cc) Inhalt

Die Richtlinie als Rechtsakt ist jedenfalls unionsrechtswidrig, soweit die Verträge als Primärrecht einschließlich der Protokolle und Anhänge verletzt sind. Zu den maßgeblichen Normen gehören die Artt. 28 ff. AEUV, in denen die Grundfreiheiten geregelt sind, sowie die EU-Grundrechte-Charta, welche wegen des Verweises in Art. 6 Abs. 1 EUV mit den Verträgen gleichrangig ist und als primäres Unionsrecht einzustufen ist. Auch sonstige rechtsstaatliche Mindestanforderungen i.S.d. Art. 2 EUV sind als Primärrecht zu beachten.

Die Richtlinie ist als abstrakt-generelle Regelung objektiv und nicht nur bezüglich des B zu prüfen.

---

(1) Vereinbarkeit mit Unionsgrundrechten und der Europäischen Menschenrechtskonvention

Materiell kann die Richtlinie mit der EU-Grundrechte-Charta bzw. der Europäischen Menschenrechtskonvention unvereinbar sein. Während die EU-Grundrechte-Charta gemäß Art. 6 Abs. 1 EUV als den Verträgen gleichrangig eingestuft ist und daher als primäres Unionsrecht Maßstab für die Richtlinie ist, besteht auf die Europäische Menschenrechtskonvention kein Verweis, sondern sie gilt gemäß Art. 6 Abs. 3 EUV für die Europäische Union zunächst nur als allgemeiner Grundsatz, wenngleich die Europäische Union der Europäischen Menschenrechtskonvention i.S.d. Art. 6 Abs. 2 EUV beizutreten beabsichtigt.

(a) Artt. 15, 16 EU-GR-Charta

Ob mit dem Eigentum oder der Berufsfreiheit begonnen wird, ist freigestellt.

Fraglich ist, ob durch den Erlass der Richtlinie in die durch die EU-Grundrechte-Charta in den Artt. 15, 16 EU-GR-Charta geschützte Berufsfreiheit für Unternehmer ungerechtfertigt eingegriffen worden ist.

Unionsgrundrechte sind wegen der internationalen Einflüsse trotz der intensiven Mitwirkung bei der Entwicklung der EU-GR-Charta durch unterschiedliche Verfassungen geprägt, jedoch in der Klausur ähnlich wie nationale Grundrechte zu prüfen.

(aa) Schutzbereich

Der Schutzbereich der Artt. 15 Abs. 1; 16 EU-GR-Charta kann eröffnet sein. Dazu muss die EU-Grundrechte-Charta anwendbar sein. Die EU-Grundrechte-Charta gilt gemäß Art. 51 Abs. 1 EU-GR-Charta für die Organe und Einrichtungen der Union unter Einhaltung des Subsidiaritätsprinzips und für Mitgliedstaaten ausschließlich bei der Durchführung des Rechts der Union, wobei gemäß Art. 51 Abs. 2 EU-GR-Charta weder neue Zuständigkeiten noch neue Aufgaben für die Union begründet werden. Auch die in den Verträgen festgelegten Zuständigkeiten und Aufgaben werden durch die EU-Grundrechte-Charta nicht geändert. Bei der Richtlinie der Europäischen Union handelt es sich um einen Unionsakt, sodass die EU-Grundrechte-Charta anwendbar ist.

Durch die Berufsfreiheit werden die Berufsausübung und die Berufswahl geschützt. Ein Beruf ist jede auf Dauer angelegte Tätigkeit, die in ideeller wie in materieller Hinsicht der Schaffung bzw. Erhaltung einer Lebensgrundlage dient, soweit sie nicht sozial- bzw. gemeinschaftsschädlich ihrem Wesen nach ist. Von der Richtlinie sind Unternehmer auf den Gebieten der Mitgliedstaaten betroffen, die Elektrogeräte herstellen und damit ihren Lebensunterhalt verdienen. Der Schutzbereich der Berufsfreiheit ist eröffnet.

(bb) Eingriff

Es muss ein Eingriff in den Schutzbereich der Berufsfreiheit erfolgt sein. Staatliches Handeln stellt grundsätzlich einen Grundrechtseingriff dar, soweit dadurch grundrechtliche Schutzpositionen verkürzt werden. Um diesen weiten Eingriffsbegriff der Unionsgrundrechte mittels praktischer Konkordanz mit dem Rechtsstaatsprinzip in Einklang zu bringen, ist bezüglich der Anforderungen an einen Eingriff auf dessen Art abzustellen. Ähnlich wie auf nationaler Ebene ist zwischen klassischen – also finalen unmittelbaren Eingriffen durch Rechtssetzungsakte – und unmittelbaren Eingriffen im Übrigen durch Realhandeln sowie bezüglich der Berufsfreiheit solchen unmittelbaren Eingriffen zu differenzieren, bei denen lediglich das Umfeld der Maßnahme betroffen ist. Durch die Richtlinie wird die Berufsfreiheit der Unternehmer insoweit betroffen, als es Regulierungen mit bürokratischem Aufwand bezüglich der Entsorgung der von ihnen und anderen vertriebenen Geräte gibt. Zudem müssen sie eine Rücknahme organisieren. Ein Eingriff in die Artt. 15 Abs. 1, 16 EU-GR-Charta besteht.

(cc) Rechtfertigung

Der Eingriff kann gerechtfertigt sein.

(aaa) Gesetzesvorbehalt

Eingriffe in die europäischen Grundrechte sind gemäß Art. 52 Abs. 1 S. 1 EU-GR-Charta nur gerechtfertigt, soweit sie gesetzlich vorgesehen sind, wobei sie gemäß Art. 52 Abs. 1 S. 2 EU-GR-Charta am Grundsatz der Verhältnismäßigkeit als Schranken-Schranke im Rahmen der Wechselwirkung der Grundrechte zu gegenläufigen gleichrangigen oder übergeordneten Prinzipien zu messen sind.

Die Richtlinie i.S.d. Art. 288 Abs. 3 AEUV ist im ordentlichen Gesetzgebungsverfahren i.S.d. Artt. 289 Abs. 3, 46 ff. AEUV erlassen worden und als Gesetzgebungsakt einzustufen, sodass die Voraussetzungen für die Rechtfertigung insoweit erfüllt sind.

(bbb) Verhältnismäßigkeit

Die Richtlinie muss bezüglich der Artt. 15 Abs. 1, 16 EU-GR-Charta verhältnismäßig sein. Der Grundsatz der Verhältnismäßigkeit ergibt sich als Schranken-Schranke im Rahmen der Wechselwirkung aus dem Grundrecht bzw. aus Art. 52 Abs. 1 S. 2 EU-GR-Charta. Nach diesem Grundsatz muss ein grundrechtsverkürzendes Gesetz geeignet und erforderlich sein, um den erstrebten Zweck zu erreichen. Ein Gesetz ist geeignet, wenn mit seiner Hilfe der erstrebte Erfolg gefördert werden kann; es ist erforderlich, wenn der Gesetzgeber nicht ein anderes, gleich wirksames, aber das Grundrecht nicht oder weniger stark einschränkendes Mittel hätte wählen können. Bei der Beurteilung der Eignung und Erforderlichkeit des gewählten Mittels zur Erreichung der erstrebten Ziele sowie bei der in diesem Zusammenhang vorzunehmenden Einschätzung und Prognose der dem Einzelnen oder der Allgemeinheit drohenden Gefahren steht dem Gesetzgeber auf Unionsebene ebenso wie dem nationalen Gesetzgeber ein Beurteilungsspielraum zu, welcher je nach der Eigenart des maßgeblichen auf die Union im Rahmen der begrenzten Einzelermächtigung übertragenen Sachbereichs, den Möglichkeiten, sich ein hinreichend sicheres Urteil zu bilden, und der auf dem Spiel stehenden Rechtsgüter nur in begrenztem Umfang gerichtlich überprüft werden kann. Ferner muss bei einer Gesamtabwägung im Rahmen der Verhältnismäßigkeit im engen Sinne zwischen der Schwere des Eingriffs und dem Gewicht sowie der Dringlichkeit der ihn rechtfertigenden Gründe die Grenze der Zumutbarkeit für die Adressaten des Verbots gewahrt sein. Durch die Maßnahme dürfen die Adressaten nicht übermäßig belastet werden.

(aaaa) Verfassungsrechtlich legitimer Zweck

Es muss mit der Richtlinie ein legitimer Zweck verfolgt werden, wobei ein solcher Zweck wegen der weiten Einschätzungsprärogative des Gesetzgebers auf Unionsebene im Bereich der im Rahmen der begrenzten Einzelermächtigung auf die Union übertragenen Hoheitsgewalt lediglich nicht willkürlich sein darf, wenngleich bezüglich der Betroffenheit der Berufswahl ein für ein besonders wichtiges Gemeinschaftsgut zwingender Zweck verfolgt werden muss. Bezogen auf alle betroffenen Unternehmer handelt es sich bei der Richtlinie lediglich um eine Berufsausübungsregelung, da diese dadurch nicht an der Wahl des Berufes als Elektrogerätehersteller gehindert werden. Der Zweck, der mit der Richtlinie erfüllt wird, ist der Schutz der Umwelt, welcher unter anderem in den Artt. 191 ff. AEUV geregelt ist und auch über die auf Unionsebene zu beachtenden Verfassungsüberlieferungen der Mitgliedstaaten – z. B. Art. 20a GG – i.S.d. Art. 2 EUV zu berücksichtigen ist. Dies ist kein willkürliches Anliegen, sondern in einer globalisierten Welt mit Unmengen von entstehendem Elektroschrott ein Anliegen, das sogar für eine funktionierende Gesellschaft mittelfristig zwingend ist. Ein legitimer Zweck besteht.

(bbbb) Eignung

Die Richtlinie muss im Hinblick auf den verfolgten Zweck geeignet sein. Es muss also der gewünschte Erfolg gefördert werden (BVerfGE 96, 10, 23; 67, 157, 173). Dabei genügt es auf Gesetzesebene, wenn die abstrakte Möglichkeit der Zweckerreichung besteht (BVerfGE 100, 313, 373). Der Zweck Umweltschutz wird durch die Organisation der Entsorgung durch Registrierung und durch die Mitfinanzierung, durch welche Mittel zur umweltfreundlicheren Entsorgung zur Verfügung stehen, gefördert.

(cccc) Erforderlichkeit

Die mittels der Richtlinie getroffene Regelung darf nicht über das zur Verfolgung ihres Zweckes notwendige Maß hinaus-, also nicht weitergehen, als der mit ihr intendierte Schutzzweck reicht (BVerfGE 79, 179, 198; 100, 226, 241; 110, 1, 28). Es darf zur Erreichung des Zwecks kein gleich geeignetes milderes Mittel ersichtlich sein. Zwar sind andere Möglichkeiten als eine Registrierung mit insolvenzsicherer Garantie und Mitfinanzierungspflicht denkbar, jedoch sind sie nicht gleich geeignet. Ohne Registrierungspflicht bestünde kein Überblick der Behörden, während ohne insolvenzsichere Garantie einige Elektroaltgeräte nicht von den Herstellern entsorgt würden und diesbezüglich eine neue aufwendige Organisationsstruktur geschaffen werden müsste. Ohne Mitfinanzierungspflicht wären die Hersteller weniger umweltbewusst und der Reduktionsfaktor für Elektroaltgeräte wäre geringer. Bei Berücksichtigung der Einschätzungsprärogative des Unionsgesetzgebers ist kein milderes gleich geeignetes Mittel zur Erreichung des Zwecks ersichtlich. Es war erforderlich, die Richtlinie zu beschließen.

(dddd) Verhältnismäßigkeit i. e. S. (Disproportionalität)

Der Erlass der Richtlinie darf nicht unverhältnismäßig im engen Sinne, also nicht disproportional zum angestrebten Zweck sein und somit nicht in einem erheblichen Missverhältnis dazu stehen. Voraussetzung für die Verhältnismäßigkeit i. e. S. ist es, dass der Eingriff in angemessenem Verhältnis zu dem Gewicht und der Bedeutung des Grundrechts steht. Ist nicht nur die subjektive Berufswahl, die auf subjektive Kriterien des Einzelnen abzielt, betroffen, sondern die objektive Berufswahl, durch welche an vom Einzelnen nicht beeinflussbare Kriterien angeknüpft wird, bedarf es für die Verhältnismäßigkeit der Regelung im engen Sinne einer schweren Gefahr für ein überragend wichtiges Gemeinschaftsgut, die mittels der Regelung abgewehrt werden soll.

Durch die Richtlinie wird in einem sehr sensiblen Bereich, dem Umweltschutz bezüglich des weltweit zunehmenden Elektronikschrotts, eine unionsweite und somit überregionale Organisationsstruktur geschaffen. Zwar stellt sie bezüglich aller Hersteller von Elektrogeräten lediglich eine Berufsausübungsregelung dar, jedoch wirkt sie aufgrund des Erfordernisses der Beibringung einer insolvenzsicheren Garantie und der Mitfinanzierungspflicht für die Entsorgung der Geräte für umsatzschwache Unternehmer bzw. Kleinunternehmer erdrückend, sodass sie wie eine objektive Berufswahlregelung wirkt. Insoweit werden auch nicht abgeschlossene Vorgänge erfasst, sodass die Berufsfreiheit durch das sich unter anderem aus Art. 6 Abs. 2 EUV ergebende Rechtsstaatsprinzip sowie gemäß Art. 52 Abs. 3 S. 1 EU-GR-Charta gegebenenfalls durch die Europäische Menschenrechtskonvention verstärkt wird, wenngleich bezüglich der Europäischen Menschenrechtskonvention keine Anhaltspunkte bestehen.

Es ist vertretbar, Art. 6 Abs. 2 EUV gesondert zu prüfen.

Lediglich zur Vereinfachung der Verwaltungsorganisation dürfen Registrierungs- und Mitfinanzierungspflichten nicht eingeführt werden.

Nach alledem bestehen zumindest ernsthafte Zweifel an der Vereinbarkeit der Richtlinie mit primärem Unionsrecht, sodass die Richtlinie bezüglich der in den Artt. 15 Abs. 1, 16 EU-GR-Charta geregelten Unionsgrundrechte unverhältnismäßig sein kann.

Im Rahmen der Argumentation sind bezüglich der Verhältnismäßigkeit andere Ergebnisse vertretbar.

(dd) Zwischenergebnis

Durch den Erlass der Richtlinie wurde möglicherweise unverhältnismäßig in die durch die Artt. 15 Abs. 1; 16 EU-GR-Charta geschützte Berufsfreiheit für Unternehmer eingegriffen.

(b) Art. 17 EU-GR-Charta

Fraglich ist, ob durch den Erlass der Richtlinie in das durch die EU-Grundrechte-Charta in Art. 17 EU-GR-Charta geschützte Eigentum ungerechtfertigt eingegriffen worden ist.

(aa) Schutzbereich

Der Schutzbereich des Art. 17 Abs. 1 EU-GR-Charta kann eröffnet sein. Dazu muss die EU-Grundrechte-Charta anwendbar sein. Die EU-Grundrechte-Charta gilt gemäß Art. 51 Abs. 1 EU-GR-Charta für die Organe und Einrichtungen der Union unter Einhaltung des Subsidiaritätsprinzips und für Mitgliedstaaten ausschließlich bei der Durchführung des Rechts der Union, wobei gemäß Art. 51 Abs. 2 EU-GR-Charta weder neue Zuständigkeiten noch neue Aufgaben für die Union begründet werden. Auch die in den Verträgen festgelegten Zuständigkeiten und Aufgaben werden durch die EU-Grundrechte-Charta nicht geändert. Bei der Richtlinie der Europäischen Union handelt es sich um einen Unionsakt, sodass die EU-Grundrechte-Charta anwendbar ist.

Das Eigentum ist ähnlich wie im nationalen Recht dahingehend zu definieren, dass Chancen, Hoffnungen und Erwartungen durch Art. 17 Abs. 1 S. 1 EU-GR-Charta nicht geschützt werden, Erworbenes und konkrete Eigentumspositionen als Bestand hingegen geschützt sind, wenngleich das Eigentum national in der Bundesrepublik Deutschland einfachgesetzlich definiert ist, während es auf Unionsebene zumindest zusätzlich direkt in Art. 17 Abs. 1 EU-GR-Charta definiert ist, darüber hinaus gemäß Art. 17 Abs. 1 S. 3 EU-GR-Charta gesetzlich geregelt werden kann. Zwar ist das Vermögen als solches im Hinblick auf z. B. Zahlungspflichten grundsätzlich nicht als Eigentum geschützt, jedoch geht es z. B. bezüglich des B – für die Richtlinie gilt ein objektiver und nicht lediglich auf B bezogener Prüfungsmaßstab – um dessen vom Eigentum umfassten eingerichteten und ausgeübten Gewerbebetrieb. Es ist geht nämlich – anders als bezüglich der

Beratungsfinanzierung i.S.d. § 22a ElektroG – nicht nur um eine Mitfinanzierung, sondern dem Betrieb als solchem wird eine Registrierungspflicht auferlegt. Der sachliche Schutzbereich ist eröffnet. Gleiches gilt für den persönlichen Schutzbereich, da von der mittelbar in den Mitgliedstaaten geltenden Richtlinie wegen der durch die Umsetzung erfolgenden Unionsrechtsbetroffenheit diverse natürliche Personen auf dem Gebiet der Mitgliedstaaten bzw. Unionsbürger betroffen sind. Der Schutzbereich des Art. 17 Abs. 1 S. 1 EU-GR-Charta ist eröffnet.

(bb) Eingriff

Der Eingriff in Art. 17 Abs. 1 S. 1 EU-GR-Charta ist durch den Erlass zuzüglich der Umsetzung der Richtlinie erfolgt, durch welche die Registrierung einschließlich der Beibringungspflicht für eine insolvenzsichere Garantie sowie die Mitfinanzierungspflicht für die Entsorgung gesetzlich geschaffen und damit das Eigentum einschränkend definiert wird. Wenngleich durch die Mitfinanzierungspflicht für die Entsorgung ähnlich wie bei der Mitfinanzierung der Beratung bezüglich des Art. 14 GG lediglich das Vermögen als solches erfasst sein könnte, stellt jedenfalls die Registrierungspflicht einen Eingriff dar, da der Betrieb insoweit – anders als bei der durch die EAR durchgeführten Beratung – selbst betroffen ist.

(cc) Rechtfertigung

Der Eingriff kann gerechtfertigt sein.

(aaa) Gesetzesvorbehalt

Eingriffe in die europäischen Grundrechte sind gemäß Art. 52 Abs. 1 S. 1 EU-GR-Charta nur gerechtfertigt, soweit sie gesetzlich vorgesehen sind, wobei sie gemäß Art. 52 Abs. 1 S. 2 EU-GR-Charta am Grundsatz der Verhältnismäßigkeit als Schranken-Schranke im Rahmen der Wechselwirkung der Grundrechte zu gegenläufigen gleichrangigen oder übergeordneten Prinzipien zu messen sind.

Ergänzt bzw. überlagert wird der in Art. 52 Abs. 1 S. 1 EU-GR-Charta enthaltene Gesetzesvorbehalt durch die zum Teil speziellere Regelung in Art. 17 Abs. 1 S. 3 EU-GR-Charta, in welcher vorgegeben ist, dass eine Regelung des Eigentums für das Wohl der Allgemeinheit erforderlich sein muss.

Die Richtlinie i.S.d. Art. 288 Abs. 3 AEUV ist im ordentlichen Gesetzgebungsverfahren i.S.d. Artt. 289 Abs. 3, 46 ff. AEUV erlassen worden und als Gesetzgebungsakt einzustufen, sodass die Voraussetzungen für die Rechtfertigung insoweit erfüllt sind.

(bbb) Verhältnismäßigkeit

Die Richtlinie muss bezüglich des Art. 17 Abs. 1 S. 1 EU-GR-Charta verhältnismäßig sein. Der Grundsatz der Verhältnismäßigkeit ergibt sich als Schranken-Schranke im Rahmen der Wechselwirkung aus dem Grundrecht bzw. aus Art. 52 Abs. 1 S. 2 EU-GR-Charta.

(aaaa) Verfassungsrechtlich legitimer Zweck

Es muss mit der Richtlinie ein legitimer Zweck verfolgt werden, wobei ein solcher Zweck wegen der weiten Einschätzungsprärogative des Gesetzgebers auf Unionsebene im Bereich der im Rahmen der begrenzten Einzelermächtigung auf die Union übertragenen Hoheitsgewalt lediglich nicht willkürlich sein darf. Der Zweck, der mit der Richtlinie erfüllt wird, ist der Schutz der Umwelt, welcher unter anderem in den Artt. 191 ff. AEUV geregelt ist und auch über die auf Unionsebene zu beachtenden Verfassungsüberlieferungen der Mitgliedstaaten – z. B. Art. 20a GG – i.S.d. Art. 2 EUV zu berücksichtigen ist. Dies ist kein willkürliches Anliegen. Ein legitimer Zweck besteht.

(bbbb) Eignung

Die Richtlinie muss im Hinblick auf den verfolgten Zweck geeignet sein. Es muss also der gewünschte Erfolg gefördert werden (BVerfGE 96, 10, 23; 67, 157, 173). Dabei genügt es auf Gesetzesebene, wenn die abstrakte Möglichkeit der Zweckerreichung besteht (BVerfGE 100, 313, 373). Der Zweck Umweltschutz wird durch die Organisation der Entsorgung durch Registrierung und durch die Mitfinanzierung, durch welche Mittel zur umweltfreundlicheren Entsorgung zur Verfügung stehen, gefördert.

(cccc) Erforderlichkeit

Die mittels der Richtlinie getroffene Regelung darf nicht über das zur Verfolgung ihres Zweckes notwendige Maß hinaus-, also nicht weitergehen, als der mit ihr intendierte Schutzzweck reicht (BVerfGE 79, 179, 198; 100, 226, 241; 110, 1, 28). Es darf zur Erreichung des Zwecks kein gleich geeignetes milderes Mittel ersichtlich sein. Zwar sind andere Möglichkeiten als eine Registrierung mit insolvenzsicherer Garantie und Mitfinanzierungspflicht denkbar, jedoch sind sie nicht gleich geeignet. Ohne Registrierungspflicht bestünde kein Überblick der Behörden, während ohne insolvenzsichere Garantie einige Elektroaltgeräte nicht von den Herstellern entsorgt würden und diesbezüglich eine neue aufwendige Organisationsstruktur geschaffen werden müsste. Ohne Mitfinanzierungspflicht wären die

Hersteller weniger umweltbewusst und der Reduktionsfaktor für Elektroaltgeräte wäre geringer. Bei Berücksichtigung der Einschätzungsprärogative des Unionsgesetzgebers ist kein milderes gleich geeignetes Mittel zur Erreichung des Zwecks ersichtlich. Es war erforderlich, die Richtlinie zu beschließen.

(dddd) Verhältnismäßigkeit i. e. S. (Disproportionalität)
Der Erlass der Richtlinie darf nicht unverhältnismäßig im engen Sinne, also nicht disproportional zum angestrebten Zweck sein und somit nicht in einem erheblichen Missverhältnis dazu stehen. Voraussetzung für die Verhältnismäßigkeit i. e. S. ist es, dass der Eingriff in angemessenem Verhältnis zu dem Gewicht und der Bedeutung des Grundrechts steht.

Durch die Richtlinie wird in einem sehr sensiblen Bereich, dem Umweltschutz, bezüglich des weltweit zunehmenden Elektronikschrotts eine unionsweite und somit überregionale Organisationsstruktur geschaffen. Dadurch wird der eingerichtete und ausgeübte Gewerbebetrieb als solcher zunächst kaum beeinträchtigt, selbst wenn ein Betrieb insoweit in finanzielle Schwierigkeiten geraten kann. Zumindest besteht insoweit keine offensichtliche Unverhältnismäßigkeit, durch die der Einschätzungsspielraum des letztinstanzlichen Bundesverwaltungsgerichts ausgeschöpft und durch die Nichtvorlage beim Gerichtshof der Europäischen Union überschritten worden ist.

(dd) Zwischenergebnis
Durch den Erlass der Richtlinie wurde nicht offensichtlich unverhältnismäßig in das durch Art. 17 Abs. 1 EU-GR-Charta geschützte Eigentum eingegriffen.

e) Zwischenergebnis
Nach alledem bestehen zumindest bezüglich der in den Artt. 15 Abs. 1; 16 EU-GR-Charta geregelten Berufsfreiheit Zweifel an der Vereinbarkeit der Richtlinie mit dem primären Unionsrecht. Insoweit hätte das letztinstanzliche Bundesverwaltungsgericht beim Gerichtshof der Europäischen Union gemäß Art. 267 Abs. 3 AEUV in Form einer Gültigkeitsvorlage gemäß Art. 267 Abs. 1 lit. b AEUV vorlegen müssen.

2. Vorlage beim Bundesverfassungsgericht
Gemäß Art. 100 Abs. 1 S. 1 GG hat ein Fachgericht ein Gesetz, welches entscheidungserheblich und von dessen Verfassungswidrigkeit das Gericht überzeugt ist,

beim Bundesverfassungsgericht vorzulegen. Da das Elektrogesetz verfassungswidrig ist und das Bundesverwaltungsgericht dies aufgrund der Hinweise des B
hätte erkennen müssen, ist B insoweit der gesetzliche Richter bezüglich des
maßgeblichen zugrunde liegenden Gesetzes – nämlich das Bundesverfassungsgericht – entzogen worden.

3. Zwischenergebnis

Durch die Nichtvorlage der Richtlinie beim Gerichtshof der Europäischen Union
gemäß Art. 267 Abs. 3 AEUV i.V.m. Art. 267 Abs. 1 lit. b AEUV und die Nichtvorlage
des Elektrogesetzes zum Bundesverfassungsgericht sind B die gesetzlichen
Richter i.S.d. Art. 101 Abs. 1 S. 2 GG entzogen worden.

III. Art. 3 Abs. 1 GG (Einzelfall)

Ebenso wie die Gleichbehandlung von Ungleichem i.S.d. Art. 3 Abs. 1 GG im
Rahmen der Verfassungsmäßigkeitsprüfung des Elektrogesetzes verfassungswidrig ist, ist auch die Gleichstellung des B als umsatzschwachem Kleinunternehmer im Vergleich zu umsatzstärkeren Unternehmern und Großunternehmern
bezüglich des „Wie" verfassungswidrig.

C. Annahme

Das Bundesverfassungsgericht nimmt die Verfassungsbeschwerde des B zur
Entscheidung i.S.d. § 93a BVerfGG an.

D. Ergebnis

Die Verfassungsbeschwerde ist erfolgreich. Das Bundesverfassungsgericht hebt
das Urteil des Bundesverwaltungsgerichts gemäß § 95 Abs. 2 BVerfGG auf und
verweist an das Bundesverwaltungsgericht zurück. Das Elektrogesetz wird gemäß
§ 95 Abs. 3 S. 2 BVerfGG mit Gesetzeskraft gemäß § 31 Abs. 2 S. 2, 1 BVerfGG für
nichtig, jedenfalls aber mittels einer Fristsetzung für eine Übergangszeit für mit
dem Grundgesetz unvereinbar erklärt.

2. Komplex: Zusatzfrage

Sollte die WEEE-Richtlinie seitens eines Mitgliedstaates nicht rechtzeitig umgesetzt werden, kann die EU-Kommission mittels eines Vertragsverletzungsverfahrens i.S.d. Artt. 258 ff. AEUV vorgehen. Nachdem sie den Mitgliedstaat gemäß Art. 258 Abs. 1 HS. 2 AEUV dazu aufgefordert hat, sich zu äußern, ist die Kommission gemäß Art. 258 Abs. 1 HS. 1 AEUV dazu verpflichtet, eine mit Gründen versehene Stellungnahme an den Mitgliedstaat abzugeben, um auf die fehlende Umsetzung hinzuweisen. Kommt der betroffene nationale Gesetzgeber der mit der Stellungnahme erfolgten Kommissionsforderung nicht nach, steht es gemäß Art. 258 Abs. 2 AEUV im Ermessen der Kommission, den Gerichtshof der Europäischen Union anzurufen. Die Wirkung bzw. zwangsweise und gegebenenfalls notwendige Durchsetzung eines Urteils des Gerichtshofes der Europäischen Union ist in Art. 260 AEUV geregelt.

Stichwortverzeichnis

https://doi.org/10.1515/9783110624120-005

Onlinematerial

Fall 1: Schaubilder

Fall 2: Schaubilder

Fall 3: Schaubilder

Fall 4: Schaubilder

www.ingramcontent.com/pod-product-compliance
Lightning Source LLC
Chambersburg PA
CBHW022103210326
41518CB00039B/460